L'ABBÉ L. DUPLAIN

CURÉ DE SAINT-JULIEN (1906-1921)

NOTICE HISTORIQUE

SUR

SAINT-JULIEN

(RHONE)

ET SUR

CLAUDE BERNARD

LYON

IMPRESSIONS DE AUDIN ET CIE

RUE DAVOUT, 3

1924

IMPRIMATUR

Lugduni, die 6ª febr. 1921.

Stephanus FAUGIER,

v. g.

SAINT-JULIEN

L'ABBÉ L. DUPLAIN

CURÉ DE SAINT-JULIEN (1906-1921)

NOTICE HISTORIQUE

SUR

SAINT-JULIEN

(RHONE)

ET SUR

CLAUDE BERNARD

LYON

IMPRESSIONS DE AUDIN ET CIE

RUE DAVOUT, 3

1923

D'AROD

DE GLETEINS

DE GAYAND

GARNIER
DES GARETS

DE CARNAZET

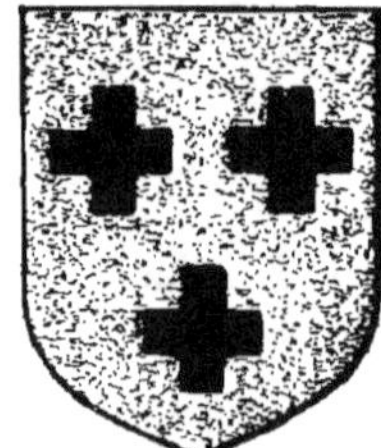

DE COUVET

CHRESTIEN

DE BOURG

DU LIEU

DE NAGU
VARENNES

DE BOURK

MARITZ
DE LA RIGODIERE

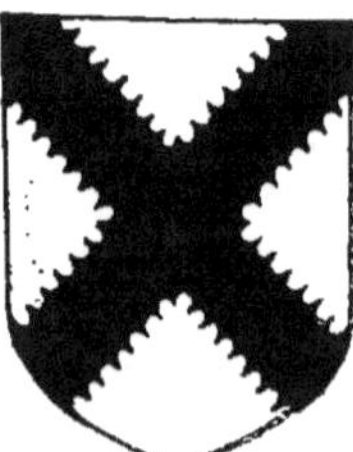

DU PELOUX

ROCHE
DE LA RIGODIERE

NIZET
DU DEAU

ISNARD

HENRY-ANDRÉ. FECIT.

AVANT-PROPOS

« Il me semble difficile, a écrit un critique célèbre du siècle passé, lorsqu'on est arrivé dans un coin du monde, soit pour s'y établir et y vivre, soit seulement pour le visiter, de ne pas s'enquérir tout d'abord de l'histoire du lieu, et, si obscur qu'il soit, il est bien rare qu'il n'en ait point.

Quels hommes y ont passé, s'y sont assis tour à tour ? Quels hommes y ont fondé donjon ou clocher, maison d'étude ou de prière ? Quels hommes y ont gravé leurs noms sur les rochers et sur les murailles, ou seulement y ont laissé un vague écho dans les bois ?

Ce passé une fois ressaisi, ces hôtes invisibles et silencieux une fois reconnus, on jouit mieux, ce me semble, du séjour ».

A Saint-Julien, pendant les soirées d'hiver, alors que le silence du vallon est à peine interrompu un instant par le murmure bruyant des enfants sortant de l'école, la voix lugubre de la sirène d'une locomotive qui s'enfonce dans la brume, les coups de marteau qui résonnent avec la mélancolie d'un glas sur l'enclume du maréchal ferrant, j'évoque la vie lointaine du village, je cherche à connaître les émotions de joie ou de souffrance qui ont marqué les neuf ou dix siècles de sa vie.

> Qu'il est doux, qu'il est doux d'écouter des histoires,
> Les histoires du temps passé,
> Quand les branches d'arbre sont noires,
> Quand la neige est épaisse et charge un sol glacé.
>
> Alfred de Vigny, *la Neige*.

Les voyageurs qu'emporte le train de Villefranche à Monsols, dans le regard rapide qu'ils jettent sur le bourg, n'en reçoivent que l'impression médiocre de quelques maisons basses, irrégulières, enchevêtrées. Cependant notre coin de terre a son rayon de soleil et fait bonne figure dans l'histoire régionale. Grâce au mérite de ses enfants il a payé un noble tribut aux conquêtes solides de la science, comme aux rudes devoirs de la vie militaire.

Ce passé demandait un souvenir. En élaborant ce paisible travail, la parole de l'agronome Sainclair m'a soutenu : « il n'a pas perdu sa journée, celui qui a fait pousser un grain de blé là où il n'y en avait pas ». Le champ historique est de grande valeur. Il ne faut pas en laisser une parcelle en friche.

CHAPITRE PREMIER

I. Topographie. — Saint Julien, martyr, patron du lieu. — L'abbaye des Bénédictins de Cluny. — Quelques notes le long
des siècles.

Le territoire de Saint-Julien est borné au nord par Blacé, au nord-
est, sur une faible étendue, par Saint-Georges-de-Reneins, à l'est par
Arnas, au midi par Denicé, à l'ouest par Montmelas. Il est formé principalement d'un vallon et d'un plateau. Le vallon s'ouvre à Espagne, au
pied de Montmelas, et vient se développer dans la plaine de Longsard ; il
est encadré dans sa longueur de divers hameaux : d'une part, les Côtes, le
Germain, le Déau, Bel-Air ; de l'autre, Montverrier, la Roche, le Jonchy,
le Moulin, le Chambély. Le ruisseau *Marveyrand* coule au fond du vallon
et son cours sinueux est tracé au regard par la ligne des grands arbres qui
baignent leurs racines tortueuses dans le courant. Le bourg de Saint-
Julien est dans le fond du vallon et occupe à peu près le point central du
territoire. Le plateau incliné qui va de la Croix-du-Bois au Creux est
assez large et porte les hameaux de Mondard, Chatenay, Colombier,
Bussy.

Du sommet de nos collines le regard charmé tour à tour par la verte
prairie du vallon ou la couleur changeante de la vigne — vert-tendre au

printemps, rouge-sang à l'automne — se promène sur un vaste panorama dont les traits principaux sont la plaine de Saint-Georges-Arnas, le ruban de la Saône et sa bordure de peupliers, quelques villages de la Dombes, le château de Vataneins piquant de sa note claire le manteau boisé qui l'enveloppe, les bleuâtres collines du Bugey et du Jura, la chaîne neigeuse des Alpes d'où surgit parfois, avec son étincelant diadème, le roi des montagnes du centre de l'Europe, le Mont-Blanc.

La superficie de la commune est de 690 hectares, la surface cultivée de 659 sur lesquels la vigne a 450, les prairies 130, les betteraves fourragères 25, les pommes de terre 8.

Les géologues nous apprennent que, durant le dépôt des terrains crétacés, les monts du Beaujolais et du Lyonnais formaient le rivage occidental d'une mer dont le rivage oriental était constitué par les Alpes. La coupe d'une sablière à Grammont, commune de Blacé, près de l'endroit où était le prieuré construit par Guichard II de Beaujeu, 1100-1137, a permis de constater le mélange d'alluvions locales et d'alluvions des Alpes. A l'époque tertiaire, des mouvements de terrain ont creusé les vallées de la Saône et du Rhône et nos collines ont pris leur relief actuel [1].

Le terrain jurassique domine dans le Beaujolais.

Le liasien constitué par des calcaires jaunâtres, marneux ou ferrugineux (dans ce dernier cas, colorés en rouge) se trouve surtout à Saint-Julien, Frontenas et Theizé.

Il contient comme fossiles des bélemnites, des ammonites, etc. L'ossature intérieure des collines est principalement composée de roches primitives : granites, porphyres et schistes divers. Dans la cour d'une ferme du château de Longsard, on voit un magnifique bloc erratique de grès triasique de 1 mc. 500.

A Espagne, il y a un gîte de manganèse, de même nature que celui de Romanèche. L'oxyde de manganèse, mélangé parfois d'oxyde de fer, y est irrégulièrement disséminé dans une gangue de baryte et de chaux

---

1. Les monts du Beaujolais sont géologiquement semblables aux monts du Lyonnais. Des deux côtés ce sont des roches cristallines très dures et imperméables.

Les collines calcaires du Beaujolais sont le pendant exact de la côte mâconnaise et du Mont-d'Or lyonnais. Quant à la vallée de la Saône, elle a sensiblement les mêmes caractères de Mâcon à Lyon.

Bulletin de la Société des Sciences naturelles de Tarare, 11 juin 1901, page 165, par Paul Privat-Deschanel.

fluatée. Ce manganèse se trouve à la surface du sol sur une étendue d'environ 20 hectares. On fit, entre les années 1865 et 1870, quelques essais d'exploitation, mais ils ne donnèrent pas les résultats espérés.

Le Marveyrand a un parcours de 17 kilomètres. Il vient du mont Saint-Bonnet, traverse notre commune de l'ouest à l'est, passe sur Arnas, va vers l'Ave-Maria, et se jette dans la Saône en aval de Boitrait. Jadis, on pêchait beaucoup d'écrevisses dans ce ruisseau, surtout dans les gorges voisines de Montmelas.

Il n'y a pas lieu de faire, à propos de notre localité, du préhistorique ni du protohistorique. Je ne sache même pas qu'on ait découvert sur son territoire quelque vestige de l'époque gauloise ou romaine.

Au x⁰ siècle, Saint-Julien faisait partie de la grande région lyonnaise dite *pagus lugdunensis*. Le Beaujolais n'était pas encore une province aux lignes précises et Beaujeu se trouvait à l'extrémité orientale de l'*Ager Tolveonensis* [1] ainsi nommé de Tourvéon près de Chénelette. Le nom même de Beaujeu se trouve pour la première fois dans le Cartulaire de Saint-Vincent-de-Mâcon, l'an 1031, remplaçant celui de *villa de Bogenis*. Villefranche et Belleville n'existaient pas au x⁰ siècle ; elles doivent leur origine et leur nom aux sires de Beaujeu [2].

C'est probablement vers le milieu du x⁰ siècle que fut formée la province beaujolaise par le groupement de territoires détachés des comtés de Mâcon et de Lyon, du pays de Tourvéon, et du diocèse d'Autun. On prit au diocèse d'Autun l'*ager moncionensis* dont le chef-lieu était Monsols, au *pagus lugdunensis* l'*ager carciniacensis* ou de Cerćié, l'*ager bussiacensis?* et l'*ager dinicensis*, de Denicé probablement ; enfin au *pagus tolveonensis* l'ager du même nom où se trouvait la *villa de Bogenis* dont on fera Balligocus, capitale de ce petit état et lui donnera son nom quand elle deviendra la résidence du prince.

C'est Bérard, fils puiné de Wilhelm, de la grande maison des comtes de Forez et de Lyonnais, qui fut appelé à régner sur le Beaujolais et à commencer la dynastie de ses princes. Il choisit sa résidence comme un nid d'aigle, dans les hauteurs abruptes où l'on aperçoit encore les ruines imposantes du château des sires de Beaujeu. Bérard mourut en 966.

---

1. L'*ager*, champ, campagne, était une subdivision du grand territoire que comprenait le *pagus*.

2. *Origines du Beaujolais et l'autel d'Avenas*, par M. F. Cucherat. Avant-propos, page 1.

Dès le Xe siècle, les sires de Beaujeu donnèrent aux religieux de Cluny[1] de grandes propriétés dans leur principauté de Beaujolais et des Dombes. La célèbre abbaye de Bénédictins venait d'être fondée en 910 par Guillaume d'Aquitaine, et le développement de ses œuvres et possessions était tel qu'elle compta bientôt sept provinces en France, dont la province lyonnaise qui n'avait pas moins de 24 abbayes.

La protection puissante de cette maison religieuse sur le territoire qui en dépendait fut un élément d'ordre et de prospérité pour le Beaujolais. On défricha les montagnes, on cultiva le sol, on planta la vigne sur les coteaux[2]. Les moines concédaient des terres aux habitants, moyennant certaines redevances, et certains droits qu'ils se réservaient.

« Lorsque les agglomérations devinrent trop nombreuses et que les moines ne purent suffire à leurs devoirs religieux et à l'administration spirituelle de ceux qui les entouraient, lorsque surtout un Souverain Pontife et un Concile leur défendirent de s'occuper de l'administration des paroisses, ils confièrent celles-ci à un prêtre qu'ils choisissaient eux-

---

1. La communauté s'organise avec 15 moines qui défrichent le sol. Les paysans y accourent. Un village se forme autour du monastère, c'est Cluny...

Le monastère aurait peut-être partagé l'obscurité de tant d'autres s'il n'avait eu la bonne fortune de compter parmi ses chefs des hommes de génie : Bernon, Odon, Aimard, Mayeul, Odilon, et surtout Saint-Hugues...

Cluny constitue au milieu du chaos des divisions féodales la puissance la plus réelle et la plus forte. Les sept Provinces Clunysiennes de Lyon, de France, de Provence, de Tarentaise, du Poitou, du Dauphiné, d'Auvergne, de Gascogne, de Lorraine avaient plus de 200 abbayes ou prieurés.

Les plus célèbres de ces monastères dans la province de Lyon étaient l'abbaye d'Ainay, les prieurés de Gigny, de Nantua, de Paray-le-Monial, de Saint-Marcel-lès-Chalon, de Mesures près d'Autun.

Ce sont les Clunystes qui défrichèrent les montagnes du Beaujolais et plantèrent la vigne autour de leur monastère de Salles.

Ce sont eux qui transformèrent les plaines de la Loire pour y fonder l'asile royal de Marcigny, les abbayes de Paray et de Charlieu.

Cluny a vu sortir du monastère des cardinaux, des papes comme Grégoire VII, Urbain II, Pascal II, Calixte II. Sa richesse était considérable puisque 2.000 communautés lui payaient la dîme (1.200.000 livres à la Révolution : Taine).

Une des merveilles de l'abbaye était cette église Saint-Pierre et Saint-Paul commencée en 1089 et terminée vers 1100. Elle avait 127 mètres de long, 171 avec le porche : elle possédait 5 nefs, 2 transepts, 5 clochers, 14 chapelles. C'était la rivale de Saint-Pierre de Rome qui a 183 mètres de long et de Saint-Paul de Londres qui en a 166.

« Cluny était, dit Brower, l'atelier des beaux-arts et le réservoir des bonnes pensées ».

Voir la Conf. faite par M. Philibert Givry aux membres de la Société des Sciences et Arts du Beaujolais dans le *Bulletin*, avril 1907, pages 157-167.

2. *Cluny au XIe siècle*, par M. F. Cucherat, page 16.

mêmes ; c'est le commencement de la paroisse. Les religieux obéirent donc, mais ils se réservèrent le droit de nommer à la cure, c'est-à-dire de désigner un prêtre auquel l'archevêque donnait des pouvoirs de curé » [1].

D'humbles chaumières avoisinant l'église, telle fut la première image de notre village dont les premiers jours peuvent se placer entre l'an 800 et 900. Le nom du patron religieux saint Julien vient probablement du don fait à la paroisse naissante de quelques reliques du soldat martyr.

Les abbés de Cluny ayant fondé un prieuré à Limas *(limes,* limite du Beaujolais), laissèrent la nomination du curé de Saint-Julien au choix du prieur, et c'est dans une charte de Cluny qu'apparaît pour la première fois le nom de Saint-Julien [2].

Voici la traduction de cette pièce : « Moi, Bladin, du consentement de ma mère Gontrude, je donne à Dieu et aux Saints Apôtres Pierre et Paul une part de nos biens qui sont situés dans le pagus lyonnais, dans la vicairie de Lescherias (les Chères). C'est pourquoi nous donnons, ma mère et moi, sur nos biens à Cluny, l'église en l'honneur de Saint-Julien, avec toutes ses dépendances, ses champs, ses pâturages, prairies, bois, moulins, serfs et serves, notre part entière, telle que nous la tenons et la pouvons donner à juste droit ».

Cette donation se place entre le 20 octobre 1004 et le 19 octobre 1005.

Il paraît certain, si l'on admet que la construction de l'ancienne église remonte vers l'an 950, que l'influence architecturale de Cluny a dû se faire sentir dans le caractère de l'édifice et lui donner les formes du roman-bourguignon [3].

Cluny posséda aussi près de nous Salles, Vaux et son annexe Saint-Cyr-le-Chatoux.

---

1. Abbé Vachet, *les Paroisses du Diocèse de Lyon,* Préf., page 14.

2. *Recueil des Chartes de l'Abbaye de Cluny,* publié par Auguste Bernard et Alexandre Bruel, tome III, n° 2597, page 650. Voir le texte latin aux pièces justificatives I bis.
Le doyenné de Limas qui dépendait de l'abbaye de Cluny fut éteint en 1574 au profit de la maison-mère.

3. Saint-Julien-sous-Montmelas a pour patron le prieur de Limanz. *Cartulaire de l'abbaye de Savigny,* tome II, page 916. — Document de la fin du xiii⁰ siècle. Le doyen de Limas était lui-même sous l'autorité de l'abbé de Cluny.

Saint Julien, soldat et martyr, étant patron de la paroisse, nous donnons un résumé de sa vie. Julien, issu d'une des meilleures familles de Vienne, capitale des Allobroges, s'adonna, dès son jeune âge, à la profession des armes. Il servait dans l'armée sous les ordres d'un tribun nommé Ferréol, chrétien comme lui. Ces deux braves soldats, unis par les liens d'une amitié toute fraternelle, étaient disposés, s'il le fallait, à donner leur vie pour Jésus-Christ.

Julien montrait toutefois pour le martyre une plus grande ardeur que Ferréol. Dioclétien présidait alors aux destinées de l'empire romain. Ayant lancé contre les Chrétiens un édit de persécution, il trouva à Vienne, comme ailleurs, des ministres de sa haine impie, en particulier Crispinus, gouverneur de la Viennoise. Julien connaissait la parole du maître : « Si l'on vous persécute dans une ville, fuyez dans une autre ». Sur le conseil de ses amis, et en particulier de Ferréol, il consentit à partir pour un pays lointain [1]. Il s'arrêta à Brioude, au pays des Arvernes. Dans cette cité encore idolâtre, la persécution sévissait comme à Vienne. Le pieux soldat, bientôt reconnu pour chrétien, se réfugia d'abord dans la maisonnette d'une pauvre veuve, mais ensuite, soit qu'il craignit de compromettre la femme qui lui avait donné l'hospitalité, soit qu'il fût impatient de proclamer sa foi au grand jour, il alla au devant des satellites qui le cherchaient et leur dit : « J'ai assez de ce monde. J'ai soif de Jésus-Christ, mon Dieu, que j'aime de toute mon âme ». A peine achevait-il ces quelques mots que sa tête tomba sous le glaive du bourreau. C'était le 28 août de l'an 304. Les chrétiens de Brioude tinrent naturellement à conserver son corps. Sa tête seule, emportée à Vienne, fut ensevelie avec le corps de son ami saint Ferréol, martyrisé lui aussi pour la foi.

Vers 468, saint Mamert, évêque de Vienne, reconnut ces insignes reliques et les transféra solennellement dans une basilique splendide érigée en l'honneur des deux héros viennois.

L'évêque historien, saint Grégoire de Tours, a consacré tout un livre à célébrer le martyre, les vertus et la gloire de saint Julien, et la ville de

---

1. On peut suivre les traces de la fuite de saint Julien, depuis Vienne jusqu'à la limite extrême du Forez, par les paroisses sous son vocable. La première station serait Saint-Romain-en-Gal, puis Saint-Julien-en-Jarez, La Tour-en-Jarez, Moingt, Saint-Julien-d'Odde et Saint-Julien-la-Vêtre. Il y en a d'autres, telle que Saint-Julien-Molin-Molette, en dehors de cet itinéraire. Le culte de saint Julien a dû s'étendre avec celui de saint Martin. *(Lyon Sacré,* par Paùl Richard, page 67, année 1914).

Brioude lui a élevé une vaste église qui fait l'admiration des pèlerins et des visiteurs [1].

Saint Abdon et saint Sennen, seigneurs persans, martyrs à Rome, en 254, sous l'empereur Dèce, étaient patrons secondaires de la paroisse. L'Eglise célèbre leur fête au 30 juillet. Des fouilles opérées dans les catacombes ont amené la découverte d'un baptistère et de peintures dans lesquelles Bosio a vu l'image d'Abdon et de Sennen.

L'autorité des rois de France commença à être acceptée à Saint-Julien, comme à Denicé et à Montmelas, vers l'an 1086, mais ce n'est qu'en 1531, sous François Ier, que le Beaujolais fut annexé à la couronne de France pour revenir ensuite aux Montpensier et à la maison d'Orléans.

Du XIe au XVIe siècle, l'autorité réelle sur notre village [2] appartint aux sires de Beaujeu.

Aussi la page dans laquelle Louvet [3] a résumé « l'éclat et la grandeur des seigneurs de Beaujeu » ne saurait être un hors-d'œuvre dans cette notice.

« J'ai cru d'obliger le lecteur de faire ici une petite récapitulation et dire qu'il y a eu deux connétables de même nom : Humbert V de Beaujeu, mari de Marguerite de Baugé, et Ymbert de Beaujeu, seigneur de Montpensier ; qu'il y a eu deux maréchaux de France : Eric de Beaujeu, frère de ce dernier Ymbert, et Edouard I, seigneur de Beaujeu, — que Guichard III a été ambassadeur à Constantinople, vers les empereurs Bauduin et Henri ; que Guichard V menait la troisième bataille à la journée du Mont-Cassel en Flandres ; qu'Edouard I est mort à la journée d'Ardres ; qu'Antoine s'est trouvé à la bataille de Cocherel ; que les deux connétables ont suivi nos rois aux voyages d'outre-mer, outre Humbert III, et Guichard le Grand a été Grand Maître de l'Hôpital d'outre-mer ; que Bérard a fondé le Chapitre de Beaujeu [4], Louis de Beaujeu celui

---

1. Voir pièces justificatives I ter, l'article de l'*Echo de Paris*, 30 août 1920 sur le transfert du chef de Saint-Julien.

2. Saint-Julien, seigneurie de Marguerite de Beaujeu, au XIIIe siècle. Marguerite fut mariée à Jean de Châlons, seigneur de Rochefort, en 1290, devint veuve en 1309. (*Histoire des ducs de Bourbon et des comtes de Forez*, par Jean Marie de la Mure, tome I, page 474).

3. *Histoire du Beaujolais*, édition Léon Galle et Georges Guigue, tome II, chap. VIII, pages 308 et 309.

4. La Consécration de l'église collégiale de Beaujeu eut lieu le 8 décembre 1076.

d'Aigueperse ; Humbert III l'abbaye de Belleville [1] ; Guichard II celle
de Joug-Dieu et le prieuré de Grammond, et l'église Saint-Nicolas de
Beaujeu ; Guichard III, les Cordeliers de Villefranche ; Edouard I, une
chapelle en l'église de Montmerle où il établit six prêtres, religieux de
Saint-Augustin ; outre plusieurs chapelles, comme celle de Saint-Lau-
rent au château de Beaujeu, par Guichard le Grand, pour deux prêtres ;
celle de Saint-Jean l'Evangéliste par Antoine de Beaujeu dans le Chapitre dudit lieu, et une autre chapelle en l'église de Villefranche sous le
vocable de Saint-Antoine et de Saint-Jacques le Majeur ; Humbert III,
fonda le prieuré de Denicé ; Sibille, femme de Guichard III, l'hôpital de
Roncevaux, de Villefranche ; Marguerite de Baugé, femme de Humbert
V, les Chartreuses de Polleteins en Bresse ; Marguerite de Poitiers, mère
d'Edouard II, une chapelle de Saint-Antoine, de Charlieu ; Isabelle de
Beaujeu, le Chapitre de Semur-en-Brionnais.

« Quant aux alliances, ils ont appartenu trois fois de parenté à nos
premiers rois : la première fois par le mariage de Guichard II avec
Luciane de Rochefort, dame de Montlhéry, qui avait été fiancée par le
roi Louis le Gros et séparée de lui à cause de leur parenté ; la seconde par
celui de Guichard III avec Sibille de Hainaut ou de Flandres, sœur des
deux empereurs de Constantinople et d'Isabeau, femme du roi Philippe-
Auguste, en sorte qu'Humbert V était cousin germain du roi Louis VIII.
La troisième alliance de nos rois fut au moyen de Léonore de Savoie,
fille de Thomas, comte de Flandres et de Piémont, qui épousa Louis de
Beaujeu, laquelle Léonore était cousine germaine de Marguerite de
Provence, femme du roi saint Louis, laquelle était fille de Béatrix de
Savoie, sœur du susdit Thomas, comte de Flandres » [2].

En 1230, Marguerite de Baugé, dame de Miribel, femme de Humbert V de Beaujeu, fonde le monastère de Poletins en Bresse, sous le nom
de Notre-Dame, et acquiert, en 1251, au profit de cette maison, partie du
mas de la Bécée, situé à Blacé et Saint-Julien-sous-Montmelas en Beaujolais, qu'elle déclara être affranchi de cens et de servis par titre du

<hr>

1. Le 17 octobre 1159, Humbert III fonda l'église collégiale de Belleville qui peu
après fut érigée en abbaye.

On doit ajouter aux fondations précitées, la création de Villefranche, qui devint
la vraie capitale du Beaujolais, par Humbert IV de Beaujeu qui gouverna la province de 1174 à 1202.

2. *Les Sires de Beaujeu*, Etude par C. Longin dans la *Revue du Lyonnais*,
octobre 1894, page 298.

1er janvier 1251, sous les sceaux de Jean, abbé de Belleville, et de Martin, abbé de Joug-Dieu [1].

Les œuvres religieuses ou charitables qu'ils créaient n'empêchaient pas les seigneurs de Beaujeu de faire bonne figure dans les chevauchées contre les ennemis de la foi ou du royaume de France, Turcs ou Anglais. Tous ne revoyaient pas les hautes collines de Beaujeu. De 1216 à 1390, quatorze sires ou seigneurs de Beaujeu tombèrent au champ d'honneur, face à l'ennemi, ou victimes d'un climat étranger.

D'aucuns eurent à tirer l'épée contre les malfaiteurs du dedans, contre ces bandes de pillards, de Tard-Venus, dont on ne peut omettre le souvenir dans la monographie d'un village de nos contrées.

La guerre qui avait éclaté en 1337, entre le roi de France, Philippe de Valois, et Edouard III, roi d'Angleterre, et que l'histoire a dénommée la Guerre de Cent Ans [2], exerça d'abord ses ravages dans les provinces du nord et de l'ouest de la France. La néfaste journée de Crécy (26 août 1346) permit aux hostilités de s'étendre jusqu'au delà des bords de la Loire, et, après le désastre de Poitiers (19 septembre 1356), où fut pris le roi Jean, les bandes ennemies, ne rencontrant plus d'obstacle, s'avancèrent rapidement du nord à l'ouest, de l'ouest au midi et à l'est, dévastant le pays tout entier. La défense du territoire imposa des charges que les populations jusqu'alors épargnées par l'ennemi n'acceptaient pas facilement : « A Villefranche, un lundi, jour de marché, les commissaires du roi arrivèrent avec le prévôt de Mâcon, suivis de sergents portant les bourses et les panonceaux ; à peine eurent-ils tenté de passer entre les bancs des vendeurs pour lever le subside, qu'ils furent assaillis par les officiers de Marie du Thil, dame de Beaujeu, et obligés de se retirer. Ils furent reçus de même à Belleville, quand ils s'y présentèrent. En représailles, le bailli Nicolas Oyn, avec une forte troupe, vint mettre le siège devant Belleville; s'en empara, ainsi que du reste du Beaujolais, et mit la terre et baronnie de Beaujeu sous la main du roi » [3].

En décembre 1358, on apprenait que des bandes armées s'avançaient sur Lyon, les unes venant du midi, les autres du Puy. Aussi les

---

1. Guichenon, *Histoire de Dombes.*

2. Elle dura cependant de 1337 à 1453.

3. G. Guigue, *Les Tard-Venus*, pages 5 et 6. L'auteur cite comme références : Huillard-Bréholles. Inventaire des titres de la maison ducale de Bourbon : tome I, page 475, n° 2743. Archives nationales, P. 1388, Cote 52.

chanoines de la cathédrale de Lyon donnent ordre aux châtelains de Saint-Cyr-au-Mont-d'Or, de Couzon, d'Albigny, de Saint-Germain-au-Mont-d'Or, de Tassin, de Lentilly, de Charnay, et au courrier d'Anse, de prendre les précautions nécessaires et commandées par les circonstances, d'obliger, par conséquent, leurs hommes à se rendre au château pour y faire le guet et le défendre.

En 1359, Robert Knolles qui, le 10 mars 1359, avait saccagé Auxerre, descendait sur le midi ; dès le mois de juin, ses troupes ravageaient le Berry et l'Auvergne. En même temps que lui, Alle de Buet et le Poursuivant d'amour, Jacques Win, entrés en Forez dès 1357, ne restaient point inactifs.

Bientôt le Beaujolais était envahi par les troupes navarraises et anglaises. Antoine, sire de Beaujeu, fit appel à son voisin le comte de Savoie, qui lui envoya du secours. A la tête des troupes de renfort était Galois de la Baume, chevalier, conseiller du comte. Philippe de Juys, châtelain et capitaine de Bâgé, en était maréchal. Sous leurs ordres, Jean de Saint-Didier, le bâtard de Rougemont, Etienne Vescot, Jean de Gorrevod, Etienne de Bochaille, Guillaume Servilliat, Philibert Borgès, Perronin Albi, tous gentilshommes bressans. Cette expédition dura trois .semaines, comme l'attestent les lettres du sire de Beaujeu. La plus ancienne de ces lettres étant du 12 juin 1359, il est probable que l'expédition eut lieu au mois de mai. Jean de Gorrevod y gagna les éperons de chevalier. Chassés du Beaujolais, Anglais et Navarrais se rejetèrent sur le Forez. L'abbaye de Valbenoite, près de Saint-Etienne, fut mise à sac, et, le 19 juillet, jour de la fête de sainte Marguerite, la ville de Montbrison fut incendiée...

Cette destruction de la ville principale du comté de Forez détermina dans toute la région un mouvement de défense énergique devenue bientôt offensive, devant lequel l'ennemi dut céder. Pendant que le jeune comte Louis de Forez réunissait ses vassaux et convoquait ses alliés, le bailli de Mâcon organisa à la hâte une expédition et la poussa vigoureusement par Charlieu au delà de la Loire, jusque dans le mandement de Thiers. Les gentilshommes de l'Auvergne, du Rouergue et du Limousin, renforcés par un contingent de quatre cents lances que leur amena le comte de Forez, s'attachèrent à la poursuite de Knolles et d'Alle de Buet et les obligèrent à s'enfermer dans Limoges. Repoussé aussi, Jacques Win, le Poursuivant d'amour, alla rejoindre en Bourgogne l'armée de son souverain, Edouard III, et s'éloigna avec elle après le traité de Guillon. Dès le mois d'août, nos pays furent débarrassés des troupes anglaises à peu près régulières, mais ce ne fut que pour tomber aux mains des Compagnies.

Après le traité signé à Brétigny, les mercenaires des deux grandes armées belligérantes, Anglais, Allemands, Flamands, Bretons, Navarrais, Gascons, et les *mauvais Français,* comme dit Froissart, dont les services ne devaient plus trouver d'emploi, obéissant comme à un mot d'ordre, s'étaient constitués sous le nom de Tard-Venus, c'est-à-dire de venus après les autres à la curée de la France, en une seule société d'aventuriers, la Grande Compagnie... Bandits sans foi ni loi, incessamment renforcés des vagabonds et des malfaiteurs de tous les pays, et commandés par des chefs dignes d'eux, gentilshommes pour la plupart, mais gentilshommes perdus de dettes, sinon de réputation et d'honneur chevaleresque... à qui tout était de bonne prise, sauf ce qui était « trop chaud ou trop lourd ».

Dès le milieu de mai 1360, les bandes, cantonnées en Champagne, formaient le projet de se diriger sur Avignon. Une d'entre elles pénétra en Beaujolais, et, le 31 mai, assiégea le château de Beaujeu après s'être emparée de la ville. Secouru par Amédée VI, comte de Savoie, surnommé le comte Vert, Antoine, sire de Beaujeu, put mettre en fuite les assiégeants.

Dans les premiers mois de 1361, plusieurs bandes de Tard-Venus traversent le Beaujolais et le Lyonnais. Il est certain qu'elles firent de grands ravages, mais le souvenir de ces maux n'a été gardé que pour quelques localités comme Saint-Symphorien-le-Château en Lyonnais et Estivareilles en Forez. Le 6 avril 1362, les troupes royales, commandées par le comte de Tancarville suivi par tous les seigneurs de la noblesse régionale, livrèrent la bataille de Brignais aux Tard-Venus dont les bandes avaient pour principaux chefs Seguin de Badefol et le Petit Meschin et comptaient environ 15.000 hommes. L'armée royale, qui se composait de 6.000 cavaliers et de 4.000 sergents, fut complètement surprise et mise en pièces.

Parmi les prisonniers, il y eut Renaud, comte de Forez, Louis de Beaujeu, Jean et Louis de Chalon, Jean de Melun, comte de Tancarville, Humbert d'Albon, etc. ; parmi les morts, Jacques de Bourbon, comte de la Marche ; Pierre de Bourbon, son fils ; Louis, comte de Forez... En 1363 et 1364, les Compagnies continuent leurs méfaits.

Seguin de Badefol ayant pris l'abbaye de Savigny en octobre 1362 ne la quittait que moyennant une lourde rançon ; puis, ravageant tout sur son passage, il venait assiéger Anse, que défendait le chevalier Claret de Glareins, et s'en rendait maître le 1ᵉʳ novembre 1364.

Humbert d'Albon, châtelain de Tassin, y fut fait prisonnier et ne se libéra qu'au moyen d'une rançon. Seguin s'installa à Anse dont il s'intitulait capitaine pour le roi de Navarre, et c'est au nom de Charles le Mauvais qu'il opérait ses brigandages, enlevant vassaux et justiciables, les conduisant prisonniers à Anse où il les gardait de longs jours, puis par la question, la torture, leur arrachant jusqu'au dernier sol.

Il est donc certain que les cloches et les cornes d'alarme résonnèrent souvent sur les tours de Pouilly-le-Châtel et de Montmelas pour inviter les habitants de Saint-Julien et de Denicé à se retraire derrière les remparts protecteurs. Anse était pour Seguin comme un nid de vautour. Il n'en sortait que pour aller grossir son butin de vol. Dans ces expéditions de bandit, il s'empara de Saint-Germain-au-Mont-d'Or, de Gleteins, de l'Arbresle, de Saint-Clément, de Valsonne, de l'Hôpital-sous-Rochefort (canton de Boën) et de plus de soixante forts en Mâconnais, Forez, Velay, Basse-Bourgogne. Les églises du Breuil, près du Bois-d'Oingt, de Saint-Laurent-d'Agny, de Saint-Jean-de-Chaussans, furent profanées. C'est probablement aux tristes exploits des gens de Seguin de Badefol qu'on doit attribuer la destruction de la cure de Sain-Bel, l'incendie de celle d'Amplepuis, le pillage du prieuré fortifié de Thurins.

Ce n'est que le 7 septembre 1365 que Seguin traita avec le sire de Beaujeu, après s'être entendu avec les gens du roi, pour évacuer les bailliages de Mâcon, de Saint-Gengoux et de Charlieu.

Enfin, à la suite de l'arbitrage du pape Urbain V, intervint un traité en vertu duquel, et moyennant la somme de quarante mille florins dont vingt-cinq mille étaient à la charge des pays de Lyonnais et de Mâconnais, Seguin de Badefol promettait de délivrer la ville d'Anse et les autres lieux-forts occupés par ses troupes.

En quittant Anse, Seguin passa à Montbrison et alla réclamer un arriéré de solde au roi de Navarre, Charles le Mauvais, qui, pour tout paiement, le fit empoisonner.

De 1336 à 1338, nos populations furent souvent sur le qui-vive, car les Tard-Venus, qui s'étaient emparés de Marcilly-le-Châtel et de Lay, ne cessaient leurs incursions en Forez comme en Dombes.

A la fin de 1368, les Tard-Venus disparaissaient de la région : leurs bandes se partagèrent entre les armées française et anglaise et se décimèrent les unes les autres.

Les princes et seigneurs de Beaujolais aimaient à résider sous les ombrages du vallon où se cachait le château-fort de Pouilly-le-Châtel[1]. Antoine de Beaujeu y naquit le 12 ou 13 août 1343. Il était fils d'Edouard I, maréchal de France et de Marie de Thil., Il n'avait que huit ans lorsque son père mourut ; sa mère administra ses biens jusqu'à sa mort survenue le 4 mars 1358. « Le jeune Antoine, qui n'avait alors que quinze ans, parut bien-tost dans la cour du roy Charles cinquième, qui estoit encore Dauphin ; il estoit beau par excellence ; sa valeur et son courage passoient encore sa bonne mine, et sa douceur et sa modestie le rendoient aimable à tous. Il assista le comte de Savoye, surnommé le Vert, en plusieurs rencontres, et le servit de ses troupes et de sa personne. Le comte le choisit pour un des premiers chevaliers de son ordre.

« Le mesme Antoine ne manqua point à servir son Roy : il estoit à la bataille de Cocherel où les Anglais et les Navarrois furent vaincus. Dès lors il s'attacha au vaillant Bertrand du Guesclin et le suivit dans ses deux voyages d'Espagne. Après la mort de ce grand guerrier, le prince Antoine se donna au duc d'Anjou. Il épousa Béatrix, fille de Jean, comte de Chalon, et mourut à Montpellier sans enfans, deux ans après son mariage. Il avait témoigné pendant sa vie beaucoup d'estime pour Villefranche qu'il chérissait comme sa patrie[2] ».

Edouard II, cousin du précédent, avait un tempérament d'aventurier, aimant le plaisir, ne redoutant pas les coups d'épée, mais insouciant de moralité. Il avait lié connaissance avec une demoiselle de la Bessée appartenant à une des meilleures familles de Villefranche[3]. Mais, dans

---

1. Aujourd'hui simple hameau de Denicé, dans la direction de Gleizé, Pouilly était avant la Révolution une paroisse de l'Archiprêtré d'Anse.
L'abbé de Cluny comme doyen de Limas, nommait à la cure. En 1770, le curé était M. Germain.

2. *Mémoires contenant ce qu'il y a de plus remarquable dans Villefranche*, 1672, page 84. Cet ouvrage est attribué à Jean de Bussières, Jésuite.

3. Une verrière de la maison de la Bessée représentait au XVIIe siècle Edouard de Beaujeu jouant aux échats (échecs) avec Mme de la Bessée en manteau et coiffée du hennin. Debout, une main posée sur l'épaule d'Edouard, Mme de la Bessée regarde l'échiquier. Edouard épais, courtaud, est assis la tête appuyée sur le coude. Son pourpoint dont le col est rabattu est bordé d'une bande d'hermine. Il porte jabot aux

un accès de déraison brutale, Edouard l'enleva un jour à sa famille et l'emmena dans son château de Pouilly. Cet acte de violence criminelle ne pouvait rester longtemps impuni, et bientôt un huissier se présenta pour signifier au ravisseur d'avoir à rendre compte de sa conduite scandaleuse. Dans un nouvel accès de fantaisie barbare, le seigneur de Pouilly eut l'audace d'insulter à la fois et à l'autorité du roi de France et au droit des gens le plus élémentaire en faisant avaler au malheureux huissier les sceaux qui attestaient, sur parchemin, l'authenticité de son mandat, puis en le faisant « saillir par les fenêtres de son château de Pouly dans les fossés où il se rompit le col »[1]. Cette fois, le triste sire de Beaujeu était au bout de ses scélératesses. Arrêté et conduit en prison à Paris, il y subit une longue détention. Cependant, comme il avait engagé le Beaujolais dans une guerre contre le comte de Savoie à propos d'un procès avec le duc de Bourgogne et qu'il craignait la confiscation de ses terres au profit de la couronne ; se souvenant, d'autre part, que le duc de Bourbon, Louis II, l'avait protégé dans les moments les plus difficiles de sa vie, Edouard de Beaujeu lui donna, par contrat du 23 juin 1400, toutes ses terres de Beaujeu et de Dombes. En reconnaissance de cette donation, Louis II négocia la délivrance d'Edouard. Mais celui-ci ne jouit pas longtemps de sa liberté. L'année même de sa délivrance, l'an 1400 et le 2 août, il mourut à Perreux et fut enterré à Belleville.

La femme d'Edouard, dit Louvet, survécut à son mari l'espace d'environ huit ans dans un extrême déplaisir de voir sa maison ainsi abattue.

En effet, à la mort d'Edouard, Louis II, duc de Bourbon et comte de Forez, « à cause d'Anne, dauphine, son épouse, prit possession du Beaujolais et des terres des Dombes »[2].

Pour réparation du rapt de sa fille, le sieur de la Bessée[3] reçut la seigneurie de Rogneins.

---

manches. Son chapeau, orné de plumes et de franges est tel qu'on les portait sous Henri IV, ce qui nous ferait placer la composition de la verrière vers l'an 1600.

Les personnages de ce vitrail sont reproduits dans l'ouvrage précité : *Mémoires contenant...* page 89, et dans l'*Histoire du Beaujolais* de Louvet, édition Galle et Guigue, page 433.

1. Voir aux pièces justificatives, I ter.

2. Pierre de Bourbon avait épousé, l'an 1474, Anne de France, fille du roi Louis XI (Voir pièce justificative II).

3. « La maison de la Bessée a été aussi illustre dans Villefranche ; il y en a eu qui ont possédé des dignitez dans le même chapitre de Beaujeu. On voit qu'un Aymé

L'inconduite d'Edouard resta longtemps dans le souvenir des populations. Paradin dit que de son temps on chantait encore, dans la Franche-Comté, cette chanson :

« Sire roy, sire roy, faites-nous justice
De ce larron Edouard qui nous prend nos filles.
Edouard, Edouard, laisse-nous nos filles ».

En laissant sa baronnie à la maison de Bourbon, Edouard II lui transmit en même temps tous les droits seigneuriaux qu'il possédait, droits qui se maintinrent intacts tant qu'ils restèrent la propriété de la maison ducale. Mais, lorsque le connétable de Bourbon fut dépouillé de ses biens à la suite de sa condamnation, le Beaujolais et la Dombes, réunis d'abord à la couronne, puis donnés à Louise de Savoie, entrèrent en la possession de François Ier et de Henri II, qui firent tous deux de nombreuses aliénations [1]. François II donna, en 1560, le Beaujolais et la Dombes aux Bourbon-Montpensier. Anne Marie-Louise, fille du duc d'Orléans, celle qu'on appelait la Grande-Mademoiselle et qui se jeta avec passion dans la guerre de la Fronde (1648) eut pour états le Beaujolais et la Dombes. En 1658, elle visitait son domaine, où l'aspect des bords de la Saône l'enchantait comme l'attestent ces mots : « Le paysage est tel qu'un peintre n'en saurait faire de plus beau ». Elle mourut en 1693, léguant le Beaujolais au duc d'Orléans Philippe qui décéda en 1701, laissant le domaine à son fils Philippe II le Régent. Celui-ci attribua la nouvelle seigneurie à sa plus jeune fille, Elisabeth, dite, à cause de cela, *Mademoiselle de Beaujolais*, morte en 1734, et à qui succéda dans son titre sa sœur Adélaïde, ex-abbesse de Chelles, morte en 1743 [2].

---

de la Bessée estoit en l'année 1352, chantre et chanoine dans lad. église et y fonda la chapelle de Sainte-Croix. Il portait pour armes fassé d'argent et de gueules de sept pièces, au lyon d'argent brochant sur le tout ». *Histoire du Beaujolais*, Mémoires de Louvet, tome II, page 432, édit. Galle et Guigue.

Les échevins de Villefranche élus en 1398 et qui entraient en fonctions le jour de la fête de Saint-Jean-Baptiste, 24 juin, étaient Guionet de la Bessée, Perronet Rochette, Perronet Gerlaud, dit Gastier, et Jean de Valsonne. Ils prirent part aux négociations qui amenèrent la cession du Beaujolais à la famille de Bourbon :

« Ce furent eux qui traitèrent l'accord avec Edouard. seigneur de Beaujeu, le 25 may 1399 » (Voir *Mémoires contenant ce qu'il y a de plus remarquable dans Villefranche*). Guionet de la Bessée était peut-être le père de la jeune fille enlevée par Edouard.

1. Prise de possession du Beaujolais par le Duc de Montpensier (*Bulletin de la Société des Sciences et Arts du Beaujolais*, n° 14, page 121).

2. Steyert, *Nouvelle Histoire de Lyon*, tome III, page 332.

Les seigneurs de Montmelas avaient toute justice, haute, moyenne, basse, sur les paroisses de Montmelas, Cogny, Denicé [1], Saint-Julien, Saint-Sorlin le Puy [2], Saint-Cyr-de-Chatou, les domaines de Fagolet et des Chardons sur Vaux, le mas du Vanel dans la paroisse de Lamure [3].

Les habitants de Saint-Julien devaient donc, à certains jours, faire guet et garde au château. En 1464, pour défaut de guet, ils furent taxés à 4 livres [4].

En 1471, Saint-Julien fournissait 20 livres pour réparations au château-fort de Montmelas. Au XVIe siècle, le seigneur de Montmelas pouvait lever de 380 à 400 hommes dans l'étendue de sa seigneurie.

En 1590, le rôle des sujets de Montmelas obligés à la garde du château indique pour Saint-Julien : 1º une dizaine [5] de 13 hommes à Claude Verrier ; 2º une autre dizaine à Antoine Martin, de dix hommes ; 3º une autre à Jean Pinet, de onze hommes ; 4º une autre à Benoît de Colombier, de onze hommes [6].

Saint-Cyr et Lamure fournissaient au total deux dizaines d'hommes.

Blacé donnait [7] une escouade commandée par Jehan de la Forêt. Elle avait quatorze hommes tant de Blacé que de Vaux et entrait en garde le 25 janvier 1590 *b)* onze hommes commandés par Antoine

---

1. Dans le Catalogue des manuscrits de la Bibliothèque de Lyon, n° 394, fonds Coste, il y a une copie du XVIII° siècle d'une donation, par Humbert, fils de Richard, à l'abbaye de Saint-Martin-de-Savigny, des églises de Denicé et Cogny et de la Chapelle de Montmelas, l'an 1086.

2. Aujourd'hui Montmelas-Saint-Sorlin. Autrefois c'était la paroisse Saint-Sorlin ou Saint-Saturnin-le-Puy. L'église sur la montagne servait encore au culte en 1737 ; à cette époque, M. de la Gorlaye, vicaire général de M⁰ʳ de Rochebonne, s'opposait à sa reconstruction sur le sommet de la montagne, à cause de son isolement, des vols et des profanations qui y avaient été commis et s'étaient renouvelés aux dernières fêtes de Pâques.
On la reconstruisit en 1813, au lieu où elle s'élève aujourd'hui avec les débris de celle de Montmelas supprimée et réunie à Saint-Sorlin.
(Bulletin du Beaujolais, 4° année, n° 15, juillet 1913, page 173).

3. *Aveu et dénombrement de la Seigneurie de Montmelas* (1729), pages 6 et 7, publié par M. Morel de Voleine.

4. Archives du château de Montmelas.

5. Le mot dizaine comme le mot dîme n'était pas toujours pris à la lettre et désignait souvent plus de dix unités.

6. I. Morel de Voleine, *Documents inédits sur le Beaujolais.*

7. Blacé : Eglise sous le vocable de Saint-Claude. Archiprêtré d'Anse. Cure à la collation du prieur de Salles. Prieurés de Gramont et de Salles. Election de Villefranche. Justice de Montmelas, de Champrenard et de Salles,

Savigny ; *c)* onze hommes commandés par Laurent Buatel ; *d)* Barthélemy Aublanc et Etienne Crépier.

Arbuissonnas et Saint-Etienne présentaient douze hommes commandés par Jehan Jaquin.

Rogneins (Saint-Georges-de-Reneins) une escouade sous les ordres d'Etienne Rozier.

Denicé, quatre escouades avec, pour chefs, André Rozier, François Damiron, Pierre Brocard, Claude Pellein, tous de Denicé.

Cogny, onze dizaines et deux escouades. Les chefs de groupe sont François Poncet, Pierre Poncet, Benoît Toussaint, dit Pied de Loup, François Chervet dit Bichot.

Lacenas, trois escouades avec Antoine Bonnafay, Jean Vallin, Jacques Chazier. Ce petit bataillon rendit probablement d'utiles services pendant les guerres religieuses du xvıe siècle.

Comme les ducs de Savoie étaient sans cesse en guerre avec les sires de Beaujeu, notre contrée, dévastée par la guerre, éprouva une extrême misère. Les habitants de la campagne négligeaient la culture des terres et en 1572 les intempéries détruisirent le peu de grains qu'on avait semé. La fin d'avril 1573 fut marquée par une gelée générale. Toutes les ressources manquèrent et une affreuse famine s'ensuivit[1]. Le blé valait six ou sept francs la mesure et on ne pouvait, même à ce prix, s'en procurer. Dans les champs, on voyait « paouvres gens pasturant l'herbe comme bestes brutes ». Le vin, qui ne valait d'ordinaire qu'un écu ou quatre francs, se vendit jusqu'à dix écus l'ânée. Affamés et malades se traînaient vers Villefranche. Comme on l'a dit, les malheurs viennent par troupes. Une peste terrible sévit à Villefranche de 1581 à 1587 et faucha presque toute la population de Beaujeu.

La violence des passions humaines trouvait encore le moyen d'ajouter à la misère que déchaînaient tant de fléaux. Le 19 janvier 1593 Jehan Arod, seigneur de Montmelas, est attaqué la nuit par une bande de brigands, des ligueurs sans doute, car il était royaliste. « Quatre vingt cavaliers pétardèrent les deux faulces portes dudict chastel du cousté de soir et la petite porte d'un ravalin faict au devant la grand'porte du donjon où ledict seigneur s'estoit retiré à cause desdits voleurs pour estre

---

1. *La famine de 1573,* par le Dr Léon Missol, page 5 et 6.

en seurté, lesquelz furent vaillamment repoucés par ledit seigneur et le seigneur de Satoney[1], son gendre, de manière qu'ils n'y entrèrent point et en fut tué desdits voleurs deux ».

Malheureusement Jehan d'Arod reçut un coup mortel d'escopette qui lui traversa la tête de part en part. Il fut inhumé dans l'église de Cogny, tombeau des seigneurs de Montmelas, comme l'abbaye de Belleville était celui des sires de Beaujeu.

Pour les XVIᵉ, XVIIᵉ et XVIIIᵉ siècles, les registres[2] de la justice des seigneurs de Montmelas apportent une contribution intéressante sur l'histoire de notre localité.

Le 26 octobre 1567, devant la boutique du boucher Gigean, de Saint-Julien, François Girin, messager de Montmelas, remontre que toutes les langues et bavures de bétail qu'il tue et vend doivent appartenir par droit au seigneur. Cette demande soulève la protestation des bouchers de la seigneurie qui déclarent, au cours d'une enquête, n'avoir jamais payé ce droit aux prédécesseurs de M. de Montmelas. Jehan Arod se défend par un mémoire à la Chambre des Comptes de Paris. L'affaire se termine par une transaction.

Le 30 octobre 1651, asservissage de prise d'eaux au lieu dit Pré du Buisson, paroisse de Saint-Julien, par M. de Montmelas, au profit de Claude Damas, seigneur du Breuil.

Reconnaissance de cens et servis et abenevis de prise d'eau pour la construction d'un moulin et l'irrigation de prés au lieu d'Espagne, par André Vérant à Saint-Julien, 12 juin 1703.

Procédure, en 1713, contre Balthazar Bussillet, seigneur de Baronnat, à l'effet de lui faire ôter un banc qu'il s'était permis de poser en l'église de Saint-Julien, au mépris du droit exclusif du seigneur, et sentence du bailliage contre ledit Bussillet.

En 1717, requête de Joseph Arod à messieurs de l'élection du Beaujolais, disant qu'à raison des ravages de la grêle dans la paroisse de Cogny, et particulièrement au mas de Rivolet, ses vignobles ont été

---

1. Le Seigneur de Sathonay dont il est question était Philibert de Musy. Voir *Paul de Varax*, la maison d'Arod, branche Montmelas, pages 8, 59 et 61. A la page 8 de cet ouvrage une faute d'impression a fait mettre 13 janvier au lieu de 19 qui est la vraie date de l'agression dont il est question.

2. Ces registres sont dans les archives du château de Montmelas où Madame la Comtesse de Chabannes-la-Palice a bien voulu m'autoriser à les parcourir.

abandonnés par les vignerons, et demandant qu'il lui soit permis de les faire valoir à la main et déchargé de la cotte imposée à ses vignerons, vu son privilège de l'exemption de la taille.« La gresle a passé avec grande impétuosité dans le mois de juillet, emporté tous les fruits, ruyné entièrement les fonds, surtout dans les mas Rivolet appelés Bellevue ».

18 *juin* 1701. Défense par M. de Montmelas contre Eléonor de Garnier et demande incidente tendant à ce qu'il lui soit fait défense de prendre la qualité de seigneur de Colombier, ledit fief étant de la mouvance des mineurs Arod, seigneurs haut justiciers [1] de Saint-Julien.

La question fut portée à monseigneur le duc d'Orléans.

Août 1706. Assignation par M. de Montmelas contre Eléonor de Garnier, seigneur des Garets, de déguerpissement d'un banc qu'il s'était attribué dans l'église de Saint-Julien et autre assignation d'avoir à détruire un pigeonnier par lui construit sans permission en son fief de Colombier.

Arrêt du conseil privé du roi du 8 janvier et du 29 mars 1674 rendu à la requête de mademoisélle duchesse de Montpensier, souveraine de Dombes, baronne de Beaujolais, contre les seigneurs haut justiciers de ladite baronnie parmi lesquels Guillaume Arod, seigneur de Montmelas, concernant les empiétements commis par lesdits seigneurs sur les droits de la dame suzeraine.

La fondation de la prébende de Notre-Dame à Chevennes [2] par

---

1. La haute justice équivalait à peu près à la cour d'assises actuelle ; la moyenne justice au tribunal de première instance ; la basse justice réglait les petits procès qui passent actuellement devant le juge de paix. L'officier de justice était le capitaine chatelain (quelquefois, c'était un lieutenant) assisté d'un procureur fiscal et d'un greffier.

2. Chevennes, sur la commune de Denicé, au nord-ouest et à un kilomètre environ du bourg.

C'est le 20 juin 1507 que Jacques Sornet, prêtre, curé de Mars, fit son testament dans lequel il choisissait sa sépulture dans une chapelle qu'il avait fait construire et qui était à Chevennes dans l'église de Notre Dame de Pitié. Parmi les biens qu'il laissait, il y avait une terre à Saint-Julien, lieu des Prés, touchant le chemin de Montmelas à Saint-Saturnin. Le rapport de Mgr. Camille de Neuville faisant sa tournée pastorale en 1657 constate que la chapelle est bien bâtie, entourée d'un cimetière bien clos, ayant un clocher garni de deux cloches, le dedans séparé en chœur et nef, le tout bien voûté et pavé. A la Révolution la chapelle de Chevennes fut fermée. Dépouillée de ses ornements, restant bien communal de Denicé, pour devenir ensuite propriété de M. Sevelinges, maire de Denicé, et enfin de la famille Terme, la chapelle montre bien le xie siècle dans son clocher, à en juger par ses fenêtres à

Jacques Sornet est rappelée dans une vente de rentes, cens et servis, faite par Guillaume Bessié à J. J. Arod en 1599 [1].

Acte de la bénédiction de la chapelle de Serfavre [2] le 21 décembre 1641.

Procès entre M. de Montmelas et les habitants de Saint-Julien et Benoît Duchamp, demandeur en garantie, concernant la place du Jonchy.

Par acte du 5 décembre 1706, M. de Montmelas avait affermé à J. Duchamp la rente des arbres complantés sur cette place ; par autre acte, du 8 juin 1728, il lui avait abenevisé [3] la place elle-même. Le sieur Duchamp en avait depuis lors joui sans conteste, mais les habitants de Saint-Julien prétendaient que c'était en sá qualité de luminier de l'église Saint-Julien, et pour le compte de la dite église à laquelle la place appartenait en vertu d'anciens titres. Ce procès fut terminé par arrêt du Parlement de Paris du 19 août 1749, signifié à la requête de M. de Gayand, le 15 novembre suivant, qui débouta M. de Montmelas de toute prétention sur ladite place Jonchy et obligea Duchamp à en restituer tous les fruits [4].

L'hiver de 1709 fut dans toute la France d'une rigueur exceptionnelle. Le pays ayant déjà souffert de grands désastres militaires, comme

---

plein cintre, ses colonnes rondes très simples et les têtes grossières qui servent de console aux angles de la toiture aplatie, si fréquente jadis dans le pays avant l'invasion des flèches. A côté, sur la façade principale à l'ouest, une jolie porte de la fin du xv° au commencement du xvi° siècle offre à l'archéologue de gracieuses niches supportées par d'élégants piliers. Des coquilles qu'on retrouve à Notre-Dame des Marais se voient sur l'accolade qui surmonte le linteau (Documents sur la chapelle de Chevennes à Denicé (I. Morel de Voleine). Bulletin de la Société des Sciences et arts du Beaujolais. Juillet septembre 1901 pages 164-184.

1. Archives du Château de Montmelas D 57.

2. Item. D 79.

3. On appelait abenevis la concession faite par un Seigneur, moyennant un cens, c'est-à-dire une rente ou impôt à payer au Seigneur.

On donne aujourd'hui ce nom d'abenevis à la permission concédée, moyennant redevance, de détourner les eaux pour arroser un pré ou faire tourner un moulin.

4. Parmi les noms d'anciens habitants de Saint-Julien on relève dans l'Inventaire des titres du château de Montmelas: Benoit de Germain ; Jehan D'Espagne ; Claude Dubost; Antoine Verne ; Philippe Pinet ; Pierre Abel ; Claude de la Mercery ; Antoine Gorrod; Antoine Chanard; Antoine Germain ; Benoît Greppier ; Claude Bigot; Jehan-Chardonnet; Benoit Bottet; Michel de la Mure; Gabriel de la Chassaigne; François Chastenay ; Benoît Cochet; Jehan Pinet; Pernet Saunier; Benoît Colombier ; Benoît Riboud ;. Benoît des Ygault (Desigaud) Benoît Chatillon ; Claude Colombier; Benoît Perroud ; Jacques Gigean.

Voir aux pièces justificatives n° 3, le nom d'habitants de Saint-Julien au xvii° siècle d'après les registres paroissiaux.

aussi d'impôts excessifs, cette calamité nouvelle porta la misère publique au dernier degré et détermina une famine qu'accompagna bientôt un hideux cortège de maladies épidémiques. Le Beaujolais eut sa triste part dans le malheur national. Le froid intense qui sévit du 6 janvier au 23 février gela la Saône à une profondeur si considérable que la glace portait les plus lourds fardeaux. Noyers, châtaigniers périrent ainsi qu'une grande partie des vignes et toutes les semailles. Déjà l'année 1708 n'avait donné qu'une demi-récolte et voilà qu'on ne pouvait rien espérer pour 1709. Aux gelées destructives de l'hiver succédèrent des pluies interminables.

Tant de privations et de fléaux décimaient la population beaujolaise. Cependant, en 1708, Saint-Julien sembla quelque peu épargné car la mortalité se chiffra seulement par six décès. Voici les noms des défunts :

1° Jeanne Savigny, âgée de 22 ans ;

2° Diane Bernarde, veuve du sieur Jean Bonnefoy, de la paroisse de Sederon en Provence, diocèse de Gap, âgée de 75 ans. C'était la mère de Jean Bonnefoy, curé de Saint-Julien. A son enterrement, présidé par messire Louis Dagalier, curé de Pouilly-le-Châtel, assistèrent Caille, curé de Denicé, Pelassy, curé d'Arbuissonnas, Girard, curé de Cogny, Castin, curé d'Arnas, etc.

3° François de Bron, enfant de onze jours, fils d'un marchand confiseur de Villefranche, décédé le 13 mai ;

4° Jean Reynard, 6 jours, le 7 août ;

5° Jean Saunier, 3 ans, le 10 août ;

6° François Glabas, dit Lager, 86 ans, 14 novembre.

Mais, en 1709, on compte 26 décès :

Françoise Vermorel, fille de François Vermorel, vigneron, et de Barbe Chardonnay, baptisée le 22 janvier, meurt le 30. Son parrain avait été Joseph Vermorel, de la paroisse de Salles.

Humbert Basset, fils d'Edouard Basset et de Jeanne Bouland, mort le 28 février, âgé de 5 ans et demi ;

Edouard Basset, père du précédent, meurt subitement le 8 mars, 35 ans ;

François Marion, vigneron, meurt le 27 mars, 61 ans;

Pierre Calet meurt le 24 avril, 25 ans ;

Catherine, fille de Benoît Lusons « de la paroisse de Clavezole, âgée d'environ quinze ans, mendiante, estant tombée malade ne pouvant aller plus loin, meurt à la cure le 21 mai » ;

Marie Dagalier, morte le 31 mai, âgée de 45 ans ;

Antoinette Savigny, femme de Nicolas Picard, 40 ans, 6 juin ;

Antoine Gros, sans indication d'âge, meurt le 6 juin ;

Denis Munier, dit Burcillon, meurt subitement le 9 juin, âgé de 65 ans ;

Françoise Dubost, 25 ans, meurt le 12 juin ;

Antoinette Germain, 45 ans, décédée subitement le 4 juillet ;

Etienne, fils d'Etienne Montferra et d'Antoinette Sottizon, meurt âgé de 7 ans le 26 juillet ;

Antoine Morel, 60 ans, meurt le 22 juillet ;

Jeanne Duchesne, veuve de Denis Fruité, meurt le 3 août, 72 ans ;

Catherine Tabasan, veuve de Jean-Denis dit Mâconnais, le 28 août, 75 ans ;

François Verrier, maître maréchal, le 18 octobre, 70 ans. L'enterrement est fait par François Caille, curé de Denicé, « à cause de la maladie du curé de Saint-Julien » ;

Jean Sabot, vigneron, meurt le 20 octobre, ayant été surpris d'une maladie inopinée ;

Antoine Crépier, 9 ans, décédé le 21 octobre ;

Hugues Perroud, mendiant de la paroisse de Grandris, mort subitement à Saint-Julien le 31 décembre ;

En regard de ces vingt décès, il n'y eut que dix baptêmes.

1710. Antoinette Saunier meurt presque subitement à l'âge de 15 ans, le 20 janvier ;

Laurent Seignerein, le 25 janvier, 65 ans ;

Jeanne Boland, veuve d'Edouard Basset, le 12 janvier, 40 ans.

Françoise Crozet, le 12 janvier, 16 ans ;

Pierre Saunier, le 28 janvier, 63 ans ;

Marie-Thérèse Démole, le 24 février, 2 ans ;

Joseph Chardonnay, maître benier, 24 mars, 60 ans ;

Françoise Carrige, mendiante, meurt subitement le 1er mai ;

Claude Dégoutte, le 19 juillet, 24 ans ;

Noël Valous, « cy devant jardinier de M. Desgarets, demeurant depuis quelque temps au bourg de Saint-Julien, chez madame la marquise de Varennes », décédé le 19 septembre. Pas d'indication d'âge.

Claude Perroud, le 25 octobre. Pas d'indication d'âge ;

Jeanne Roze Marion, le 24 décembre, 2 ans ;

Françoise Latour, veuve de Noël Valous, le 10 décembre, 80 ans ;

Au total 14 décès alors qu'il n'y eut qu'un seul baptême, celui de Benoît, fils d'Antoine Perroud et d'Antoinette Vapillon, le 21 novembre.

Les paroisses voisines furent plus éprouvées encore.

A Lacenas il y eut, en 1709, 81 décès.

A Denicé, où la moyenne annuelle des baptêmes était de 30 environ, celle des mariages 7 et celle des décès 20, il y eut, en 1709, 19 baptêmes, 99 décès, 4 mariages ; et en 1710, 9 baptêmes, 17 décès et 0 mariage.

Quelques registres paroissiaux de la contrée ont conservé des détails lamentables : « On mange les chiens, les chats, du pain de racines et de fougères. On vole la nuit et le jour sur les routes, on enlève le bétail, on pille tout ».

Un curé de Denicé, Jacquet, suivant un usage assez fréquent au XVIII⁰ siècle, a inséré dans ses registres quelques notes sur les événements du temps, le prix des denrées, les variations atmosphériques... etc., toutes choses qui intéressent aussi l'histoire des localités voisines.

Aussi nous en reproduisons quelques extraits :

1739. La récolte fut si abondante que généralement les fonds médiocres ont rendu six ânées de vin par ouvrée, et les bons jusqu'à douze, treize, quatorze. Il y a eu jusqu'à dix-sept ânées par ouvrée de vigne.

1740. En l'hyvert de 1740, une partie des ceps de vignes ont gelées et surtout les cantons tournés en bize et les quatre saisons de cette année furent si froides que toutes les danrées n'eurent aucunes bonnes qualités et surtout le vin : le bled a valu jusqu'à quatre livres quinze sols le bichet.

1741. En 1741 sécheresse pendant les mois de janvier, février, mars et avril ; il ne plut point du tout. Le curé de Denicé, Jacquet, obtient, en juin 1741, du duc d'Orléans, propriétaire d'une partie de la paroisse, une somme de 26 livres employées à l'achapt de 282 livres de pain bis et sept littrons de sel distribués aux pauvres.

1742. 8 *may* 1742, une basle de riz de 190 livres, des aumônes de Louis XV distribuée à 35 pauvres par le curé.

La bize a régné sans discontinuation en la présente année depuis le mois de janvier jusqu'au 15 d'avril et a donné une sécheresse qui n'a peut-être jamais été dans cette saison.

1744. Le vingtième du mois de juin de l'année mil sept cents quarante quatre, le Chapitre Général de la Province de Lyon, des Cordeliers, se tint à Villefranche dans le couvent des Pères Cordeliers qui estoient au nombre de quatre-vingts, qui logèrent la plupart chez les bourgeois de la ville ; il fut esleu pour provincial le père Grizot de la province de Bourgogne. Ils parurent et témoignèrent être fort contents de la ville... le père Bonnefoy fut esleu gardien de leur maison de Villefranche ; il y avait cent et douze années qu'il ne s'estoit tenu aucun chapitre dans le couvent de Villefranche, quoique ce soit le premier qu'ils ayent eu en France.

Le troisième du mois de novembre de l'année mil sept cents quarante quatre il a pleut si abondamment dans ce pays que la rivière de Nizeraud a rompu le chemin du pont vers la fond de Saint-Pancrace, a couvert totalement les prés et rivières qui sont près de son courant. La rivière de Morgon a été sur le principal autel de Villefranche, a endommagé beaucoup de marchandises, a noyé cinquante moutons dans une écurie du nommé Colet boucher, abattu des murailles.

1746. Le dimanche 22e may 1746 la grêle est tombée dans cette paroisse et a endommagé considérablement les vignes depuis l'église jusqu'au Chazier [1] avec une telle abondance d'eau que les chemins eussent été rompus et rendus impraticables si l'on n'en avait comblé les ravines.

1747. En 1747 des chenilles noires en quantités innombrables ont dévorées les feuillages des raves.

Les bleds en 1748 ont vallus huit livres le bichet à Lyon et six livres huit sols à Villefranche, de sorte qu'il serait arrivé dans cette province une famine sans la prudente précaution de M. Pallu intendant de Lyon qui fit venir de la Suabe (Souabe) quantité de grains d'aspiotte qu'on distribuait à bon prix aux boulangers de Lyon.

---

1. Colline qui est sur la gauche quand on va de Denicé à Rivolet.

1749. Pendant l'hyverd de 1749 il n'a gelé que les sept, huit, neuf et dix février. Le 25e juillet 1749 il a grêlé si cruellement dans cette paroisse, Blacé, Saint-Julien, Pouilly le Chatel, Gleizé, Salles, Oully, Arnas qu'il n'est resté aucun raisin.

1750. En octobre 1750 cette paroisse maltraitée de la grêle l'année précédente n'a cueillie au plus qu'une dixième partie de récolte ordinaire en vin duquel même on n'a pas trouvé un avantageux débit.

Les loups venaient encore trop souvent jeter la terreur dans notre région où les bois nombreux leur offraient des retraites profondes.

Ainsi, le 5 juin 1754, Pierre Morel, fils de Jacques et de Constance Verrier, âgé de cinq ans environ, fut enlevé du milieu de ses deux frères par un loup caché dans la bruyère auprès du bois de M. le marquis de Maclas, et traîné, malgré le secours que lui portèrent ses deux frères et d'autres bergers, dans le bois où le loup lui déchira le ventre et l'aurait sans doute entièrement dévoré sans « le bruit tumultueux de cette jeunesse ».

L'enfant mourut sur les cinq heures du soir et fut enterré à Pouilly-le-Châtel par le curé de Denicé, messire Monzon — le curé de Pouilly, messire Fleuret, se trouvant indisposé.

Depuis les Bruyères de Denicé jusqu'à Saint-Georges, le sol était couvert de bois où passait souvent le vieil ennemi du berger et de son troupeau. Vers l'année 1800, une petite bergère fut dévorée par un de ces carnassiers au Creux de Saint-Julien. En 1827, le jeune Goujon, qui avait neuf ans, se vit enlever une de ses trois brebis par un loup. Aux cris poussés par l'enfant, on se précipita vers le bois où l'animal emportait sa proie. On retrouva, en effet, à Grange-Chervet, la pauvre victime, mais le corps déchiré, la chair pantelante.

Une note du secrétaire du conseil de ville de Villefranche, à la date du 10 septembre 1755, avait signalé dans notre contrée la présence de bêtes fauves d'une férocité extraordinaire [1]. « Au mois de juin 1754, disait-on, il se répandit dans la province de Beaujolais plusieurs animaux carnassiers semblables à des loups, mais la tête plus petite, les jambes de devant plus courtes que celles de derrière, et l'on a lieu de croire que ce

---

1. *Bulletin de la Société des sciences et arts du Beaujolais*, 1re année, n° 4 : Les hyènes dans le Beaujolais page 294 et 299. Article du Docteur Missol.

sont les animaux qui dans le dictionnaire de Trévoux, sont nommée hyennes. Ils ont causé beaucoup de désordres dans cette province, entre autres ils ont dévoré deux bergers dans la paroisse de Vaux, deux dans celle de Saint-Julien, l'un desquels avait 19 ans, deux dans la paroisse de Pommiers, un dans celle de Marchampt, un dans celle de Régnier près Beaujeu, un aux Ardillats, un dans les Bruyères de Lacenas.

« Ces animaux passaient au travers des moutons sans leur faire de mal et couraient sur les bergers. La nuit, ils attaquaient les grandes personnes, de sorte qu'on n'osait sortir en campagne que bien armé.

« Il y eut des ordres du marquis de Rochebonne de faire faire des chasses publiques dans toute la paroisse du Beaujolais, il y a même plusieurs paroisses où l'on en a fait jusqu'à deux et trois et l'on n'a jamais pu trouver aucun de ces animaux ; depuis le mois de décembre dernier on n'en a plus entendu parler ».

L'hiver rigoureux et prolongé de 1754-55 détermina de grandes calamités. Les esprits, surexcités par la souffrance, finirent par attribuer les méfaits des fauves à un seul animal féroce et mystérieux, dans lequel on crut découvrir les traits et le caractère de la hyène. Mais l'auteur de la note précitée ajoute avec raison que la frayeur défigure étrangement les objets, et il attribue à des loups affamés ces attaques terribles et multipliées qui avaient impressionné la population.

Un passage des Mémoires de madame de Genlis fait allusion à ces événements. Née en 1745, madame de Genlis fut reçue, vers l'âge de dix ans, chanoinesse d'Alix, près Villefranche, et séjourna un mois et demi dans le chapitre. Elle se trouvait donc dans le Beaujolais pendant la *grande terreur*. « Je m'amusais beaucoup à Alix, dira-t-elle plus tard ; l'abbesse et toutes les dames me comblaient de bontés et de bonbons, ce qui me donnait une grande vocation pour l'état de chanoinesse. Cependant mon bonheur fut un peu troublé par la terreur que m'inspirait une bête féroce d'une espèce inconnue et singulière qui désolait le canton ; on en contait des choses si effrayantes qu'aucune de ces dames n'osait sortir de la maison pour aller se promener dans la campagne. Le gouvernement ordonna à ce sujet des chasses publiques et peu de jours après notre départ d'Alix on tua ce terrible animal ».

Dans trois de ses lettres écrites pendant le séjour qu'elle fit en Beaujolais et datées des 20, 23 et 25 novembre 1785 [1], madame Roland fait allusion à un grave délit commis par un notaire de Villefranche qui avait altéré le testament du curé de Saint-Julien en y insérant une fausse donation. Voici les extraits de lettres concernant cette affaire :

20 novembre. — Tu sauras que les témoins de cette donation contestée sont décrétés et ont pris le large. La pauvre dame Perrin est d'une tristesse profonde, elle me serre le cœur.

23 novembre. — Tu sauras que ce donateur prétendu, ce curé de Saint-Julien, est mort : l'affaire ne s'ensuivra pas moins. On a volé une maison et assassiné une petite fille dans cette paroisse Saint-Julien.

25 novembre. — Le notaire du faux acte est décrété et a fui comme les autres ; il n'y a encore rien de plus neuf sur cette affaire.

L'*Almanach de Lyon*, 1790, enregistre encore l'ancienne organisation administrative qui allait être bouleversée de fond en comble.

— Saint-Julien, village et paroisse en Beaujolais, archiprêtré d'Anse, élection de Villefranche, justice de Montmelas. M. l'abbé de Cluny nomme à la cure. *Curé*, M. Bizet ; *Seigneur*, M. le marquis de Montmelas. L'ancien château-fort et fief de la Roche-Gayand appartient à M. Riberolles, curé ; le fief du Colombier à madame la comtesse des Garets ; celui de Déaux avec rente noble à M. Isnard et le château et fief de la Rigaudière à M. Maritz de la Barolière.

Les députés de Saint-Julien nommés en 1789 pour coopérer à l'élection du Tiers-Etat du Beaujolais étaient Guillaume Gagnieur et Jean Duchampt. Le curé votant était M. Bizet.

Parmi les victimes du tribunal révolutionnaire citons :

Guillaume Aubret, 41 ans, natif de Saint-Julien, domestique, domicilié à Lyon, condamné à mort le 5 pluviôse an II, comme contre-révolutionnaire ;

Chapuis Jean-Louis, 49 ans, instituteur, né à Saint-Julien, domicilié à Lyon ;

---

1. Voir l'édition publiée par Claude Perroud, né à Villefranche et qui fut recteur de l'académie de Toulouse.
Le curé qui fut victime de cet abus de confiance à son lit d'agonie était Jean-Marie Riberolle, seigneur de la Roche-Gayand, mort le 20 novembre 1785. A ses funérailles, étaient MM. Morin, curé de Denicé, Louis Arod, curé de Montmelas, André, curé de Blacé. La petite fille assassinée le 22 novembre avait huit ans et se nommait Catherine Marget.

Jean Massacrié, 52 ans, natif de Saint-Julien, prêtre, demeurant à Salles, condamné à la détention le 6 avril 1794.

L'ouvrage de M. Charléty, *Documents relatifs à la vente des biens nationaux*, signale plusieurs actes qui ont trait à cette mesure.

Page 305. — Le 2 avril 1793. Domaine du Tremble à Saint-Julien, aux Ursulines de Villefranche. Estimé 452 francs, adjugé 26.100 francs [1] à François Delacotte, notaire et procureur à Villefranche.

Page 325. — 17 mai 1791. Immeuble et fonds à Saint-Julien, à la cure de Saint-Julien. Estimé 1.652 francs, adjugé 4.700 à Pierre Besson, géomètre à Villefranche.

Item. — 17 mai 1791. Pré, 24 bicherées 1 /8 (mesure de Villefranche) à Saint-Julien, à la chapelle Saint-Claude (c'est-à-dire à l'entretien de cette chapelle qui faisait partie de l'église paroissiale). Estimé 2.926 francs, adjugé 9.050 à Philibert Carrichon, père, négociant à Salles.

Page 419. — 14 septembre 1795. Demi-arpent à la cure de Saint-Julien (jardin non compris) estimé 2.000 francs, adjugé 51.500 à Etienne Saunier, propriétaire.

Page 458. — 30 août 1796. Pré, 1 bicherée 3 /4 à Saint-Julien, faisant un revenu de 25 livres à la cure, vendu 550 francs à Antoine Dufour de Bessenay.

Page 471. — 2 décembre 1796. Presbytère. Eglise à Saint-Julien, à la cure de Saint-Julien. Revenu 90 francs. Le tout vendu 1.620 francs à Guillaume Gagneur de Saint-Julien.

L'ancien presbytère, aujourd'hui propriété Ray, était dans la cour de la boucherie. Le jardin était sur l'emplacement de la maison Vignat et de la cour adjacente.

Nous avons aussi sur le presbytère et l'église une note des Archives départementales [2] : « Un bâtiment situé en la commune de Saint-Julien composé de trois bas ou retz-de-chaussée, trois chambres au-dessus, cour et jardin, provenant du ci-devant presbytère dudit lieu de la contenance d'environ une bicherée joignant les jardins, cours et bâti-

---

1. Ce chiffre si élevé ne s'explique que par la dépréciation des assignats.

Déjà dans une lettre adresser à Bosc, le 23 août 1790, et datée du clos de Theizé, Mme Roland écrivait : Nous avons reçu les assignats, valeur de 1000 livres : ils se vendent encore 3 0/0 à Villefranche, non compris la perte des intérêts et c'est pis à Lyon.

1. Fonds Saint-Julien, D. ɪ, 438.

ments de Philibert Laroche et Julien Gigean, de matin, le cimetière du dit lieu de vent, la terre d'Etienne Saunier, de soir et bise, le chemin tendant du bourg de Blacé à Villefranche, de bise.

« Et la ci-devant église dudit lieu avec ses dépendances confinée de toutes parts par le cimetière de la même commune. Les dits objets vendus la somme de 1.620 francs ».

En exécution de l'arrêté du 12 brumaire an XI, un plan de Saint-Julien fut levé de 0 m. 591 sur 1 m. 157 [1].

Notre village donna 26 ou 27 soldats à la Grande Armée qui fit en 1812 la campagne de Russie. Presque tous ces braves succombèrent sous la mitraille ou s'endormirent glacés dans les plaines de neige. L'histoire du trépas de ces derniers est dans ces quelques lignes des *Mémoires* de Castellane, à propos d'une des journées de la retraite de Moscou : 7 décembre, journée horrible, 27 degrés de froid ; un nombre effroyable de soldats sont morts sur la route ; ils tombent, il leur vient un peu de sang à la bouche, puis c'est fini ; grande quantité de pieds, de mains, d'oreilles gelées ».

De la petite phalange juliénoise, trois seulement revirent leur foyer. Monnin, l'un d'eux, avait été fait prisonnier au passage de la Bérésina. Après la chute de Napoléon, il vint habiter une maisonnette qui se trouvait sur l'emplacement du jardin de madame Loron, au Tremble.

Deux frères Lapierre eurent la chance exceptionnelle de traverser les effroyables dangers et souffrances de cette expédition. Tous deux furent vignerons chez M. Roche, d'Espagne, et François Morel est l'arrière petit-fils de l'un d'eux. Un de ces Lapierre eut une fin tragique. Il avait été blessé d'une balle au menton et fait prisonnier comme Monnin à la Bérésina. Mais la mort qui lui avait épargné le blanc linceul où elle roulait tant de soldats que le tambour ne réveillait plus, le faucha dans un banal accident. Il avait à gerber des pièces de vin lorsque, par suite d'un faux mouvement, un tonneau lui glissa sur le corps et lui enleva la vie. Sa femme fut saisie d'une telle émotion en voyant le cadavre de son mari, qu'elle-même mourut deux heures après. Lapierre avait pour camarade de régiment le nommé Matthieu, du hameau de la Chardonnière (partie de Gleizé), qui fut aussi blessé à la Bérésina.

---

1. Il est signalé dans le *Catalogue Général* (Molinier du Vernay) des Manucrits, Bibliothèques publiques de Lyon, tome I, page 597, n° 20.

L'invasion autrichienne en 1814 et 1815 et les souvenirs qu'elle a laissés dans notre localité sont rappelés partiellement dans une nouvelle littéraire d'un enfant de Saint-Julien, Germain Picard [1] et dans le récit de la bataille de Saint-Georges-Arnas [2], qui intéresse directement notre commune par le passage de la division Wied-Runkel et quelques mouvements des belligérants qui se produisirent à la lisière du territoire au Chambély et à Place Blanche.

Comme médaillés de Sainte-Hélène, nos registres municipaux désignent Balandras François, locataire ; Morin Etienne, propriétaire, né en juillet 1794, soldat au 84e de ligne. Entré au service fin 1813, a fait deux campagnes d'Italie, a été blessé à Waterloo, rentré dans ses foyers fin 1815.

La vie aux champs présente parfois des occasions de dévouement et de sacrifice, et pour les braves gens la vue du danger est un stimulant. Antoine Pouly qui, entré chez M. Roche de la Rigodière en 1826, y resta comme jardinier-régisseur près de 45 ans, fut un de ces cœurs intrépides. Au péril de sa vie il sauva Laurent Perroud, entraîné dans la Saône sous l'hélice d'un bateau à vapeur, et dans une autre circonstance il retira la fille du sieur Chambaud des eaux du Marveyrand qu'un orage avait transformé en torrent impétueux.

Parmi les accidents mortels dont le souvenir est resté, il faut citer celui qui causa la mort de Pierre Vapillon en juin 1868. Il était à cueillir des fleurs de tilleul sur un des arbres qui sont à l'entrée de la maison appartenant à M. Casati-Brochier, au bourg. Un faux mouvement le fit tomber sur une des pointes de lances de fer qui surmontent le portail. Il fut empalé et ne put être arraché que difficilement de sa terrible position. Il ne survécut que quelques jours.

Le vendredi 12 décembre 1913 le jeune Claude Debonne, âgé de 18 ans, demeurant à Chaneins, était venu à Saint-Julien pour aider son beau-frère Crépier à élaguer des peupliers au bas du Moulin. Il se trouvait à environ huit mètres de hauteur lorsque la branche sur laquelle il s'appuyait se rompit brusquement, entraînant dans sa chute le malheureux Debonne qui se fractura la colonne vertébrale. Il fut transporté

---

1. Elle se trouvera dans un des chapitres suivants.
2. Voir notes et additions, à la fin du volume, n° 5.
On y trouvera aussi le détail, des réquisitions faites par les Autrichiens en 1815

à l'Hôtel-Dieu de Villefranche où, malgré les soins les plus dévoués, il expira dans l'après-midi du lendemain.

On ne peut parler d'un coin de terre beaujolaise sans qu'il soit question de la vigne [1] dont les pampres et les grappes font la beauté et la richesse de nos coteaux, tandis qu'un large ruban de prairie tapisse le fond de la vallée. Au printemps, piquant çà et là les flancs des collines, se détachant sur le sol rougeâtre, quelques prés d'un vert foncé — carrés d'émeraude sur un fond de corail. A l'automne, alors que la vigne étale ses raisins empourprés, orgueil et trésor de l'habitant, la période des vendanges met de la joie dans le pays. Germain Picard en a tracé le tableau suivant : « Avant l'apparition du phylloxera les vendanges étaient la grande affaire sur toute la ligne de coteaux qui domine la rive droite de la Saône entre Mâcon et Saint-Germain-au-Mont-d'Or. Les montagnards descendaient par centaines pour aider les vignerons et gagner un pécule qui leur permit de se donner un peu de bien-être pendant l'hiver. D'autres bandes venaient de Villefranche et de Lyon, mais dans celles-là se glissaient plus d'un vaurien, espérant nocer à son aise dans le pays de vin et faire pis, si l'occasion s'en présentait. De tous côtés l'on apercevait les troupes bigarrées de garçons et de filles courbés entre les ceps. On entendait les cris d'appel, les *v'ni queri* retentissants, les chansons plus ou moins nouvelles, les grosses plaisanteries des farceurs, les mugissements des vaches baissant la tête sous le joug, le roulement des charrettes pesamment chargées. De tous les hameaux s'échappaient des vapeurs alcooliques et les chauds parfums de raisins en fermentation. Vignerons et propriétaires comptaient remplir leurs caves d'un vin généreux et oubliaient, pour quelques jours, les deuils du passé et les menaces de l'avenir ».

Mais hélas ! les années difficiles se sont multipliées pour les habitants du Beaujolais, avec le monde croissant des ennemis de la vigne, et ce n'est qu'au prix d'un labeur actif et persévérant qu'on obtient de bonnes vendanges. « Depuis un demi-siècle, écrit M. Raymond Billiard, nos vignobles tendent de plus en plus à se transformer en véritables hôpitaux où le soin des traitements prime celui des façons culturales. Aux

----

1. La bicherée beaujolaise est de 10 ares 55 ; l'hommée ou ouvrée vaut à peu près 4 ares.

maladies et aux ennemis anciens de nouveaux viennent chaque jour s'ajouter, traînant après eux la ruine et la misère : ce sont en 1845 l'oïdium, en 1863 le phylloxera, en 1878 le mildiou, en 1885 le black-rot pour ne citer que les principaux de ces fléaux, de ceux qui se sont attaqués au vignoble entier et ont mis en question son existence elle-même ».

D'autant qu'en dépit des efforts continuels entrepris pour neutraliser leurs effets malfaisants, les vieux fléaux de la vigne sont loin d'être réduits à l'impuissance. Quels lourds tributs la grêle, en particulier, ne prélève-t-elle pas sur les richesses de nos coteaux ! Voici quelques-uns de ses méfaits dans nos localités :

Le 7 mai 1844, elle cause des dégâts évalués à 49.911 francs. (Le secours obtenu du gouvernement est de 376 francs).

En 1854, il y a 107.600 francs de pertes qui atteignent 212 sinistrés. (Le secours est de 2.360 francs).

Le dimanche 4 juin 1882, un orage s'abat sur les hauteurs de Cogny, Rivolet, Montmelas, Arbuissonnas, Saint-Julien, Blacé, Salles, Saint-Georges-de-Reneins, Montmerle. La grêle tombe pendant 5 à 6 minutes avec un bruit de mousqueterie. Les vitraux de notre église sont brisés.

Les pertes aux 11 et 12 juillet 1893 s'indiquent par 47.120 francs. La même année, le 23 août 1893, à trois heures du soir, nouvel orage qui suit le trajet de celui de 1882, saccage les vignes, arrache même des arbres.

Au 10 février 1895, 2.465 francs de dégâts. Au 17 juillet 1895, 61.635 francs.

Au 6 juin 1896, 14.775 francs. (Secours 424 fr. 80). Au 7 juillet 1896, 8.496 francs. (Secours 737 francs).

Au 2 juillet 1897, 101.920 francs de dégâts.

Le 23 août 1911, une bourrée, un cyclone de grêle reprenant la direction habituelle du sud-ouest au nord apparaissait vers sept heures et demie du matin, sur les hauteurs de Chatoux.

Les habitants de Denicé, Rivolet, Montmelas observaient avec inquiétude cet amoncellement sinistre de nuages que le vent semblait pousser sur les crêtes vers le nord. Tout à coup une saute de vent se produisit. La « traverse » prit les nuages et les poussa vers Rivolet, le haut de Denicé, Montmelas, Saint-Julien, Blacé, Salles, toutes localités qui furent dévastées ainsi qu'une partie de Saint-Georges et de Saint-Etienne-les-Oullières. A Saint-Julien, le vignoble situé à l'ouest, surtout dans les hameaux d'Espagne, des Côtes, du Déau, fut presque totalement détruit. Le bas de la commune fut moins éprouvé. Dans le jardin de la cure, en quelques secondes, les poires jonchèrent le sol : celles qui restaient aux arbres étaient trouées de grêlons dans la direction du nord-ouest au sud-est (de Blacé à Gleizé) indiquant ainsi la déviation imprimée à l'orage qui allant d'abord du sud-ouest au nord-est (de Cogny à Blaceret) fut brisé par des courants contraires et bifurqua en rameaux divergents.

Notons en passant que ce sont les vents du nord-ouest qui prédominent dans la montagne beaujolaise où ils chassent en été les pluies orageuses.

Le ruisseau Marveyrand dont l'eau fertilise notre vallée, a parfois, sous la poussée de ces trombes, occasionné des surprises dangereuses alors qu'il n'était pas profondément creusé. Il envahissait la place, pénétrait dans la vieille église qui était en contre-bas du sol, si bien qu'un jour, vers 1850, deux religieuses, surprises par l'irruption des eaux et incapables de sortir de l'édifice, ne furent tirées de ce mauvais pas que grâce au boulanger du village.

Le 30 mai 1856, un garçon de onze ans et demi, Benoît Folliard, dont les parents habitaient une maison de vigneron sur la route de Villefranche, à droite et au-dessous du château de Bussy, voulant, avec deux de ses camarades, pousser un tronc d'arbre dans le torrent gonflé par les pluies, se laissa entraîner par le courant. L'accident se produisit peu après la classe du soir et ce n'est que le lendemain qu'on retrouva le cadavre de l'enfant, entre le Moulin et le Chambély.

Aux calamités que produisent les éléments en fureur, opposons le tableau aux couleurs plus douces de quelques actes de bienfaisance publique.

La libéralité la plus notable est celle du legs fait à l'hospice de Villefranche par mademoiselle Caroline Blondeau, en faveur d'habitants de Saint-Julien âgés ou infirmes. Nous rapellerons en détail cette donation charitable en parlant du domaine de Montverrier qui en forme le capital.

Par testament du 18 mai 1848, mademoiselle Marie-Louise-Pauline Pollalion de Glavenad, lègue 1.200 francs aux pauvres de la commune.

Madame Charmetton laisse 600 francs aux pauvres. Madame Claudine-Marie-Thérèse Tirouy de Corcelle, veuve de Carnazet, lègue à la commune de Saint-Julien, en 1862, 200 francs de rente à trois pour cent sur l'Etat pour aider à l'entretien des Sœurs d'un ordre reconnu par l'évêque du diocèse, à la charge par elles d'instruire gratuitement dix filles pauvres, au choix de monsieur le curé.

En avril 1870, Antoine Pouly lègue : 1º 200 francs à donner en quatre ans à la fabrique de la paroisse Saint-Julien ; 2º une rente perpétuelle de 50 francs à donner aux jeunes gens de Saint-Julien pour la fête annuelle.

Dans les registres d'Arnas, le curé a consigné quelques événements d'intérêt local, qui éclairent aussi partiellement plusieurs années de notre histoire.

« Gelée du 24 mai 1867 très meurtrière pour les récoltes et surtout la vigne.

« 1868 a été très précoce pour les vins. On a vendangé la dernière semaine d'août ; les chaleurs ont été extraordinaires pendant tout le mois de septembre ; on avait beaucoup de peine à vendanger à cause de l'excessive chaleur. Vin très abondant et d'une qualité supérieure.

1870. Grande sécheresse, fortes chaleurs, peu de blé, point de foin ; peu de vin, mais excellent.

1871. « Froid très rigoureux : 3 janvier, 23 degrés de froid ; vignes en grande partie gelées. Beaucoup de foin, peu de blé, fort peu de vin, grande chaleur et forte sécheresse. Automne très froid : 10 décembre, 22 degrés de froid qui se prolonge tout le mois de décembre. Les vignes gèlent encore cette année.

« 1872. Continuation en janvier du froid rigoureux. Printemps très pluvieux. La Saône déborde dans le mois de juin, fait beaucoup de mal aux prairies et aux champs de blé. Cependant, à part les terres atteintes par la Saône, abondante récolte en foin et en blé ; peu de chaleur et, en conséquence, petite qualité du vin, et en faible quantité, à cause de la gelée des vignes pendant l'hiver. Grandes pluies en automne, beaucoup de terres ne peuvent être ensemencées, fortes inondations de la Saône, fin novembre et première quinzaine de décembre. Point de froid, vent du sud continuel.

« 1873. Année de misères et de calamités. On n'a pas vendangé cette année à cause de la gelée du 27 avril, où il y a eu 7 degrés de froid. Il n'a pas été fait cent pièces de vin dans tout Arnas. La récolte de blé a été aussi très mauvaise. Aussi le malaise et la souffrance ont été grands dans toutes les classes de la société.

« 1874. L'année 1874 a été néfaste pour Arnas : toutes les vignes ont gelé le 5 mai. Les gelées ont commencé le 3 mai et ont continué jusqu'au 20. Le 28 juillet, une grêle horrible a emporté le peu de récolte qui restait. Ce jour-là le tonnerre est tombé sur le clocher, a pénétré dans l'église, brisé une partie du beffroi. Il y a eu cependant beaucoup de blé et le vin a été très bon dans les localités qui n'ont pas été gelées.

« 1878. Année peu abondante en grains. Magnifique récolte en raisins emportée en quelques jours par l'oïdium qui s'est déclaré peu avant les vendanges : en somme un quart de récolte ; en quelques endroits demi-récolte. Vin de bonne qualité.

« 1879. Orage. Le 20 février, sur les deux heures de l'après-midi, s'est élevé un vent du sud-ouest, une espèce de cyclone d'une violence inouïe qui a duré jusqu'à minuit. Il n'est pas de maison qui n'ait eu quelque cheminée renversée, quelque partie du toit emportée. 28 des plus beaux arbres du parc de M. de Miramon ont été abattus, entre autres un cèdre plus que séculaire. Partout dans la partie centrale de la France et de la Suisse grands désastres, les édifices et les forêts endommagés et beaucoup de personnes écrasées ; désastres qui ont pris les proportions d'une calamité.

« 1879. L'année 1879 a été l'année la plus désastreuse après l'année 1816. Peu de blé à cause des grandes pluies de l'été. On a vendangé fin octobre ; encore les raisins étaient-ils tout verts et pourris à cause des pluies froides qui ont occupé tout l'automne. Il y a eu fort peu de vin, le phylloxéra ayant fait beaucoup de ravages, et le vin a été de la plus mauvaise qualité, sans couleur et sans feu, mais très cher, se vendant au-dessus de 80 francs la pièce. En un mot, cette année a été l'une des plus malheureuses que l'on puisse citer. De plus, le froid a commencé le 28 novembre et a persisté jusqu'au 29 décembre, atteignant chaque jour de 12 à 18 degrés ; à Paris et à Versailles il est descendu à 28 degrés.

« 1880. Le froid commencé le 28 février dernier, qui a sévi pendant tout le mois de décembre avec seulement deux jours de relâche, a continué sans interruption tout le mois de janvier, variant de 12 à 17 degrés ici à Arnas. A Paris, il s'est élevé à 24 degrés, 28 à Versailles, 30 à Soissons. Jamais hiver n'a été aussi rude et aussi long. Il faut remonter aux hivers de 1709 et 1789 pour en trouver de comparables. Aujourd'hui 1er février l'hiver dure encore avec 6 à 7 degrés de froid. La terre en plein champ est gelée à 1 m. 50 de profondeur. L'hiver a duré jusqu'au 6 février.

« Juillet 1880. Toutes les vignes et les blés gelés par les horribles froids de l'hiver. Récolte nulle. Il faudra arracher toutes les vignes cette année et l'année prochaine. Point de vin pendant dix ans. Le phylloxéra est venu encore ajouter ses ravages à ceux de l'hiver, de sorte qu'en beaucoup de localités et particulièrement à Arnas il n'y a eu ni moisson ni vendange. Le peu de vin qu'il y a eu dans le Beaujolais, même dans les qualités inférieures, s'est vendu 150 francs la pièce. De tous les côtés on a arraché la vigne. Il n'en reste presque plus à Arnas.

« Le 25 avril 1881, forte gelée blanche qui a pris toutes les vignes environnant le bourg d'Arnas, jusqu'à la Croix-Barnoud. La gelée continue le 28 et le 29 avril et fait beaucoup de mal. Aujourd'hui 22 juillet 1881, après un mois d'une chaleur torride où il y avait 44° de chaleur à l'ombre, au nord, et 67° en plein air. Sécheresse désolante. A eu lieu à 2 heures et demie du matin un léger tremblement de terre qui s'est fait sentir par deux secousses séparées l'une de l'autre par une demi-minute. Cette année, les foins et les blés ont été ramassés sans une goutte d'eau et la récolte en blé a été extrêmement abondante et de bonne qualité. Le 5 août les chaleurs et la sécheresse continuent avec la même intensité ; on a ressenti encore une légère secousse de tremblement de terre vers une heure et quart du matin.

« L'année 1881 a été remarquable par ses chaleurs tropicales qui ont duré une grande partie du mois de juin, tout le mois de juillet et tout le mois d'août et ont amené une grande sécheresse. Les blés très beaux en herbe ont peu rendu. Par suite du grand hiver de 1880 et du phylloxéra, peu ou point de vin en France, peut-être 200 hectolitres dans tout Arnas.

« 1882. Peu de froid rigoureux ; forte gelée blanche le lundi de Pâques, 10 avril, qui enlève toute la récolte du vin, envahissement de plus en plus considérable du phylloxera qui s'était déjà fait sentir en 1880 et 1881. Le 4 juin, grêle horrible qui ravage Blacé, Saint-Julien, Saint-Georges où elle détruit toute la récolte de blé sans laisser subsister un épi et semble respecter Arnas dont elle suit les limites sans les franchir. A Arnas, récolte immense de blé, nulle en vin. Il en a été à peu près ainsi dans toute la France. Le 3 juillet pluie torrentielle, les eaux ne pouvaient pas passer sous les ponts d'Arnas qui regorgeaient. Forte inondation de la Saône qui franchit ses digues. Depuis les premiers jours de septembre pluies continuelles qui durent tous les mois de septembre, d'octobre, de novembre, de décembre et se prolongent encore la première quinzaine de janvier. La Saône déborde trois fois, fait de grands ravages. Il en est de même de tous les fleuves de l'Europe et les maux qu'ils causent sont grands. Plusieurs comètes apparaissent. Point d'hiver, il ne gèle pas.

« 1886. Cette année peut se résumer ainsi. Beaucoup de foin, blé médiocre, progrès du phylloxera détruisant le reste des vignes, point ou presque point de vin et de mauvaise qualité ».

Le vignoble de Saint-Julien n'a pas connu le beau fixe, non plus que celui d'Arnas. Dans les années les plus récentes, 1906 a fait exception par l'excellente qualité de son vin et cela grâce à un été d'une chaleur continue. Mais 1910 a été une année de mildew si généralement répandu que les vendanges ont été presque nulles : 1911 a eu la moitié de ses raisins détruits par la grêle qui a sévi surtout dans la partie ouest du territoire ; 1912 a été une bonne année ; 1913 une année absolument déficitaire où mildiou, cochylis, oïdium, favorisés par un été très pluvieux, ont détruit les huit dixièmes de la récolte. Les vendanges de 1914, attristées par les débuts de la guerre, n'ont produit qu'un quart du rendement moyen.

La collection de l'intendant d'Herbigny nous apprend que le village, en 1697, comptait 67 feux. Au XVIIIe siècle, Saint-Julien avait 160 communiants. L'*Almanach* de 1806 signale 496 habitants. Le recensement de mars 1911 indique 154 maisons, 198 ménages, 644 habitants. En 1920, le chiffre d'habitants est de 600 environ.

Pour finir ce chapitre, quelques lignes empruntées à M. Irénée Morel de Voleine sur les usages et traditions du Beaujolais : « Les deux principales dévotions particulières à la vigne sont... la lecture de la Passion et la bénédiction des raisins. Pendant tout l'été[1], tant que la récolte n'est pas levée, le prêtre lit chaque jour avant la messe le récit des souffrances du Sauveur. Cet usage est fort ancien et se trouve consigné dans une convention passée en 1585 entre Jacques Arod de Ronzière, curé de Cogny, et ses paroissiens ».

Les raisins se bénissent le 8 septembre ou le dimanche rapproché de cette date. Si l'on ne jette pas le raisin bénit tout entier dans la cuve, on

---

1. Exactement du 3 mai, fête de l'invention de la croix ; au 14 septembre, fête de l'Exaltation de la croix.

en met au moins quelques graines avant d'y verser la première benne. On garde toujours un raisin suspendu au plafond de la salle ou de la cuisine.

Les jeunes gens ont l'habitude d'aller demander la *poule* aux jeunes filles qui se marient. De fait, les jeunes ménestrels reçoivent d'ordinaire une poule, et parfois, selon les circonstances, une dinde, une oie ou une somme d'argent, toujours à l'intention du dîner par lequel s'achève cette promenade de troubadours [1].

---

1. Voir additions V, *bis*.

Ancienne Eglise de St-Julien.

CHAPITRE SECOND

1. Eglises, cloches, cimetières, croix. — 2. Curés.

Eglises.

L'ancienne église démolie en 1855 était un des nombreux édifices romans dont Cluny avait parsemé la région aux xie et xiie siècles. Elle était petite et orientée. Elle se composait d'une nef de treize pieds de large sur trente-cinq de long, d'un avant-chœur flanqué de deux chapelles, d'un chœur et d'une sacristie à côté, au nord; le tout voûté. L'escalier pour monter au clocher était en dehors du bâtiment, au nord, dans l'angle déterminé par une nef et une des chapelles. Sa forme générale, son clocher carré, lui donnaient un air de famille avec celles d'Ouilly, Belleville et Ars.

La façade était sur une ligne qui partirait à peu près de la statue de Claude Bernard et irait au midi, à un mètre d'une autre ligne tirée entre l'église actuelle et la maison Sambardier. Le bas du perron du nouvel édifice marque le milieu de la vieille église. Au nord était une petite porte dite « des femmes ». De ce côté, qui était celui de l'Evangile, il y avait à l'intérieur, sous le vocable de saint Abdon [1], une chapelle qui

---

1. Saint Abdon et saint Sennen sont les patrons secondaires de la paroisse. Le corps de ces deux grands martyrs persans est conservé dans l'église Saint-Marc, place de Venise à Rome.

appartint pendant plusieurs siècles à la famille des Garets. Le 25 octobre 1717, on y enterra Léonor Garnier, seigneur d'Ars, des Garets et de Colombier, âgé de 92 ans.

Sa femme, Marie de Thélis, y avait été ensevelie le 10 décembre 1705.

Du côté de l'épître était la chapelle Saint-Sébastien dont les seigneurs de la Roche étaient patrons. Les Isnard avaient leur banc à côté de cette dernière chapelle dans laquelle on voyait, vers 1850, un tableau représentant Louis XVI faisant ses adieux à sa famille, avant d'aller à l'échafaud.

Monseigneur Camille de Neuville, en 1657, visita notre église. Et voici son rapport :

« Sur le maître-autel un tabernacle de pierre où se tient le Saint-Sacrement. Ciboire d'étain, propre et doré.

« Saintes Huiles dans un coffre d'estaing propre. Pour porter le viatique on se sert d'une boîte de leton doré.

« Fonts baptismaux en bon estat, couvercle vermoulu. Cure à la nomination de l'abbé de Cluny, 160 communians. L'abbé de Cluny lève des dîmes, le curé a six asnées de bléd, 5 livres de revenu et un petit disme de vin de 20 escus d'argent dont n'estant pas content il demande la portion congrue. C'est messire Nicolas Vincenot ou Vincent, nommé il y a 20 ans, il tient ses registres en bon état, mais il ne tient pas de mariagés.

« 1 calice d'argent, 4 bonnes chasubles, 4 devants d'autel, quelques chandeliers cuivre et croix, quelques linges, 2 chapelles à la nef du côté de l'évangile. L'une dédiée à Saint Abdon appartenant à M. des Garets, aucun revenu ; l'autre à Saint Sébastien, à M. de la Roche-Gayand, sans service ni fondation.

« L'église est en bon estat, le chœur ayant été refait il y a 4 ou 5 ans par M. de Conty, abbé de Cluny..

« Le luminaire a quelques rentes nobles, mal payées.

« Maison curiale très bien [1], cimetière ouvert en quelques endroits.

---

1. C'est le petit corps de logis qui donne sur une vieille cour, au sud de la maison du boucher Ray. On voit près de la porte d'entrée un modillon encastré dans le mur et présentant une tête grimaçante. Cet ornement d'architecture était peut-être sous le toit de l'ancienne église.

Eglise de St-Julien.

« Ordonné de faire clore le cimetière de murailles ou hayes, mettre un couvercle aux fonts baptismaux particuliers ».

Le 1er mai 1814, le conseil municipal décide de racheter l'église afin que l'exercice du culte ne puisse y être interrompu par la volonté d'un particulier, afin aussi que les réparations qui y ont été ou seront faites par la fabrique ou par les habitants soient assurées au profit de la commune. Le rachat n'eut lieu qu'en 1819.

De 1831 à 1832, l'église fut agrandie de deux nefs latérales. L'escalier du clocher fut changé de place et reconstruit avec appui sur le mur nord. La galerie qui existait à la porte de l'église fut supprimée et on établit un tambour intérieur. Enfin, sur la nef latérale nord, on ouvrit une porte de 1 m. 84 de hauteur et de 0 m. 70 de largeur.

L'ensemble des dépenses atteignit près de 3.000 francs. A ce moment, il y avait dans l'église 137 chaises, 6 bancs, 29 stalles autour du chœur.

Cependant les défectuosités du vieil édifice, bas, malsain, imposaient de continuelles réparations qui, d'ailleurs, n'en pouvaient plus faire un monument solide. Aussi en 1852, M. Bernard, architecte, était-il invité à présenter le plan d'une nouvelle église, plan qui fut accepté dans la délibération suivante :

« Le Conseil de fabrique a reconnu depuis longtemps la nécessité et l'urgence d'une reconstruction d'église parce que son peu d'étendue et sa mauvaise disposition ne donnent place qu'à 350 personnes lorsqu'il en faudrait 750, et aussi parce que l'élévation successive du sol environnant l'a rendue tout à fait insalubre.

« Le conseil considérant : 1° que le plan proposé est suffisant pour la population, même en admettant une augmentation d'un tiers ; 2° que la disposition intérieure est parfaitement appropriée aux besoins du culte ; 3° que le style roman adopté par l'auteur comporte à la fois une certaine élégance et une grande économie (le devis ne dépassant pas 30.000 francs), ce qui est important parce que la fabrique n'a aucunes ressources :

« Arrête :

« Le plan présenté par M. Bernard, est adopté sauf approbation du conseil municipal ».

En novembre 1852, les conseillers, réunis sous la présidence de

M. Camille Roche de la Rigodière, nommé maire le 23 juillet de la même année, acceptaient le plan de M. Bernard et décidaient que l'église serait construite sur l'emplacement appartenant à M. Lachat, ancien curé. La nouvelle construction serait confinée : au matin, par le jardin et la maison de la cure ; au nord, par l'ancienne église et la place de Saint-Julien ; au midi, par la rivière ; et au soir, par la maison et le terrain du sieur Jullien.

Cette décision de l'autorité communale tranchait une question qui, depuis plusieurs années, était vivement agitée. En particulier la famille de Carnazet, propriétaire de Colombier, insistait en faisant les offres les plus avantageuses pour que la nouvelle église s'élevât aux Granges, à l'angle du chemin de Montmelas et de celui de Denicé. Il faut bien reconnaître que le choix d'un emplacement sur ce coteau salubre, bien aéré, presque à distance égale des bourgs de Blacé et de Denicé, offrant un beau panorama sur la Dombes et les Alpes, emporterait la plupart des suffrages que ne domineraient pas d'autres considérations pratiques. Dans une lettre conservée aux archives municipales (nous la publions aux pièces justificatives) et datée de Colombier, le 22 juin 1852, madame de Corcelle de Carnazet présentait une vraie plaidoirie en faveur de la cause qui lui était chère.

Mais l'emplacement du bourg répondait pour ainsi dire à un droit huit fois séculaire. Il ne sacrifiait pas à la paroisse de Blacé les hameaux du Déau, du Germain et des Côtes ; il gardait le voisinage de la mairie et des écoles. Les fournisseurs et cafetiers y trouvaient la garantie de leurs intérêts. Enfin les châtelains de la Rigodière et du Déau ne pouvaient que combattre vivement l'abandon de la situation traditionnelle de l'église. Le 21 avril 1853, le conseil municipal de Saint-Julien acceptait le don fait par M. Lachat d'un terrain dont une partie devait être occupée par la reconstruction de l'église et en même temps votait d'unanimes remerciements pour cet acte de générosité. Les souscriptions des habitants donnèrent 20.500 francs. Dans cette somme est compris le don de 10.000 francs de la famille de Carnazet ; c'était là une libéralité d'autant plus appréciable que le conseil municipal n'avait pas pu répondre à son désir.

La construction de la nouvelle église fut autorisée en février 1855. L'entrepreneur des travaux de maçonnerie fut M. Martaud, de Morancé, et le 21 juin eut lieu la bénédiction de la première pierre, cérémonie dont le procès-verbal est consigné dans les registres de la fabrique.

« L'an mil huit cent cinquante-cinq, le vingt et un du mois de juin, nous soussigné, Nicolas Joseph des Garets, Chanoine de la Primatiale de Lyon, spécialement délégué par Son Eminence Monseigneur le Cardinal Archevêque de Lyon, pour bénir la première pierre de l'église de la paroisse de Saint-Julien-sous-Montmelas, avons procédé à cette cérémonie conformément aux prescriptions du Rituel du Diocèse, en présence de MM. Vanel, curé de Villefranche ; Ferrier et Micollet, vicaires de la dite ville ; Burelier, curé de cette paroisse ; Bonnet, curé d'Arnas ; Vallet, curé de Blacé ; Brunon, curé de Cogny ; Fayolle, vicaire de Denicé ; Sylvestre, vicaire de Gleizé ; Pierrefeu, curé de Limas ; Junier, curé de Rivolet ; Laurent, curé de Salles ; Perroud, vicaire de la dite paroisse ; Butty, curé de Montmelas-Saint-Sorlin et Janin, curé d'Arbuissonnas ; de MM. Camille Roche de la Rigodière, maire de la commune ; Louis des Garets, trésorier de la fabrique ».

Les souscriptions des paroissiens, un emprunt de 6.000 francs par le conseil de fabrique, la subvention du département et de l'Etat permirent de payer intégralement l'église dont la bénédiction eut lieu le 28 août 1856, en la fête patronale de saint Julien, par monseigneur Pagnon, vicaire général du diocèse de Lyon, en présence d'un clergé nombreux et d'un grand concours de fidèles.

M. Emile Durand, architecte, domicilié à Lacenas, a bien voulu faire à notre demande la description de ce monument : « L'église de Saint-Julien est dépourvue de transept ; son plan est simple, bien dégagé et de forme barlongue ; elle présente une grande nef accompagnée de collatéraux au bas desquels deux chapelles. Le chœur est terminé par une abside, le clocher placé à la suite. La sacristie est disposée à gauche d'un bas côté. L'édifice est complètement voûté, en voûtes d'arêtes. On constate facilement que tout a été ordonné dans d'heureuses proportions dont l'œil est pleinement satisfait. L'architecte de l'église a voulu laisser aux fidèles le plus d'espace possible, en adoptant le parti de faire reposer sur des consoles les arcs-doubleaux de la grande nef et ceux des basses nefs. Cette disposition évite l'obstruction causée par la saillie des colonnettes et de leurs bases, en outre fait une économie notable sur le cube de la pierre de taille employée. La chaire à prêcher est un ouvrage de menuiserie, d'un mérite réel, aussi bien par sa composition que par son exécution. Le symbole des quatre Evangélistes est sculpté sur les panneaux de la tribune de forme polygonale. Le panneau central représente saint Julien, casque en tête, revêtu de sa cotte de mailles, à genoux,

appuyé sur son bouclier. La table de communion est d'un bon dessin
parfaitement exécuté. Le maître autel est du sculpteur caladois Métra ;
le devant est orné de cinq personnages sculptés, celui du centre représentant le Christ couronné d'épines et tenant sa croix sur son épaule.

« Dans le chœur, deux niches ; celle du côté de l'Evangile renferme
la statue de saint Vincent tenant d'une main un raisin doré et de l'autre
le livre des Evangiles, deux choses qui rappellent sa qualité de diacre et
de protecteur des vignerons. Du côté de l'Epître, saint Julien, en soldat
romain, avec l'épée courte. Dans le fond de l'abside, les statues de la
Sainte-Vierge et du Sacré-Cœur. Des stalles en chêne sont disposées dans
le pourtour de l'abside et forment un bel ouvrage de menuiserie.

« A mentionner les fûts des colonnes séparant les nefs, qui représen-
tent des monolithes de 3 m. 60 de longueur, dimension assez difficile à
obtenir en carrière. D'une façon générale, l'église de Saint-Julien, tant à
l'intérieur qu'à l'extérieur, constitue un ensemble très bien étudié et de
bon goût. Toute l'ornementation usitée à l'époque romane est parfaitement utilisée et mise en bonne place. A remarquer, dans la façade, la
porte principale dont l'archivolte est ornée de pointes de diamant ou
têtes de clous, d'un heureux effet décoratif, de même que les puissantes
moulures des voussures de la porte. Au tympan est sculptée la mise du
Christ au tombeau ; au-dessus de la porte une triple croisée éclaire la
grande nef. Le pignon de l'avant-corps et les rampants des murs des bas-
ses-nefs sont couronnés par de gracieuses petites arcatures qui complè-
tent harmonieusement l'ensemble ».

Le clocher, qui s'élève au sud de l'église, renferme deux cloches. La
plus petite, fondue en 1892, est utilisée pour la sonnerie de l'horloge.

La grosse cloche porte cette inscription : *Sonet vox tua in auribus
nostris* (que votre voix résonne à nos oreilles).

« Je m'appelle *Jeanne Pauline*.

« J'ai été donnée par Madame Pauline Aimée Félicité des Garets de
la Borde.

« Mon parrain a été Monsieur Jean Marie Joseph des Garets. Ma
marraine a été Madame Pauline Aimée.

« J'ai été bénite par Monseigneur Gourgoud, prélat de la maison de
Sa Sainteté, chanoine honoraire de Lyon, curé de Saint-François.

Cette cloche fut fondue le 6 août 1893. Elle pèse 624 kilos ». Le poid du joug en chêne est de 14 kilos; la ferrure de 39, le battant de 20. Le fondeur fut Arragon.

Elle remplace une cloche qui avait été bénite en 1778 par Jean-Marie Riberolle de la Roche, curé de Saint-Julien, et qui avait nom *Catherine Eléonor*. Le parrain était Eléonor de Garnier, comte des Garets, chevalier, seigneur de Colombier, brigadier des armées du roi, commandant la citadelle de Strasbourg. La marraine était Catherine Claudine d'Arod, marquise de Montmelas. La voix de ce chantre de bronze se fêla le 1er avril 1893, veille de Pâques.

Pendant sept ou huit siècles l'église et le cimetière qui lui était adjacent ont reçu les corps des défunts. L'inhumation des enfants se faisait derrière le chœur de l'église. Ce coin de terre, aujourd'hui place publique, est donc tout imprégné de la poussière d'aïeux vénérés. Quelques noyers étendaient leur ombrage au-dessus des tombes. Le produit de la vente des noix était de 10 fr. 20 en 1817 et de 7 fr. 25 en 1818.

En 1826, le cimetière fut transféré sur un terrain de 5 ares 27 centiares, à droite du Marveyrand. Aujourd'hui, sur cet emplacement, s'élève la maison du facteur receveur. Le 8 février 1863, le conseil municipal demande le transfert sur un autre terrain du nouveau cimetière, à cause de son insuffisance et aussi parce que ce déplacement rendrait possible une rectification du chemin rural n° 9, de Talancé au Bourg.

Pendant plusieurs années, les avis se trouvèrent très divergents sur le choix de l'emplacement du nouveau cimetière. En majorité, les conseillers inclinaient vers le lieu dit *la Rivière*, près du Moulin. M. Roche de la Rigodière, maire, ayant fait constater l'insalubrité du terrain de la Rivière, offrit un emplacement au lieu dit *les Patissières*. De fait, le 27 octobre 1867, le conseil approuva l'acte sous seing privé par lequel le maire vendait à la commune au prix de dix-huit cents francs la bicherée beaujolaise (dix ares, cinq centiares), un tènement de terrain au lieu dit *les Patissières*, d'une contenance de vingt et un ares douze centiares payables dans quatre ans.

Transportée successivement d'un cimetière à l'autre et placée aujourd'hui au centre du champ du repos, la croix du cimetière porte le millésime de 1804. Celle qui est contiguë à la maison Laurent Servant est due à une libéralité d'André Gagneur, mort en 1856. Gagneur était un fabricien de la paroisse et habitait dans le bourg la maison de la veuve

4

Bize. La croix Servant est au point de jonction de la route de Villefranche et de l'ancien chemin « montant, malaisé », qui allait du bourg à Talancé. De ce vieux passage (qui a un intérêt historique, puisqu'il embarrassa sérieusement, en 1814, la marche de la division Wied-Runkel, qui, venant de Saint-Georges, manœuvrait pour envelopper les Français postés en bataille entre Longsard et le bourg d'Arnas), la portion qui se trouvait entre la route de Villefranche et la nouvelle voie ferrée à été supprimée et remplacée par le chemin qui est entre le Marveyrand et la ligne du chemin de fer.

Sur la place, et dans l'encadrement de deux tilleuls, une croix d'un style noble et sévère s'harmonise avec le caractère architectural de l'église.

Le nom des curés de Saint-Julien nous est connu depuis le milieu du xvie siècle.

Jean-Baptiste Chrétien. . .	1541
Duchêne.	1572
Maurice Faure.	16..
Louis Degallier	16..
Claude Gondras.	1614
Jean Mignard.	1629-1636

Ce dernier fut assassiné dans des circonstances qui dénotaient une audace extraordinaire chez les criminels. Voici d'ailleurs, sur cet attentat, la traduction d'une note latine qui se trouve dans les registres paroissiaux conservés à la mairie et qui fut écrite probablement par le curé successeur de M. Mignard :

« Jésus Marie. Ainsi soit-il.

« Pour le perpétuel souvenir d'un si grand crime.

« L'an du Seigneur 1636, le 19 du mois de juillet, messire Jean Mignard, curé de la paroisse Saint-Julien-sous-Montmelas, a été assassiné d'une façon impie et scélérate dans l'église du dit lieu. Mais pour que la postérité connaisse toute la marche de ce crime, il a paru bon de l'insérer ici. Ledit Jean Mignard, selon une sainte et louable coutume, étant allé à l'église pour y lire la passion de N. S. J.-C., fut frappé à coups de bâton presque au seuil du temple et mourut douloureusement... alors qu'il priait Dieu. Crime sans pareil ! L'esprit a horreur de le racon-

er. Qui jamais entendit parler d'un si grand et d'un semblable forfait ?
Ces bourreaux osèrent assouvir leur soif dans le sang de celui dont ils
savaient que le Christ serait le plus zélé vengeur, mais je croirais qu'ils
étaient voués au service du démon pour en être venus à ce degré de
scélératesse d'oser entreprendre l'acte le plus impie. Après avoir traîné le
corps à travers toute l'église, ils l'enfouissent dans une terre contiguë à la
dite église, et, de crainte que le crime *(mot illisible)* ... ils paraissent
travailler tout le jour avec ardeur, faisant semblant d'avoir quelque
chose à faire dans cette terre. Cet homicide, ou plutôt ce parricide, arriva
vers le soir aux oreilles des habitants et principalement des magistrats.
Mais ceux-ci, de connivence dans ce crime, donnèrent le temps à ces
sacrilèges d'enlever le corps. On soupçonna des paysans[1] de la paroisse
de Monsieur le Curé et à bon droit : ils furent condamnés avec justice.
Mais la question qui leur fut donnée trop légèrement ne leur fit pas décla-
rer la vérité ». (La phrase qui suit, presque illisible, semble indiquer cette
pensée « que le crime de ces homicides subira un jour son châtiment
mérité »)[2].

Le curé Mignard habitait la petite maison qui est dans l'impasse de
la boucherie actuelle. C'est donc au matin d'un des plus grands jours de
l'année que, se rendant à l'église pour y lire la Passion, il fut, en entrant,
frappé et tué à coups de bâton par des bandits apostés dans l'édifice. La
terre « contiguë à l'église » où fut enfoui le corps était probablement à
l'emplacement de l'église actuelle. Le crime fut commis à trois ou quatre
mètres au sud de la statue de Claude Bernard.

M. Mignard était déjà depuis sept ans au moins curé de Saint-Julien.
C'est lui qui a rédigé les premiers actes paroissiaux que nous possédons
et dont le plus ancien est du trois juin 1629. C'est l'acte de baptême
d'Antoine de la Chassagne (Chassaigne), fils de Jean de la Chassagne et
d'Antoinette Morel. Le parrain est Agnot, seigneur de Champrenard et
Montgiraud, et la marraine Marguerite du Puy.

Il est difficile de préciser le mobile du crime, car les documents
concernant ce drame ont disparu du fonds des archives de la seigneurie
de Montmelas. Ce n'était pas le vol. N'était-ce pas une vengeance ? Si

---

1. Le mot *villici* peut se traduire comme nous le faisons. Mais ce mot ici est loin
d'être clair. Peut-être en remarquant que *villicus* a aussi le sens de *fermier, ouvrier des
champs*, faut-il traduire « les habitants travaillant pour le compte du curé » ce qui
ne diminuerait pas l'horreur du crime.

1. Voir le texte latin : Pièces justificatives, VI.

l'on remarque quel était à ce moment le procureur d'office de la seigneu
rie de Montmelas, un mélange de fou et de coquin, on arrive à se deman
der si ce n'est pas lui qui, en faisant assassiner le curé de Saint-Julien,
voulu supprimer quelqu'un qui était averti de ses infamies et peut-êtr
en avait manifesté la réprobation. Pour étayer cette opinion, il nous fau
montrer quelques traits du sire en question. Ce sera facile, grâce a
travail publié [1] par M. Morel de Voleine sur les *Infortunes* (ce mot nou
paraît un euphémisme) *d'un Procureur d'office.*

Le 20 avril 1631, jour de Vendredi-Saint « ung paouvre homm
estrangier et mandiant et incogneu » est assassiné dans le chemin allan
de Saint-Julien à Pouilly-le-Chatel, peut-être vers Colombier. La justic
seigneuriale de Montmelas informe et, le 3 mai, Pierre Milaud, procureu
d'office, et Cusin, lieutenant, lancent un mandat de prise de corps contr
un nommé Ennemond Frédelle. Celui-ci avait disparu. On le condamna
mort par contumace et on le pendit en effigie au lieu même où le crim
avait été commis.

Vingt ans après, en 1651, le procureur d'office de Montmelas étai
Maurice Callandrat, personnage très sujet à caution. On vient lui apprer
dre qu'Ennemond Frédelle, dit Germanet, est découvert et amené au
prisons de Trévoux. Comme sa fonction l'y obligeait, Callandrat s
présente en vertu d'un arrêt du Parlement de Dombes pour ramene
Frédelle à Montmelas, mais lorsqu'il est de retour à la résidence seigneu
riale, il présente, au lieu d'un prisonnier... un certificat ou procès-verb
signé d'un sergent de Dombes, Chestaing, sur lequel se trouve, mêlé
à une longue histoire de brigands, la déclaration que Frédelle s'est évad
des mains de ses gardiens :

« Sur le chemin tendant dudict Trevoulx à Reortiers où j'esto
contrainct de passer pour traduire ledict Germanet aux prisons dudic
Montmelas seroit venu à moy un grand homme vestu d'une cazaque gris
armé d'une arquebuse à fusil, une espée et deux pistollets, lequel ave
blasphèmes du sainct nom de Dieu m'auroit dict qu'il fallait lui relâch
ledict Frédelle ou perdre la vie ; et lui ayant remonstré qu'il estoit mo
prisonnier et que j'estois chargé de le conduire aux prisons de Montmela
pour un homicide duquel il est accusé et qu'il ne debvoit pas empêch
l'exécution des mandements de Justice, ledict homme m'auroit présent

---

1. *Bulletin de la Société des sciences et arts du Beaujolais*, 6ᵐᵉ année, n° 22.

son fusil bandé et prest à tirer, et m'estant en mesme temps avec mes tesmoins mis en deffense pour empêcher que ledict Fredelle ne fust enlevé, seroient sortis de derrière l'haye estant au bas de la dite croix, six hommes à moi incogneus, armés aussi chacun d'ung fusil et d'une épée, lesquels avec le susnommé par force et par violence se seroient saisis dudict Germanet et me l'auroient enlevé, quelque résistance que j'aye sceu faire, en sorte qu'ayant esté contrainct de cedder à la force, ils ont conduit ledict Fredelle au delà de la rivière de Saosne et j'ay esté contrainct de me retirer sans pouvoir faire la dicte tradition ; de quoy et que dessus j'ai dressé mon présent verbail pour me servir et valoir, ce que de raison, en présence de Jehan Perret dict Saintine et Ennemond Buisson habitans audict Trevoulx tesmoings ».

Le seigneur de Montmelas ne prêta pas grand crédit à ce récit dramatique. Il soupçonnait son procureur d'être un fonctionnaire coupable de félonie. Déjà un vigneron de Cogny, Comte, s'était plaint, le 19 février 1650, d'avoir reçu dans une vigne, la veille, vers les cinq heures du soir, un grand coup de coutelas au bras gauche « de telle sorte qu'il en sortit quantité de sang et il tombât par terre, et non comptant *(sic)* ledict Callandrat lui bailla encore plus de trente coups de platz du doz dudict coutellaz, desquels coups il est dangier d'estre estropié dudict braz et de tout son corps durant sa vie, qui le réduira à une extrême nécessité, n'ayant que son travail pour la nourriture de sa mère, cinq ou six frères et sœurs ».

Dans une autre circonstance, Callandrat avait favorisé l'évasion d'un nommé Jean Valet, poursuivi pour un attentat criminel.

Le seigneur de Montmelas examina de près les griefs qu'on lui avait signalés contre son procureur et bientôt sa conviction fut que celui-ci, au lieu d'être l'appui et le défenseur des honnêtes gens, n'était que le conseiller et le complice des malandrins de la pire espèce. Callandrat, pour détourner le châtiment qui le menaçait, en appela à la justice du bailliage. Mais l'information du lieutenant général prenant une tournure défavorable, il jugea prudent de s'enfuir. Le 21 novembre 1656 il était condamné à mort par contumace et pendu en effigie au devant du château de Montmelas.

Il se peut que ce bandit ait été l'inspirateur de l'assassinat du curé de Saint-Julien en 1636. Nous savons qu'il était déjà procureur en 1643. Peut-être avait-il cette qualité en 1636. On s'expliquerait alors ces mots de la relation que nous avons publiée où il est question de la « connivence dans le crime des magistrats » ou mieux de ce magistrat principal qui donna le temps aux scélérats d'emporter le corps. En prenant d'ordinaire sous sa protection des gens de sac et de corde, Callandrat s'assurait la possibilité de nouvelles infamies ou de vengeances contre ceux que les circonstances avaient pu documenter sur ses brigandages (c'était peut-être le cas du curé Mignard).

Nicolas Vincent ou Vincenot, curé le 17 octobre 1636, a son nom dans le tableau général, qui commence en 1593, des Bienfaiteurs de l'Hospice de Villefranche, pour avoir légué aux pauvres de cette ville deux domaines, l'un sur Saint-Julien, l'autre sur Blacé. Ce legs est gravé en lettres d'or sur deux pierres sculptées dans la grande muraille de l'infirmerie.

Jean Saladin, docteur en théologie, chantre du chapitre de Villefranche, académicien de la même ville, resta quelques mois seulement à Saint-Julien, et sous la réserve de la somme de 45 livres de pension annuelle et viagère, résigna le 6 novembre 1659 sa cure en faveur de :

Jean Duchesne, qui la conserva de décembre 1660 à septembre 1682. En 1683 les actes paroissiaux sont signés Griffon, vicaire.

Jean Bonnefoy, curé au 28 avril 1683, signe encore sur les registres en mai 1711. La lecture de ses actes paroissiaux nous apprend qu'en 1688 Gelequin, chanoine de Villefranche, possède une maison à Saint-Julien.

Les héritiers de l'abbé Bonnefoy, Etienne Bonnefoy, curé de Taille en Dauphiné, diocèse de Gap, et Rose Tiers, veuve de Charles Bonnefoy, eurent, de leur parent, un modeste mobilier. Jean Bonnefoy est cité comme ayant assisté, le 20 octobre 1683, à la bénédiction de la chapelle du Châtelard, paroisse de Francheville.

Etienne Castagne, venu dans la paroisse le 19 mai 1712, eut pour auxiliaire, dans les dernières années de son ministère, un chanoine de Notre-Dame des Marais, Milan. Il mourut à Villefranche le 19 septembre 1734 et fut inhumé le lendemain dans l'église collégiale de cette ville. Il était originaire de Clavier près Draguignan.

Au bout de quelques mois pendant lesquels la paroisse est gardée par un vicaire, Pastural, fut nommé Jean-Marie Riberolle qui restera près d'un demi-siècle, du 14 mai 1735 à novembre 1784, chargé de la paroisse. Rappelons, pour cette longue période de temps, quelques détails fournis par l'examen des registres.

Daugny (peut-être Tony, Tobie) de Bourk, seigneur de la Rigodière, signe divers actes.

Plusieurs fois même les actes paroissiaux sont rédigés par M. Magny, aumônier de M. de Bourk.

Au baptême d'Agathe Chardonnay, le 3 août 1758, le parrain est Jacques Tobie de Bourk, chevalier, seigneur de la Rigodière, ancien capitaine dans le régiment de Picardie, et la marraine madame Agathe Françoise Doni de Bourk.

Le mardi 6 février 1770, Jean-Marie Riberolle bénit solennellement la chapelle du château de la Roche.

Parmi les assistants, Arod, curé de Blacé, Dugat, capucin ; Esprit Heraude, curé de Montmelas ; le comte des Garets, brigadier des armées du roi ; la marquise de Foudras des Garets, doyenne du Chapitre de Salles.

A diverses reprises M. Riberolle, arrêté par la maladie, est suppléé dans ses fonctions par Charra, vicaire en 1770 ; Veillas, vicaire, de mars 1776 à juillet 1777, puis de 1780 à 1781. Il est probable qu'à ces moments-là M. Riberolle se retirait à la Roche, son domaine.

En 1778, il y eut bénédiction de deux cloches pour la paroisse. La grande cloche fut bénite le 10 août 1778. Elle fut nommée Catherine Eléonor. Nous en avons déjà parlé.

Même cérémonie le 1er septembre 1778, pour une seconde cloche, *Jeanne Marie*, dont le parrain fut Jean Duchamp et la marraine demoiselle Jeanne Marie Berrujon, femme de Julien Gigean.

En novembre 1784, M. Riberolle signe son dernier acte paroissial. Il meurt le 20 novembre 1785, âgé de 79 ans, et est inhumé dans le cimetière de l'église. Aux funérailles assistèrent MM. Morin, curé de Denicé ; Joseph Louis Arod, curé de Blacé ; et André Floret, curé de Montmelas.

Déjà, depuis le mois de décembre 1784, M. Bizet exerçait les fonctions pastorales. Il les continua jusqu'en novembre 1793 et les reprit du 27 mars 1796, jour de Pâques, où il fit la réconciliation de l'église, jusqu'au 20 février 1803. A cette date et pour cause de santé, il fut nommé à Arbuissonnas où il mourut le 7 juillet 1824, âgé de 80 ans.

Côte, nommé le 28 février 1803, ne reste que quatre mois à Saint-Julien. Depuis cette époque, les registres de l'archevêché de Lyon nous donnent les dates de naissance, nomination, décès de tous les prêtres qui se sont succédé dans la paroisse :

Joseph Claude Boucaud, ni pension, ni bien, ni rente ; né le 13 janvier 1763, nommé le 21 juin 1803, et ensuite à Lacenas le 1er mai 1807.

Du Peloux la Terrasse (Antoine), né le 16 novembre 1752, nommé le 4 juin 1807. Pension 266 francs ; ancien chanoine de Vienne.

Robert Etienne, né le 6 janvier 1739, nommé le 8 octobre 1810, ex-desservant de Villieu (Meximieux). La paroisse Saint-Julien ayant été érigée officiellement en succursale par décret du 3 juillet 1811, Robert reçut une seconde nomination le 31 août 1811. Il démissionna le 30 avril 1812.

Clément Gilbert, né le 4 août 1744, nommé le 1er mai 1812, ex-desservant de Lurcy (canton de Saint-Trivier-sur-Moignans), démissionna le 15 novembre 1813.

Devis Antoine, né le 6 février 1783, ex-desservant de Marlieux, canton de Chalamont (Ain), nommé le 15 novembre 1813. Par testament fait en 1842, il laissa 200 francs pour les pauvres et l'entretien de l'église.

Bourgaud, nommé le 3 octobre 1820.

Bedoin Jean, né à Allieu, le 7 octobre 1792, ex-curé de Vouvray (Ain), nommé le 18 avril 1823 à Saint-Julien, puis à Combres le 21 janvier 1828.

Clapisson Henri-Jean-Marie, né le 3 février 1797, ex-curé de Saint-Jean-de-Toulas, canton de Givors, nommé le 12 février 1828. Il mourut à la suite d'une attaque de paralysie au mois d'août 1846. Il fut inhumé à Saint-Julien et, en 1873, son corps fut transporté dans le nouveau cimetière.

Dominique Lachat, né le 4 décembre 1811, était chargé des enfants de chœur de la Primatiale lorsqu'il fut envoyé, le 11 septembre 1846, à Saint-Julien. Son ministère fut court mais laissa un profond souvenir. Nature ardente d'apôtre, il savait intéresser les enfants au cathéchisme et tous les paroissiens au prône. Souvent, quand il descendait de chaire, où il se livrait corps et âme à l'ardeur de la prédication, la sueur ruisselait de son visage. La lame usa trop vite le fourreau et, sur l'indication du médecin, il dut quitter les bords du Marveyrand, semeur de rhumatismes.

En juillet 1852 il fut nommé à Gleizé, où il succédait au vénérable M. Guillot qui, pendant un ministère de 36 ans, créa dans cette localité église, école, presbytère, mairie, cimetière. Là, chez la comtesse d'Apchier, au lieu dit Vauxrenard, M. Lachat connut un de ces faux Louis XVII qui firent tant de dupes. Ce prétendu héritier de la couronne, soi-disant baron de Richemond, mourut le 11 août 1853. Chose étrange ! des hommes honorables, voisins de l'hospitalière châtelaine, tels M. de Nolhac, d'autres encore — dont le curé Lachat — déclarèrent à l'officier de l'état-civil que le défunt était bien Louis-Charles de France, natif de Versailles, âgé de 68 ans. Plus tard, le tribunal de Villefranche, le 12 septembre 1859, sur un ordre venu des Tuileries, réduisit à néant cette longue supercherie. Le pseudo-baron de Richemont n'était qu'un vulgaire Claude Perrin, fils de Jean Perrin, boucher, et de Marie Moret, né à Lagniéu (Ain), le 7 septembre 1786.

M. Lachat mourut à Gleizé le 20 mars 1854. Sur sa tombe, le maire exprima d'élogieux regrets : « Vous avez compris l'esprit élevé, le cœur tendre et dévoué du pasteur qui se révélait si promptement à chacun. Nous avons vu les simples instructions adressées à l'enfance attirer un concours inusité où un auditoire attentif venait trouver un charme inconnu. Comme le Divin Maître, il aimait les enfants et l'on voyait qu'il était bien au milieu d'eux ».

Ce prêtre, à l'âme généreuse, avait acheté de ses deniers le terrain nécessaire à la construction d'une nouvelle église [1] à Saint-Julien et à l'agrandissement du jardin de la cure.

M. Jean-Marie Sambardier nous a montré jadis un acte notarié par lequel MM. Dominique Lachat et Victor Julien, menuisier, achètent au prix de 4.900 francs — et de moitié — aux mariés Pierre Prosper Comte et Claudine Gigean, de Pommiers, un pré situé au bourg de Saint-Julien, de la superficie de 25 ares 90 centiares, confiné à l'est par un chemin (celui de Villefranche), à l'ouest par un pré à M. de Monterrat (sentier à

---

1. Le choix de l'emplacement du nouvel édifice ne se fit pas sans opposition comme le montre la lettre de Mme de Carnazet. Additions VI, *bis*.

talon entre deux), au sud par la rivière, et au nord par la place publique,
l'église, la cure et son jardin.

Le 5 octobre 1851, les deux acheteurs se partagèrent le pré. Déjà
M. Julien avait fait construire en 1848 une maison (possédée actuellement par madame Guillaume) à l'ouest du pré, avec l'autorisation de son
co-propriétaire, M. Lachat. Celui-ci gardait le côté du levant et stipulait
que la partie de terrain donnée et non accupée par l'église serait affectée
à perpétuité à l'agrandissement du jardin du presbytère et à la jouissan-
ce successive des desservants, à la condition que ni eux, ni la commune
ne pourront jamais y construire et qu'il sera dit deux messes basses à
perpétuité pour le repos de l'âme du donateur. Cet agrandissement avait
le double avantage de protéger la beauté et l'indépendance de l'église
contre toute construction qui aurait pu la masquer ou l'enlaidir, et
ensuite de faciliter au prêtre l'accès direct à l'édifice religieux.

Burelier (Jean)[1], né à Saint-Julien-en-Chevalet, 31 mai 1809, prêtre,
27 février 1836, vicaire à Aveize, 1er mars 1836 ; à Saint-Christot-en-
Jarez, 1839 ; aumônier à la Charité, à Lyon, 1844 ; curé de Saint-Julien-
sous-Montmelas, 27 juillet 1852 ; de Pomeys, 25 juillet 1855 ; mort, 5
mars 1878.

Jean-Michel Fayolle, né le 25 janvier 1811, à Pomeys, fut nommé à
Saint-Julien, le 24 juillet 1855. Ce prêtre, d'une piété égale à sa modestie,
austère pour lui-même et charitable à autrui, mourut le 3 avril 1885. Il
est enterré au pied de la croix centrale du cimetière, sous une pierre
tombale achetée grâce à une souscription populaire des habitants qui
tenaient à conserver la mémoire de « Celui dont les vœux les plus ardents
furent toujours pour le bonheur spirituel et temporel des habitants de
Saint-Julien ».

L'épitaphe gravée sur la plaque de marbre qui est sur le socle de la
croix porte ces mots : « A la mémoire de Jean-Michel Fayolle, décédé le
3 avril 1885, la 75e année de son âge et la 44e de son sacerdoce, ses
paroissiens reconnaissants. Pendant 30 ans il fut curé de Saint-Julien et
prêcha par sa parole et par ses vertus ». M. Fayolle avait assisté, le
25 janvier 1865, à la consécration de l'église de Cogny, où le prélat consé-
crateur fut monseigneur Bravard, évêque de Coutances, ancien curé de
cette localité.

---

1. *Bulletin historique du diocèse de Lyon*, année 1907, page 28.

Mercier Hilaire, né le 27 juin 1842 à Saint-Cyr-au-Mont-d'Or, était vicaire à Saint-François de Lyon lorsqu'il reçut, le 13 avril 1885, sa lettre de nomination à Saint-Julien où l'on a gardé le souvenir de sa parole instructive, de l'aménité de son caractère, de son talent musical. Après être resté longtemps à l'Arbresle, il devint successivement curé de Saint-Polycarpe et de Saint-François de Lyon, chanoine titulaire et supérieur de la maison de retraite de Vernaison. Mort le 6 octobre 1922.

Wary Jean Jacques, né le 5 septembre 1841, nommé le 6 mai 1888, ne fit dans la paroisse qu'un court stage attristé par l'incendie que la foudre alluma à la flèche de l'église. Il fut nommé à Saint-Bonnet-des-Quarts en 1892 et y mourut le 28 mais 1919.

Claude Muller, né le 27 juin 1847 était, comme M. Mercier, vicaire de Saint-François de Lyon lorsque l'autorité diocésaine lui assigna le posté de Saint-Julien, le 8 mars 1892. Bon, charitable, il se concilia facilement la sympathie générale. En mai 1906, il fut placé à la tête d'une importante paroisse de Lyon — Saint-Polycarpe. Il y est mort le 12 avril 1917.

Louis-Claude Duplain, né le 17 février 1862 à Saint-Rambert-sur-Loire, vicaire à Saint-Cyr-au-Mont-d'Or, 1886-1896 ; à Saint-Paul de Lyon, 1896-1906, fut nommé à Saint-Julien le 7 juin 1906. à Chirassimont, mai 1921.

Plusieurs fois dans le cours des années nos archevêques sont venus donner la confirmation à Saint-Julien, et l'honneur de leur visite a toujours été marqué par les meilleurs témoignages de respectueux empressement.

M. le curé Clapisson nous a laissé dans les Registres paroissiaux de 1843 la relation de la confirmation du 30 avril 1843 :

« L'an mil huit cent quarante-trois et le trente avril Son Eminence le cardinal de Bonald, archevêque de Lyon, est arrivé à Saint-Julien à huit heures du matin. Après la réception faite d'après le cérémonial, monseigneur a célébré le Saint-Sacrifice de la Messe dans l'église de Saint-Julien. Après le saint-sacrifice de la Messe, Son Eminence a donné la Communion, a visité les fonts baptismaux, les autels, les ornements, les vases sacrés et les linges, a trouvé tout en état, après quoi Monseigneur a procédé à la Confirmation. Avant de donner la Confirmation, Son Eminence Monseigneur l'Archevêque est monté en chaire et a parlé sur les devoirs des parents à l'égard de leurs enfants : après l'instruction pastorale Monseigneur a interrogé plusieurs enfants et a conféré le Sacrement de Confirmation à plus de deux cents personnes. Monseigneur a présidé aux vêpres à deux heures ; il est encore monté en chaire et a fait une instruction touchante sur les enfants et a parlé sur le mois de Marie et la Dévotion à la Mère de Dieu. Monseigneur a terminé cette auguste cérémonie par la Bénédiction du Très Saint-Sacrement et la bénédiction des enfants. Cette belle et à jamais mémorable cérémonie a eu lieu dans l'église de Saint-Julien le dit jour, 30 avril, présente année en présence de M. Grange, vicaire général, M. Tamain, aumônier de Monseigneur, Messieurs Vallet, curé de Blacé, Butty, curé de Montmelas, Montet, curé de Saint-Cyr, Laurent, curé de Salles, Raffin, curé d'Arbuissonnas, Bonnefond, prêtre sociétaire à Salles, Clapisson, curé de Saint-Julien ; de Messieurs Isnard, maire ; Roche, trésorier de fabrique de Saint-Julien ; de Messieurs des Garets, père et fils, Messieurs de Carnazet, père et fils, et M. le marquis de Tournon ».

Le 3 mai 1887, c'est monseigneur Jourdan de la Passardière, évêque de Roséa, qui vint à Saint-Julien.

En 1899, le cardinal-archevêque Coullié, venant de Gleizé et se rendant au Perréon, donna la confirmation, le jeudi 27 avril, à trois heures, aux enfants des paroisses Saint-Julien, Blacé, Denicé, Montmelas, Salles. Une pluie persistante contraria l'éclat de la fête.

Monseigneur Déchelette, alors auxiliaire du cardinal Coullié, et mort évêque d'Evreux en 1920, vint aussi à Saint-Julien, le mercredi 26 avril 1911, à 3 heures. Il y avait environ 235 confirmants des paroisses d'Arbuissonnas, Blacé, Montmelas, Salles et Saint-Julien. Madame la comtesse de Chabannes la Palice avait envoyé une cinquantaine de sapins qui formèrent une allée de verdure depuis l'église jusqu'à l'entrée du château de la Rigodière et qui furent plantés par les pères des premiers communiants.

Deux guirlandes de buis et de lierre suivaient les cordons sculptés du cintre, qui est au-dessus de la porte d'entrée de l'église. Entre ces deux cordons, on avait tendu une bande d'étoffe rouge. Au chœur, de chaque côté de la table de communion, deux trophées de drapeaux.

La réception de monseigneur eut lieu dans la cour de la Rigodière, où s'était formé le cortège. Après la présentation des conseillers de la paroisse, monsieur Antoine Roche de la Rigodière, maire, entouré des conseillers municipaux, lut un gracieux compliment de bienvenue. Tout se passa avec ordre et convenance.

Le lendemain jeudi, monseigneur Déchelette était à Denicé où se trouvaient rassemblés les enfants de Cogny, Lacenas, Rivolet.

Château de la Rigodière

CHAPITRE TROISIÈME

La Rigodière et Longsard. — Le Colombier (Bussy, Place Blanche). — La Roche (Le Jonchy, Espagne, les Côtes). — Le Déau (les Germains).

La Rigodière dont le portail, au cœur du village, s'ouvre sur la route de Villefranche à Blacé, est encadrée d'un parc donnant l'impression d'une grande étendue, offrant au plaisir des yeux de beaux arbres forestiers, qui témoignent de la fécondité comme de la fraîcheur du sol et donnent l'image de la vigueur et de l'élégance réunies. Mais dans cette parure de la végétation, la palme revient aux deux platanes géants de la cour du château. Avec leurs ramures puissantes et abondantes, leur prestance majestueuse que surmonte une royale couronne, ces deux vétérans retiennent le regard du passant et du visiteur. Un habitant du bourg, mort en avril 1912, m'a donné avec précision l'âge de ces patriarches. Lorsque Joseph Vignat[1] vint de Saint-Cyr-au-Mont-d'Or à Saint-Julien, en 1782, à l'âge de dix-sept ans, les arbres en question avaient été plantés l'année précédente, en 1781. Ce qui leur donne, en 1921, l'âge de cent quarante ans.

---

1. La famille Vignat, originaire de Collonges-au-Mont-d'Or, avait, dès le xvᵉ siècle des ramifications à Saint-Cyr-au-Mont-d'Or.

La Rigodière était primitivement le mas *(mansio)* ou maison de campagne habitée par un nommé Rigod [1].

La Rigodière était, en 1592, la propriété de Martin de Couvet ou de Cauvet, baron de Montribloud en Bresse, seigneur d'Ambérieux en Dombes, échevin de Lyon en 1592 et 1593, marié en 1561 à Madeleine de Monnier, dont il eut deux fils et deux filles. Il était en même temps seigneur de Sainte-Olive et de Saint-Bernard [2].

Cette famille sortait du négoce et était, au dire de Guichenon, originaire de Bourg-en-Bresse. Martin et Jean de Covet, frères, possédant de grands biens et ayant toujours été très unis, décidèrent que les biens et richesses d'orient et du midi resteraient à Jean, Martin gardant celles d'occident et du nord « partage, dit Pernetti [3], fait avec une telle généreuse franchise que plus de 20.000 écus, dont l'un d'eux se trouva lésé, ne furent seulement pas mis en ligne de compte. Ce fut ce qui occasionna ces deux frères de prendre pour armes deux pins enlacés en leurs troncs, qui se terminent en un seul arbre de sinople garni de plusieurs pommes d'or en un champ d'argent ».

Le fils de Martin, Jean, gentilhomme de la chambre sous Henri IV, et mestre de camp de mousquetaires, épousa Geneviève de Beaugy.

En 1605, Aymé Chrestien, marchand bourgeois de Lyon, nouvel

---

1. M. Irénée Morel de Voleine a publié dans le *Bulletin de la Société des sciences et arts du Beaujolais* (7ᵉ année, nᵒ 26, avril, mai, juin 1906) une monographie intéressante sur la Rigodière et les familles qui s'y rattachent. Son travail nous a servi de guide dans la rédaction de ce chapitre. D'où vient ce nom de Rigaudière ? écrit-il. Si l'on en croit quelques chroniqueurs il aurait été donné par Odon Rigaud, né à Lyon, chanoine du chapitre de Saint-Jean, plus tard sacré archevêque de Rouen en 1247. Ce prélat avait doté son église cathédrale d'une superbe cloche et pour stimuler le zèle des sonneurs, aurait acheté une vigne, «sans doute à Saint-Julien». De là le fameux dicton : Boire à tire la Rigaud.

M. Bœuf, de Limas, cite le fait et la cote des archives départementales d'où il est tiré *(Album du Lyonnais*, 1844). Les autres historiens le répètent, mais aucun ne précise où était la vigne... N'était-elle pas simplement à Lyon, au tènement de la Rigaudière, tirant son nom de cette même famille de Rigaud d'où était issu l'archevêque de Rouen. Ce tènement était compris entre la Saône, la rue du Peyrat, la place Saint-Michel et la rue du Plat, et devait renfermer une vigne, au xiiiᵉ siècle.

M. de Voleine ajoute, et sa conclusion sera la nôtre : «La Rigaudière à Saint-Julien a bien pu prendre son nom d'un nommé Rigaud (nous préférons la forme Rigod); la vigne a pu être à Saint-Julien : dans le doute et jusqu'à preuve du contraire, restons dans les probabilités ».

2. Morel de Voleine. *Notes.* Guichenon, *Histoire de Dombes 1874*, II, 156. Debombourg, *Atlas historique du Rhône, 1862.*

3. *Lyonnais dignes de mémoire*, I, 185.

acquéreur de la maison de la Rigodière à Saint-Julien, obtint le 2 novembre, par acte passé à la Rigodière même, de Jehan-Jacques Arod de Montmelas, assisté de noble dom Philibert de Foudras, prieur de Salles, de Me Antoine Sallaye, greffier, et de Buisson, notaire, au prix de 165 livres, la « faculté de faire nettoyer les fossés autour de la dite maison, de les agrandir, y mettre l'eau, y mettre et tenir poissons, pouvoir hausser les murs de la maison, y mettre tours, tournelles carrées, à condition que les murailles n'auront sur terre que deux pieds d'hommes, et sur icelle et en telle part de sa maison que bon lui semblera, faire mettre giroettes, faire aussi et avoir pont levis, meurtrières, cannonnières et tous autres embellissements et fortifications ». La Rigodière restait arrière-fief de la seigneurie de Montmelas [1].

Accusé par M. d'Arod de prendre l'eau du Marveyrand pour la conduire « dans une blancherie pour toilles et filets », Chrestien se défendit en alléguant l'acte de 1605. On transigea pour éviter un procès, et, le 2 novembre 1613, par devant noble Jean Gayand, seigneur de la Roche, et Jean Couchoud, procureur, Chrestien fut autorisé à prendre l'eau du Marveyrand par le canal qu'il avait construit, la conduire dans ses réservoirs pour l'abreuvage de ses prés et la commodité de ses blancheries, sans préjudicier au public pour le chemin avoisinant la rivière, le tout moyennant 75 livres.

Aymé Chrestien est sans doute le même qu'on voit échevin de Villefranche en 1609 et 1611. Il était, en 1630, père d'une fille nommée Anne, baptisée à Cogny, le 23 juin, tenue sur les fonts baptismaux par Antoine Basset et Claudine Basset, de Villefranche. Il avait pour femme Loyse Perrette [2]. Une autre note lui donne pour femme Antoinette de la Praye.

Chrestien avait pour armes : *d'or à trois croisettes de gueules.*

La Rigodière passe ensuite à la famille de Bourg, comptant, dit Pernetti [3], « Estienne de Bourg, avocat célèbre à Lyon, d'une famille consulaire depuis le xve siècle. Guillaume de Bourg, official, chamarier de Saint-Paul en 1400, était attaché au cardinal de Turey. Celui dont nous parlons a beaucoup écrit sur le Parlement de Paris et son autorité ».

---

1. Archives de Montmelas.

2. *Registres paroissiaux de Cogny.* La famille Perrette possédait à Denicé le fief de Grand Buffavent. Elle portait pour armes : *d'azur à la montagne d'argent, au chef bandé de 4, azur et or* (La Carelle).

1. *Lyonnais dignes de mémoires.* I, 281.

Jean Baptiste de Bourg, écuyer, seigneur de Trezette et de la Rigodière, mort en 1645, était fils de noble Gonin de Bourg et de Catherine Serre. Il épousa, par contrat du 16 janvier 1634, Gabrielle Charrier de la Rochette, baptisée à Lyon le 21 octobre 1616, vivant encore en 1697, fille de Guillaume Charrier, seigneur de la Rochette, né à Issoire le 12 mars 1556, mort à Lyon le 3 juin 1618, échevin de Lyon en 1596, et de Gabrielle du Four.

En 1644, Gabrielle Charrier, veuve, reçut de Guillaume Arod de Montmelas, à titre d'asservissement et d'abénévis, le droit de prendre l'eau coulante et fluente par le ruisseau de Merdaret, pour la prendre et recevoir à l'extrémité du chemin tendant de Saint-Julien à Grammont, pour le conduire par rases et canaux dans la terre de la dite dame appelée la Verchère de la Grand-Grange, jouxte le pré de Léonard Garnier [1] écuyer, sieur des Garets, du matin, le pré de la dite dame de vent et soir, le chemin de Saint-Julien à Grammont, de bise ; pour ce, faire construire une ou plusieurs détournes ; sous le servis d'un sol viennois ; passé à Serfavre, paroisse de Cogny, le 16 novembre [2].

Gabrielle fut en 1671 marraine de Gabrielle de Bussillet, fille de Jean-François Bussillet, sieur de Baronnat et de Antoinette Cholet. L'enfant fut baptisée à Saint-Julien et le parrain fut Amédée de Savoie.

Gabrielle Charrier eut deux sœurs : Marie qui épousa en 1609 Gaspard Dugué de Bagnols et Marguerite, mariée à Jean Minet de la Gardette.

Les Charrier [3] *(d'azur à la roue de huit rais d'or)* formant les branches de la Roche, de la Rochette, de la Barge, originaires d'Auvergne, remontent à 1296, et se sont éteints dans Jean Baptiste Charrier de la Roche-Jullié, président de la Cour des monnaies, du Conseil supérieur de Lyon. Né en 1734, mort sur l'échafaud révolutionnaire, Jean-Baptiste Charrier se maria par contrat du 1er mai 1764 à Claudine Octavie Cholier de Cibeins, née en 1746, fille de Louis Hector Cholier, chevalier,

---

1. Léonard ou Léonor de Garnier des Garets, seigneur d'Ars et de Colombier, marié à Marie de Thélis en 1668.

2. Archives du château de Montmelas.

3. Antoine Charrier et son fils Jean Charrier, trésorier de France, seigneur de la Rochette et de Poleymieux avaient formé, par des achats successifs un beau tènement de 200 bicherées sur la pente orientale du Mont Cindre. Le 3 février 1720 ce vaste terrain de la commune de Saint-Cyr-au-Mont d'Or fut vendu par Charles Charrier de la Rochette aux Bénédictines de Lyon qui le gardèrent jusqu'à la Révolution.

comte de Cibeins, baron d'Albigny et d'Antoinette Piannelly de la Valette. De ce mariage, il eut un fils mort jeune et deux filles qui suivent :

a) Guillemette Antoinette Charrier de la Roche, née le 22 juin 1765, morte le 16 février 1827, mariée le 8 avril 1788 à Pierre Marie Anne, fils du marquis de Harenc de la Condamine et de Antoinette de Colaband ;

b) Alexandrine Louise Marie, née à Lyon le 1ᵉʳ juillet 1784, mariée le 13 vendémiaire an XI à Anne Louis Henry Tobie, marquis de Monspey, chevalier de Saint-Louis, capitaine de cavalerie, fils de Louis-Alexandre, marquis de Monspey, lieutenant général des armées du roi, et de Antoinette Toublanc. Alexandrine de Monspey mourut à Mâcon le 14 novembre 1862.

Les de Bourg se blasonnaient : *de gueules à la bande d'or, accompagnée de deux besans de même*. Jean-Baptiste, premier du nom, et mort en 1645, eut deux filles, l'une mariée à M. Dugué de Morancé, l'autre, Anne de Bourg, mariée le 18 février 1659 à Jean-Baptiste du Lieu, écuyer, seigneur de Charnay, élu en l'élection de Lyon, lieutenant particulier en Lyon et prévôt des marchands de Lyon (1692-93), fils de Jean Baptiste du Lieu, écuyer, seigneur de Charnay, conseiller secrétaire du roi (2 novembre 1659), intendant et contrôleur général des Postes en Lyonnais, maître des courriers étrangers (7 juillet 1643) conseiller en la sénéchaussée et siège présidial de Lyon (4 février 1659), et de Barthélemie Bastier.

De ce mariage naquit une fille unique, Gabrielle du Lieu, baptisée à Lyon, le 2 novembre 1659, morte à Marchampt en Beaujolais le 6 août 1732, mariée par contrat du 4 janvier 1675 à Joseph Alexandre de Nagu [1], chevalier, marquis de Varennes, baron de Belleroche, chevalier d'honneur au parlement de Bourgogne, sénéchal de Lyon, lieutenant général des armées du roi.

Jean Baptiste du Lieu épousa, en secondes noces, Madeleine du Deffand, fille de Louis du Deffand, chevalier, seigneur de la Lande, lieutenant général pour le roi au gouvernement d'Orléans. De ce mariage naquirent :

a) Thomas-Marie du Lieu, écuyer, baptisé à Lyon le 10 juin 1678.

---

1. Alexandre de Nagu était fils de Roger de Nagu et de Henriette d'Hostun de la Baulme. Henriette d'Ostun était fille de Balthazar de Gadaigne d'Ostun, marquis de la Baulme et de N. de Tournon. Les de Nagu portaient *d'azur à trois fusées ou losanges d'argent*. (Steyert. Guichenon).

b) Charles Vincent du Lieu, écuyer, seigneur de Genouilly, né en 1679, mort à Lyon le 12 octobre 1738, chevalier d'honneur en la cour des monnaies de Lyon, membre de l'Académie de Lyon[1], marié par contrat du 21 décembre 1711 à Marie Virginie du Faure. Décédé sans postérité, il laissait son héritage à Jean-Baptiste Marie du Lieu, chevalier, seigneur de Chenevoux, etc., son neveu, fils de François Antoine du Lieu, chevalier, seigneur de Chenevoux, Bussières, Néronde, Flachat, etc., et de Marie Marthe Cotton, dame de Chenevoux.

Outre la Rigodière, Jean-Baptiste du Lieu possédait d'autres biens relevant de la rente noble de Montmelas : un pré à Saint-Julien, mas de la Rigodière, reconnu par Aymé Chrestien, 12 deniers viennois pour prise d'eau, d'un pressoir à huile sur le Marveyrand, des prés et des bois à Cogny, ainsi que des terres aux mas de Grandval et de Fontvieille ; terres, prés, brosses, cheneviers au Gours, au Fournel (tous ces lieux maintenant sur Rivolet), vignes à Cogny, aux Nobles, terres et vierres à Varsone, petites maisons à Cogny-Regny, à Varsone, maisons, thinery, cellier à Régny — prayon, jardin, suel au même lieu ainsi que d'autres maisons ; terres à Cogny, lieux de Saint-Igny, de Chambron, à Champatin, au Corbey, au Liu ; pré sur le Morgon.

Pour tous ces articles il devait à la rente noble de Montmelas, annuellement : 11 bichets, 4 coupons et demi, plus un tiers et un seizième d'autres coupons de froment, 8 raz et 9 coupons et quart et autre coupon de seigle, 66 pots de vin mesure de Montmelas, un huitième de gelline, 3 raz d'avoine et 4 deniers viennois pour Saint-Julien[2].

Toutes ces redevances étaient estimées en argent, au cours du jour, et en monnaie légale, la livre tournois.

Le blason des du Lieu était, d'après Steyert, *de sable à la fasce d'or accompagnée en chef d'un lion passant et en pointe de trois roses au naturel*

---

1. Charles Vincent est, en cette qualité, l'objet de lignes élogieuses de la part de Pernetti. Il fut remplacé à l'Académie par l'abbé de la Croix, obéancier de Saint-Just. M. le Président Dugas écrivait à cette occasion le 25 février 1739 à M. de Saint-Fonds : Il y eut assemblée publique pour la réception de M. l'abbé de la Croix, obéancier de Saint-Just. Il lut un remerciement fort joli et fort bien tourné où il loua beaucoup M. du Lieu, son prédécesseur, sur la vivacité et la pénétration de son esprit, les agréments de sa conversation, sa droiture, sa probité, la parfaite connaissance qu'il avait du théâtre (Correspondance de M. de Saint-Fonds et du président Dugas publiée par M. Poidebard Lyon, II, 319.

2. *Archives du Montmelas*. De Varax, *Maison d'Arod*. Tome II, page 99

Gabrielle du Lieu, mariée à Alexandre de Nagu-Varennes, institua comme héritier son neveu Jacques Tobie de Bourk, baronnet de la création d'Angleterre, chevalier de Saint-Louis, marié à Agathe Françoise Estienne d'Augny.

Le nom de la famille de Bourk éveille le souvenir du naufrage de madame la comtesse de Bourk en 1719 sur les côtes d'Algérie et celui de l'odyssée de mademoiselle de Bourk, sa fille. Le récit de ces infortunes se trouve et dans l'*Histoire des Naufrages* par Desperthes, et dans le *Voyage pour la Rédemption des Captifs aux royaumes d'Alger et de Tunis* fait en 1720 par les Pères François Cornelin, Philémon de la Motte et Joseph Bernard, de l'ordre de la Sainte-Trinité, dits Mathurins.

Malgré sa longueur, nous croyons devoir reproduire ce récit émouvant qui met en relief la fermeté du caractère de mademoiselle de Bourk dans un âge encore bien tendre. Madame la comtesse de Bourk était la fille de monsieur le marquis de Varennes, lieutenant général des armées du roi, gouverneur de Bouchain, et auparavant commandant de Metz. Elle était alliée aux premières familles de Paris.

« Madame la comtesse de Bourk, ayant le dessein d'aller trouver monsieur le comte de Bourk son mari, Irlandais de nation, ambassadeur extraordinaire du roi d'Espagne à la cour de Suède, et de présent à la cour de Madrid, demanda et obtint un passeport pour s'y rendre avec toute sa famille, à la réserve d'un de ses fils âgé de trois à quatre ans qu'elle laissa à madame la marquise de Varennes, sa mère. En passant à Avignon, monsieur le marquis de Varennes, son frère, officier de vaisseau, se joignit à elle et l'accompagna jusqu'à Montpellier, où on la dissuada de faire son voyage par terre, au travers des armées de France et d'Espagne, quoique monsieur le maréchal de Berwick lui eût offert sa protection pour la faire conduire sûrement jusqu'aux frontières d'Espagne et que monsieur le marquis de Berwick, son fils, lui eût offert aussi de la faire escorter depuis les frontières jusqu'à Girône où il commandait les troupes de Sa Majesté [1]. La crainte des armées lui fit écouter ce qu'on lui représentait, que sans l'exposer à tant de périls ou de frais, le plus court était de s'embarquer à Cete d'où elle pouvait en 24 heures se rendre à Barcelone. Elle prit ce parti d'autant plus aisément qu'elle avait déjà fait plusieurs voyages sur mer. Ayant fait changer son passeport, elle se rendit à

---

1. Sa Majesté catholique

Cete, elle y trouva plusieurs barques françaises, mais comme elles avaient leurs cargaisons pour d'autres endroits que l'Espagne, elle fut contrainte de nauliser une tartane génoise qu'elle trouva prête à mettre à la voile pour Barcelone.

« Elle s'y embarqua avec son fils âgé de huit ans, sa fille âgée de neuf ans et dix mois, l'abbé de Bourk, une fille de chambre de Valence en Dauphiné, une gouvernante pour ses enfans, une jeune fille qu'elle avait prise par charité chez les Religieuses de Villefranche près Lyon, une quatrième fille de chambre de Strasbourg, un Maître d'hôtel et un Laquais, en tout faisant onze personnes. Elle embarqua ses meubles où il y avait entre autres une riche argenterie, un portrait du Roy d'Espagne, enchassé dans une main d'or massif, enrichi de diamants, une magnifique chapelle composée de trois calices et d'ornements des plus riches, six paires d'habits de cour, etc. Le tout était dans dix-sept ballots ou caisses plombées.

« La Tartane mit à la voile le 22 Oct. 1719 et le 25 du même mois, à la pointe du jour, un Corsaire d'Alger de quatorze canons, dont le capitaine était un renégat hollandais, parut environ à deux lieues au large de la Tartane qui était à la hauteur et à la vue des côtes de Palamos. Le capitaine corsaire, pour s'en rendre maître, détacha sa chaloupe avec vingt Turcs armez, qui pour faciliter leur abordage tirèrent sept à huit coups de fusil sans blesser personne parce que tout l'équipage s'était mis ventre à bas ou s'était caché. Les Turcs montèrent sur la Tartane, le sabre à la main, dont l'un d'eux donna deux coups à un des domestiques de Madame de Bourk : ils furent ensuite à la chambre de poupe où était la dite dame et y posèrent quatre sentinelles et conduisirent la Tartane au vaisseau corsaire. En chemin faisant, les Turcs pillaient à droite et à gauche, ils trouvèrent des jambons qu'ils jettèrent à la mer : ils ne firent pas de même aux Patez qu'ils dévorèrent jusqu'à l'excès et jettèrent le peu qui resta dans la mer, ils burent du vin et de l'eau de vie à proportion qu'ils avaient mangé.

« Etant arrivez au Vaisseau Corsaire ils firent passer tout l'équipage Genois qui fut aussitôt mis à la chaîne. Le capitaine corsaire passa sur la Tartane et fut à la chambre de Madame de Bourk, lui demanda qui elle était, de quelle Nation, d'où elle venait et où elle allait. Elle répondit qu'Elle était Française et venait de France pour passer en Espagne. Il lui demanda son passeport qu'Elle présenta sans le sortir de ses mains, dans la crainte que ces barbares ne le déchirassent, et sur l'assurance que le

Corsaire lui donna qu'Il le lui rendrait après l'avoir examiné Elle le lui abandonna, il le lut avec son interprète : il le lui rendit, disant qu'il était bon et qu'elle n'avait rien à craindre pour elle, sa suite et ses effets. Elle lui représenta qu'étant libre par son passeport et sa naissance, il devrait bien la faire conduire en chaloupe sur les côtes d'Espagne dont elle était si proche, qu'il devait cette considération au passeport de France ; qu'en usant de la sorte il lui épargnerait beaucoup de fatigues, et à son époux des inquiétudes mortelles, que s'il lui rendait ce service elle saurait le reconnaître dans l'occasion. Il répliqua qu'étant Renégat, il ne pouvait en user de la sorte, qu'il y allait de sa tête, que le Dey d'Alger se persuaderait aisément que sous prétexte de passeport de France il aurait rançonné une Famille ennemie de son Etat, et l'aurait remise en terre crétienne ; qu'il fallait absolument qu'elle le suivit à Alger, que son passeport aussi bien que sa personne fussent représentés au Dey et que cela fait on la remettrait entre les mains du Consul de France qui la ferait transporter en Espagne par telle voye qu'elle et lui jugeraient à propos : qu'il lui donnerait l'option ou de passer sur son bord ou de demeurer sur la Tartane sur laquelle elle serait plus tranquille et plus libre que sur son vaisseau où il y avait près de deux cents Turcs ou Maures avec lesquels il ne lui convenait pas de se commettre, ni toutes les filles qui l'accompagnaient. Mad^e de Bourk accepta de demeurer sur la Tartane et le Capitaine y mit seulement sept Turcs ou Maures pour faire la petite manœuvre et l'attacha à son vaisseau pour la remorquer, après en avoir enlevé la chaloupe et trois ancres avec toutes les provisions, à la réserve de celles de Madame de Bourk, et en cet état le Corsaire prit la route d'Alger : Elle lui fit présent de sa montre, elle en donna aussi une au commandant turc de la Tartane avec quatre louis d'or.

« Le 28, 29 et 30 il y eut une furieuse tempête pendant laquelle le câble de remorque fut cassé et la Tartane séparée du vaisseau. Le commandant et les autres Turcs fort ignorants en fait de navigation (car le Corsaire n'y avait pas mis ses meilleurs mariniers) et qui d'ailleurs manquaient de boussole, aïant été brisée dans la fureur de l'abordage, s'abandonnèrent au gré des vents et de la mer ; la Tartane fut poussée néanmoins heureusement sur la côte de Barbarie, le premier de Novembre, dans un Golfe appelé Colo [1] au levant de Gigery : on y jeta l'ancre et

---

1. La tempête avait jeté le navire dans la rade de Collo, sur le littoral de la Kabylie. Gigery désigne peut-être: Djigelly (Igilgilis)

le Commandant de la Tartane, qui ne connaissait pas la terre, envoïa deux Maures à la nage pour s'informer des, habitants du païs en quel lieu ils étaient.

« Les Maures voisins qui avaient apperçu cette Tartane s'étaient rendus en grand nombre sur le rivage, pour s'opposer à la descente, supposant que ce fut un vaisseau crétien qui venait pour les enlever ou leurs bestiaux ; mais ils furent détrompez par ces Maures qui leur dirent que c'était une prise faite sur les Chrétiens et qu'il y avait dedans une grande princesse de France que l'on conduisait à Alger. L'un des deux Maures étant demeuré à terre l'autre revint à la nage rendre raison de sa commission, apprenant au patron de la Tartane quelle était cette côte où il avait mouillé et la distance d'Alger près de laquelle ville ils devaient avoir passé, eu égard au vent qui avait régné depuis quelques jours. Sur cet avis le Commandant impatient de s'y rendre et d'y rejoindre son Corsaire, ne se donnant pas la patience de lever l'ancre, coupa le câble et mit à la voile sans ancre, sans chaloupe et sans boussole. Il n'était pas à demie lieue du Golfe qu'il paya cher son imprudence : il y trouva un vent contraire dont il ne put se rendre maître et qui le repoussait sur la côte ; il voulut se servir de ses rames, mais la faiblesse de l'Equipage les rendait inutiles et malgré ses efforts la Tartane donna contre un rocher et se brisa : toute la Poupe fut aussitôt submergée, et Made de Bourk qui était en prières dans la chambre avec son Fils et ses filles de chambre furent noyées. Ceux qui se trouvèrent du coté de la Proue, entre lesquels était M. l'Abbé de Bourk, le sieur Arture Irlandois, le Maître d'hôtel, une des filles de chambre et le Laquais s'accrochèrent au débris qui était sur le rocher. Le Sr Arture aïant apperçu quelque chose dans l'eau qui se débattait contre les flots, descendit : il trouva que c'était Madlle de Bourk qu'il retira et la mit entre les mains du Maître d'hôtel, lui recommandant d'en avoir soin, ajoutant que pour lui il s'allait jetter à la mer, parcequ'il était le seul qui seut nager ; heureux s'il ne s'était pas fié sur son adresse car depuis ce moment il ne parut plus. M. l'Abbé descendit le premier du débris de la Tartane sur le rocher où elle s'était brisée ; il s'y soutint quelque tems avec son couteau qu'il avait enfoncé de force dans la fente du Rocher contre les vagues dont il fut plusieurs fois couvert et qui le poussèrent du coté d'une roche sèche, d'où pour gagner le rivage il y avait encore un petit bras de mer à passer ; il voulut se saisir d'une planche du débris qu'il trouva sous ses mains mais qui lui échappa, enfin il se servit d'une rame avec laquelle il gagna un rocher qui ténait à terre ferme. Les Maures qui étaient sur le rivage le saisirent, le dépouillèrent, lui coupèrent ses habits jusqu'à la chemise et le maltraitèrent encore. Les autres Maures à l'envi en grand nombre se jettèrent à la mer, s'attendant de trouver un riche buttin. Le Maître d'hôtel qui tenait entre ses bras Mad^{lle} de Bourk, fit signe à deux de ces Barbares qui vinrent à lui, et quand ils furent à quatre pas ils la reçurent et la prenant l'un par la main, l'autre par un pied, ils la conduisirent au rivage où ils lui ôtèrent seulement un soulier et un bas pour gage de sa servitude. Ce Maître d'hôtel, de qui j'ai appris toutes les circonstances de ce tragique événement m'a raconté que, pendant qu'il la tenait encore entre ses bras, voïant venir ces Barbares, elle lui dit d'un air au dessus de son âge : « Je « ne crains pas que ces Barbares me tuent, mais j'appréhende qu'ils ne « me fassent changer de religion, cependant que je souffrirois plutôt la « mort que de manquer à ce que j'ai promis à Dieu ». Il la confirma dans ce généreux sentiment, l'assurant qu'il était dans la même résolution, à quoi elle l'exhorta d'une manière fort pressante.

« La Fille de Chambre et le Domestique, chacun de leur coté, se jettèrent à la mer où les Maures les prirent et leur firent passer les bras de mer et les conduisirent jusqu'au rivage où ils furent entièrement dépouillez.

« Le Maître d'hôtel s'étant jetté le dernier au gré des flots et se servant d'une corde pour gagner de rocher en rocher, fut joint par un Maure qui le dépouilla aussi, avant que de le mettre sur le rivage.

« Ce fut en ce pitoïable et honteux état qu'ils furent conduits d'abord jusqu'aux cabanes de la première montagne ; on les pressait de marcher à force de coups par des chemins âpres et raboteux qui mirent leurs pieds tout en sang, surtout la Fille de Chambre était à plaindre qui s'étant fait plusieurs plaïes en passant sur les rochers était presque couverte de son sang ; ils étaient avec cela chargez d'un paquet de hardes mouillées et portaient tour à tour la Demoiselle. Arrivez à demi-morts à la montagne, ils furent reçus parmi les huées des Maures et les cris des enfants, et comme il y a beaucoup de chiens en ce païs là, excitez par ce tumulte, ils y joignirent leurs aboyements ; l'un d'eux, d'un coup de gueule, fit plusieurs trous à la jambe du Laquais et un autre emporta un morceau de la jambe de la Fille de Chambre.

« On les partagea : La Fille de Chambre et le Laquais furent livrez à un Barbare et la Providence permit que Mlle de Bourk demeura avec l'Abbé et le Maître d'hôtel, sous un même maître. Il leur donna d'abord à chacun une méchante capote remplie de vermine, et après tant de fatigues on leur donna pour toute nourriture un fort petit morceau de pain de Sarrazin, pétri sans levain et cuit sous la cendre, avec un peu d'eau, et pour leur repos ils eurent la plate terre. Le Maître d'hôtel voïant la Demoiselle toute morfondue par ses habits pénétrez d'eau, obtint avec peine qu'on alluma un peu de feu, devant lequel il pressa toutes ses hardes l'une après l'autre et la revêtit de ses habits à demi-secs ; ce fut en cet état qu'elle passa la première nuit avec beaucoup d'incommoditez et de fraïeurs. Il y avait dans ce lieu environ 50 habitants tous logez dans cinq ou six cabanes faites de branches d'arbres et de rozeaux, dans lesquelles ils demeurent hommes, femmes, enfants et bestiaux de toute espèce. Ces Barbares s'assemblèrent dans celle où étaient les trois Captifs et tinrent conseil sur leur sort :

. « Les uns par principe de leur fausse religion concluaient à la mort afin de s'assurer le Paradis de Mahomet ; les autres par un principe d'intérêt et par l'espérance d'une grosse rançon furent d'un avis contraire ; ainsi toute l'assemblée se sépara sans rien conclure. Le jour suivant aïant appellé les habitans des Adouars (douars) voisins, ils revinrent un plus grand nombre leur faisant force menaces : ils leur montraient du feu, leur faisant entendre qu'ils les allaient brûler tout vifs ; d'autres tirant leurs membres faisaient contenance de leur trancher la tête. Un d'entre eux prit Mlle de Bourk par les cheveux et lui appliqua le tranchant de son sabre sur le cou ; d'autres chargeaient leurs fusils à balle en leur présence et les couchaient en joue. Le Maître d'hôtel leur fit comprendre par signes qu'ils tenaient à grand bonheur de mourir pour la religion et que toute la perte tomberait sur eux-mêmes, se privant de la rançon qu'ils pouvaient espérer de leurs prises. Les plus ardents se radoucirent un peu mais les enfans et les femmes redoublaient leurs insultes à chaque moment. On les gardait avec tant d'exactitude qu'un Maure, la hallebarde en main, les accompagnait partout de peur qu'ils ne se sauvassent ou que leur proye ne leur fut enlevée de force. Ils en furent en effet menacez quelques jours après par le Bey-de Constantine qui leur manda de les lui envoïer, s'ils ne voulaient pas pu'il allât lui-même avec son camp les leur arracher.

« A quoi les Maures répondirent qu'ils ne le craignaient ni lui, ni son camp quand il serait joint à celui d'Alger. Ces Maures ne reconnaissent pas la puissance d'Alger quoiqu'enclavez dans le royaume et naturellement du nombre des sujets. Ils vivent dans l'indépendance sous le nom de Cabaïls [1] qui veut dire gens de cabale ou révoltez : et les montagnes de Coucou (Kokou) leur servent de remparts inaccessibles à toutes les forces d'Alger. Tel était l'état de ces pauvres victimes, accablées de fatigues, sans aucun repos, pressées de la faim, sans nourriture et sans secours humain entre les mains des Barbares si animez contre eux, que quand ils leur parlaient, le feu leur sortait des yeux et qu'on n'y distinguait plus le blanc si sensible dans les Noirs et les Maures. La Fille de chambre et l'autre domestique, qui dans le même village n'essuyaient pas de moindres épreuves, étaient encore privez de la consolation de revoir leur maîtresse ou d'en apprendre des nouvelles. Tous ces maux terribles accumulez les uns sur les autres sans autre consolation que celle qu'ils tiraient de leur Religion ne furent encore rien auprès de l'affreux spectacle qui se présenta à leurs yeux. Les Maures ne se contentant pas d'avoir en leur possession ces cinq Crétiens, ils voulurent encore profiter des effets que la mer avait engloutis et qu'ils croyaient être considérables.

« Comme ils sont aussi habiles plongeurs dans les eaux qu'ils sont bons coureurs sur les montagnes, ils eurent bientôt tiré du fond de la mer les ballots et caisses ainsi que les corps morts : Ils avaient amené avec eux le Maître d'hôtel et le domestique, pour leur aider à transporter dans la montagne ce qu'ils pourraient repêcher. Après avoir tiré les corps sur le rivage, ils les dépouillèrent pour profiter des habits et coupèrent avec des cailloux les doigts de Made de Bourk pour avoir ses bagues, craignant de profaner leurs couteaux s'ils les appliquaient sur les corps des Crétiens.

« Quel spectacle de voir des corps des personnes si chères, ainsi exposez à l'injure du tems, à la pâture des bêtes et, ce qui leur était mille fois plus sensible, aux injures des Maures qui leur jettaient des pierres à l'envi, prenant plaisir à faire résonner à chaque coup ces corps enflez par l'eau. Le Maître d'hôtel voulut leur représenter, comme il put dans sa consternation, qu'ils violaient toute humanité, qu'ils devaient du moins souffrir qu'on les enterrât, mais ils répondirent qu'ils n'enterraient pas les chiens. Un maure qui avait chargé le Laquais d'un ballot, le voulut faire passer auprès de ces corps, qui était son plus court chemin, mais il

---

1. Cabaïls : ce mot désigne les Kabyles. La grande Kabylie et le pays du littoral jusqu'à Philippeville conservaient fièrement leur indépendance vis à vis du gouvernement turc. (Récits algériens par F. Perret, 2ᵉ série, page 101).

ne put jamais l'y contraindre et ce domestique pénétré d'horreur aima
mieux monter un rocher escarpé que de voir de près de si tristes objets.

« Le Maître d'hôtel tout consterné, de retour à la montagne, n'osa
faire part de son chagrin à Mad^{lle} de Bourk et lui cacha l'affreux spectacle dont il avait été témoin.

« Cependant les Maures partageaient le butin, les plus riches Etoffes
furent coupées par morceaux et distribuées aux enfans pour en orner
leurs têtes, l'Argenterie fut vendue à l'enchère, et les trois calices dont
un seul valait au moins 400 livres furent donnez pour moins de cinq
livres les trois, parce qu'ayant été ternis par l'eau de la mer, leur couleur
et leur figure inconnue les leur firent estimer comme des vaisseaux de
cuivre et de peu d'importance. Pour les livres qu'ils trouvèrent, les
regardant comme meubles inutiles, ils en abandonnèrent aisément quelques-uns au Maître d'hôtel et au Laquais, qu'ils avaient forcé de leur
aider à transporter leurs ballots : le Maître d'hôtel retira aussi son Ecritoire qui lui servit fort à propos comme on le verra dans la suite.

« Dans les trois semaines qu'ils demeurèrent en ce lieu, Mad^{lle} de
Bourk, profitant de l'Ecritoire et d'un peu de papier blanc qui se trouvait au commencement et à la fin des livres, que le Maître d'hôtel avait
apportés, écrivit trois lettres au Consul de France à Alger, mais elles ne
furent point rendues. Au bout de ce tems ils furent transférez au milieu
des hautes montagnes de Coucou, où apparemment le Commandant
Chek de ces Révoltez faisait sa résidence. Douze de ces barbares, armez
de sabres, de fusils et de hallebardes, les conduisaient et obligeaient l'Abbé
et le Maître d'hôtel de porter tour à tour la Dem^{lle} au travers des montagnes fort âpres ; et ces Maures accoutumez à franchir ces lieux avec
vitesse, les pressaient malgré leurs fatigues, à force de bourrades, de
marcher plus vite qu'ils ne pouvaient. Ils firent ainsi une grande journée
à la fin de laquelle on leur donna à chacun un morceau de pain avec le
soulagement de coucher sur des planches pour la première fois.

« Le Chek, avec les principaux de ces Maures, tinrent un grand Conseil au sujet des captifs où ne s'étant pu accorder sur le partage qu'ils
voulaient en faire, la résolution fut de les renvoyer d'où ils venaient.
Avant que de partir, le Maître d'hôtel ayant tiré un peu de paille de
quelques bestiaux qui étaient près de là, pour la mettre sous la Demoiselle, le Patron de la Cabane en fut si indigné qu'il prit une hache lui fit
mettre la tête sur un billot et allait la lui couper, si un Maure ne fut

survenu qui l'en empêcha. Trois ou quatre fois par jour suivant leur humeur barbare ils venaient les prendre à la gorge après avoir fermé la porte de leur cabane de peur d'être empêchez, et le sabre à la main, ils se mettaient en état de les tuer, mais une main invisible arrêtait leur bras et réprimait leur fureur. Comme on les retenait toujours malgré la résolution qu'on avait prise de les renvoyer à leur premier maître, celui-cy accompagné d'un Turc de Bougie, vint pour les enlever, mais seize Maures des Montagnes armez les contraignirent de les abandonner. Ce barbare ne pouvant retenir sa proye se saisit de la Demoiselle et tira son sabre pour lui couper la tête, mais le Turc par ses remontrances l'en empêcha.

« Ceux qui les ramenaient, souvent emportez par le faux zèle de leur religion ou par leur humeur sanguinaire, se mirent en état de les immoler. Ils tirèrent entr'autres, une fois, l'Abbé et le Maître d'hôtel derrière un gros buisson, pour y faire ce sacrifice à leur Prophète, mais ces pauvres victimes échappèrent encore à ce péril.

« Arrivez qu'ils furent, le soir on leur donna des feüilles de navets crus à manger sans pain afin de soulager leurs fatigües, ce qui leur est plusieurs fois arrivé.

« Cependant l'amitié que les enfants conçurent peu à peu pour la petite Demoiselle, lui procurait la douceur d'un peu de lait qu'on lui donnait avec son pain. Tel est le génie des Maures d'accorder en considération de leur fils ce qu'on leur demande en leur nom, ou ce qu'il leur demande lui-même. Ainsi le compliment ordinaire, quand on veut obtenir quelques grâces, est de dire : « Accorde-moi ceci par la face de ton « fils ».

« Enfin une quatrième lettre que Mad^{lle} de Bourk écrivait à M. le Consul, la seule qui fut rendüe, arriva le 24 novembre à Alger. Le Dey l'envoïa à M. Dusault qui nous en fit la lecture ; elle y décrivait simplement, mais d'un air touchant, qu'après le naufrage de sa mère, elle était réduite, elle et sa suite dans une captivité des plus affreuses, qu'ils y mouraient de faim ; qu'ils y enduraient tous les mauvais traitements qu'on peut attendre des ennemis de la Religion et de toute humanité ; qu'ils étaient rongez de vermine : elle le priait instamment d'avoir compassion de leur misère et de leur envoïer quelques secours, en attendant qu'il put leur procurer la liberté dont les menaces continuelles des Barbares leur faisaient perdre l'espérance. La lecture de cette lettre nous toucha tous sensiblement. Nous offrîmes notre argent et nos services à M. Dusault qui n'avait pas besoin d'être pressé sur ce sujet parce qu'il connaissait parfaitement sa famille. Il donna aussitôt des ordres pour appareiller une Tartane française qui était dans le port ; fit acheter des habits avec des provisions, et obtint du Dey une lettre de recommandation pour le grand Marabout de Bougie, qui a le plus d'autorité sur ces peuples : il écrivit aussi à la Demoiselle lui envoïant quelques présents. Dès le soir du même jour la Tartane mit à la voile et en peu de temps arriva à Bougie.

« Là le Truchement de la Nation, envoïé par M. Dusault dans la Tartane présenta les lettres du Dey d'Alger et de M. Dusault au grand Marabout ; il était malade, cependant il se leva aussitôt, monta à cheval avec le marabout de Gigery, le Truchement et six ou sept autres Maures et prit la route des Montagnes qui étaient à cinq ou six journées de Bougie. A leur arrivée les Maures qui détenaient nos Captifs, aïant apperçu la troupe de loin, s'enfermèrent dans leur cabane au nombre de dix ou douze, tous le sabre à la main ; les Marabouts frappèrent rudement à la porte et demandèrent où étaient les Crétiens : on leur répondit qu'ils étaient dans la Cabane. Aussitôt la troupe mit pied à terre et se fit ouvrir la porte : les Maures prirent la fuite et les Marabouts entrèrent. A ce coup nos esclaves crurent que l'heure de leur sacrifice était arrivée ; mais ils furent calméz par le grand Marabout qui s'approchant de Mad^lle de Bourk, lui remit les lettres de M. Dusault et de M. le Consul et lui donna du pain et des noix de sa provision ; car quand on voyage en Afrique, il faut porter de quoi vivre. Il passa la nuit dans la cabane avec toute sa suite et dès le matin il envoïa chercher les Maures par leurs enfants ; étant venus selon ses ordres, ils lui baisèrent tous la main selon leur coutume car les Maures ont un profond respect pour leurs Marabouts ; ils les craignent plus que toute autre puissance ; leur malédiction leur est plus redoutable que toutes les menaces d'Alger. C'est au nom du Marabout et non pas au nom de Dieu que les pauvres demandent l'aumône. Il fit appeller le Commandant des montagnes et les Chefs des cabanes de l'Adouard ; il leur déclara que le sujet de sa venue était pour réclamer cinq Francois échapez du naufrage, que la France étant en paix avec tout le roïaume d'Alger, ils ne devaient pas retenir contre la foy des Traitez ces François déjà assez malheureux d'avoir perdu leur famille et leurs biens, sans perdre encore leur liberté et la vie ; que quoique les Maures ne soient pas soumis à l'autorité d'Alger, ils ne laissent pas de jouir des avantages de la paix avec la France ; qu'ils commettraient enfin une grande injustice s'ils ne les relâchaient pas, aïant assez profitez de leurs riches dépouilles. Les Maures se deffendaient du mieux qu'ils pouvaient par de mauvaises raisons. Nos esclaves à ces contestations perdaient peu à peu la joie qu'ils venaient de concevoir, se voïant à la veille d'être renvoyez. L'inquiétude succéda au moment de leur consolation ; mais leur consternation fut entière quand l'interprète leur dit que les Maures pressez par l'autorité et les raisons du Marabout, consentaient à la liberté des quatre domestiques, mais que le Chek ou Commandant voulait absolument retenir la Demoiselle, disant qu'il la destinait pour Epouse à son fils âgé de quatorze ans, qu'il n'était pas indigne d'elle et que quand Elle serait fille du Roy de France son Fils la vallait bien étant né Roi des montagnes. Ils trouvèrent ce nouvel incident plus fâcheux que tous les autres ; et leur captivité leur parut moins dure que la nécessité qui les contraignait de laisser leur maîtresse si jeune et sans aucun appuy en de telles mains.

« Telle était leur triste situation, telles les alarmes de Mad^lle de Bourk, tant que le Chek se rendit inflexible, mais enfin le Marabout, après l'avoir tiré à quartier, lui mit quelques Sultanins d'or dans la main, avec assurance d'une plus grande quantité, et le rendit ainsi plus traitable. On convint du rachat de tous pour 900 piastres [1] payables incessamment et le Marabout ayant laissé en otage un Turc et plusieurs Joyaux de ses femmes enleva tous les cinq Esclaves.

« Ils prirent la route de Bougie, dans laquelle ils logeaient avec leur suite dans les cabanes des Maures quand ils en pouvaient trouver. Ils logèrent entr'autres chez une vieille Mauresse, tout à fait indignée de ce que les Barbares n'avaient pas fait mourir ces Crétiens disant qu'ils étaient des fous de n'avoir pas fait ce sacrifice à Mahomet, pouvant à ce prix obtenir son Paradis : elle ajouta toujours en fureur que, si une pareille avanture était arrivée dans son Adouard et que ces Crétiens eussent été en sa disposition, ils n'auraient pas échapés, et que quand son mari n'aurait pas voulu les tuer, elle les aurait égorgez de ses propres mains.

« Pendant cet emportement la vieille préparait le Couscoussou pour régaler les Marabouts, mais d'une manière si malpropre qu'il suffisait de la regarder faire pour prévenir la faim la plus pressante, et dégoûter les moins dédaigneux.

---

1. La piastre valait alors 4 livres 15 sols ; en 1768 la piastre turque valait 3 francs de notre monnaie ; vers 1850 elle ne valait que 0, 27 centimes.

« Arrivez qu'ils furent à Bougie le 9 décembre sous leurs capotes, parce que les Habits qu'on leur avait achetez et envoyez servirent à faire des présents pour faciliter leur liberté, on les embarqua le 10 au soir sur la Tartane qui arriva à Alger le 13 à la pointe du jour. Le capitaine de vaisseau de M. Dusault, ayant fait tirer un coup de canon, auquel la Tartane répondit par quatre coups de pierriers, annonça par ce signal leur arrivée qu'on attendait avec impatience et inquiétude. On envoya la chaloupe du vaisseau pour les mettre à terre. M. le Consul et les principaux de la nation furent au devant pour les accompagner depuis le port jusqu'à l'Hôtel de l'Ambassadeur qui se trouva remplie de beaucoup de monde, de Crétiens, de Turcs et même de Juifs. M. l'Ambassadeur reçut la Demoiselle à l'Entrée de la Cour, et la prenant par la main, il la conduisit d'abord à sa chapelle où elle entendit la Messe à la fin de laquelle nous chantâmes le *Te Deum* en action de grâces de cet heureux affranchissement.

« On avait peine à retenir ses larmes, et les Turcs même et les Juifs en paraissaient touchez : En effet cette Demoiselle qui n'avait pas encore dix ans, après avoir passé par toutes les allarmes et les misères que nous avons dit, avait encore un certain air de noblesse et d'une heureuse éducation. Elle marquait une âme constante dont elle a donné tant de preuves dans son infortune. Ses serviteurs me dirent qu'elle était la première à les encourager, qu'elle les exhortait souvent à recevoir plutôt la mort que de manquer de fidélité à Dieu ; que semblable au jeune Tobie dans sa captivité, elle leur donnait des leçons de salut et abhorroit comme lui non seulement les abominations des Infidèles mais jusques aux moindres choses qui pouvaient sentir la superstition. On tenta plusieurs fois de lui oindre la tête avec de l'huile selon la coutume des Maures qui le font souvent à leurs enfants : mais quelque violence qu'on lui fit elle ne le voulut jamais souffrir dans la crainte qu'elle avait que ce ne fut quelque pratique de la Loi de Mahomet.

« Après qu'on se fut rafraichi, on ne pensa plus qu'à satisfaire aux engagements que l'on avait contractez pour sa liberté. Nous tirâmes avec plaisir de nos caisses les 900 piastres qu'on envoya à l'instant chez les Juifs afin de les blanchir suivant le goût des Maures des montagnes. M. Dusault y joignit des présens pour le grand Marabout et les autres officiers qui lui avaient rendu un si bon office. Il en chargea le Maure même qui était venu de la part du Marabout et n'attendait que l'occasion de retourner à Bougie.

« Enfin après une traversée pénible Mlle de Bourk qui avait quitté Alger le 5 janvier abordait à Marseille le 20 mars ».

Le récit des Pères de la Trinité se complète par la liste des 62 esclaves chrétiens rachetés à Alger, le journal de leur route et de leur réception dans les principales villes du royaume.

Parmi les affranchis dont les noms intéressent notre région, nous citerons dans l'ordre du texte :

« Louis Jaret de Monluet [Montluel, Ain] près de Lyon, agé de quarante-un ans, esclave quatre ans ;

« Antoine Càrelle de Lyon, agé de soixante-six ans, esclave cinq ans ;

« M. Thomas du Bourk, prêtre de Paris, agé de trente ans ;

« Mlle Marie Anne du Bourk, aussi de Paris, agée de neuf ans ;

« Angélique Benerekot sa femme de chambre, de Strasbourg, agée de vingt-huit ans ;

« Louis Crence, son chef de cuisine, de Joigny en Bourgogne, agé de vingt-neuf ans ;

« Joseph Michelbourg, autre de ses domestiques, de Strasbourg, agé de vingt-un ans ».

« A toutes les étapes de la route les heureux libérés de la servitude musulmane étaient l'objet des plus vifs témoignages de sympathie, de respect et de charité.

« Le 6 avril les Esclaves, c'est-à-dire les anciens esclaves, partirent de Lyon pour Villefranche. Environ à une lieue de Lyon ils firent rencontre de M. le Marquis de Varennes qui s'arrêta quelque tems pour s'informer des principales circonstances du Naufrage de Madame la Comtesse de Bourk, sa sœur ; et après avoir entretenu quelque temps Joseph Michelbourg domestique de cette Dame, il lui donna un écu et continua la route vers Lyon et selon toutes les apparences vers Marseille, où ilallait au devant de Mad^lle de Bourk, sa nièce, qu'on y croyait arrivée avec M. Dusault.

« La pluie presque continuelle et les mauvais chemins n'empêchèrent pas de gagner Macon. Le Chapitre de la Cathédrale s'offrit de les conduire processionnellement, et on y recucillit près de cent soixante livres dans cette ville ».

Une seconde liste d'esclaves chrétiens rachetés dans la ville et le royaume de Tunis, au mois de mai de l'année 1720, par le P. Joseph Bernard, religieux de l'Ordre de la Trinité et Rédemption des Captifs, comprend 45 esclaves dont 8 de Lyon et 1 de Saint-Etienne.

Antoine La Vigne, âgé de 45 ans, esclave 5 ans ;

Antoine Marie, âgé de 40 ans, esclave 7 ans ;

Claude de la Goucherie, âgé de 33 ans, esclave 3 ans ;

François Freton, âgé de 27 ans, esclave 5 ans ;

Jean Le Nerf, âgé de 60 ans, esclave 5 ans ;

Jean Vincens, âgé de 33 ans, esclave 3 ans ;

Louis Vachon, âgé de 25 ans, esclave 4 ans ;

Pierre Laval, âgé de 33 ans, esclave 3 ans ;

Antoine Bertrand, de Saint-Etienne-en-Forez, âgé de 34 ans, esclave 5 ans.

Jacques Tobie de Bourk, capitaine au régiment de Picardie, prit part à la guerre de Succession de Pologne, et s'y distingua. Dans une lettre, en date du 22 novembre 1735, le président Dugas écrivait de Thurins à M. de Saint-Fonds :

« Je fais cas de M. de Bourk, sur le portrait que mon fils m'en a fait : « Il est sérieux, il parle peu, il lit beaucoup ». Lorsque les Allemands prirent le château de Colorno, il se trouva avec un capitaine nommé M. d'Arcy et cinquante hommes dans un appartement reculé du jardin et cette troupe ne fut pas informée à temps de l'ordre qu'avaient donné nos généraux d'abandonner le château et de se retirer. Ils se défendirent vaillamment et firent leur composition de se retirer prisonniers de guerre.

« Comme les officiers ne tirent guère, M. de Bourk avait un livre à la main et quand le capitaine le détacha pour parlementer avec le commandant ennemi, il renversa le livre pour le marquer. Lorsqu'il parut dans la cour, les ennemis croyant sans doute qu'on faisait une sortie, firent sur lui une décharge de vingt coups de fusil, dont il fut blessé, mais légèrement. Quand les ennemis virent le petit nombre de nos gens, un officier allemand dit brutalement à M. d'Arcy qu'ils méritaient tous d'être passés au fil de l'épée pour s'être défendus en si petit nombre contre une armée. Mais le commandant blâma cet emportement et dit qu'il méritait au contraire des louanges pour s'être comporté en brave homme. Ils furent conduits à Mantoue où on les traita fort bien. M. d'Arcy fut échangé peu avant la bataille de Parme et assez à temps pour être estropié, car il eut une épaule fracassée et ne peut plus se servir de son bras. Il a été placé et je l'ai vu à Lyon depuis ce temps-là.

« La circonstance du livre renversé fait honneur à M. de Brouk et marque beaucoup de sang-froid ».

De Villefranche, le 7 décembre, M. de Saint-Fonds répondait : « Je sais de la bouche même de M. de Bourk l'histoire que mon fils vous a faite sur son compte. Mais il y a une circonstance qu'il faut ajouter, c'est que le livre qu'il lisait et qu'il mit dans sa poche lorsqu'il sortit pour aller capituler lui sauva la vie ou, du moins, le préserva d'une blessure dangereuse. Une balle donna contre ce livre et le perça presque de part en part, mais il eut encore assez de force pour amortir le coup, sans quoi M. de Bourk aurait eu vraisemblablement la cuisse fracassée... *Vale et me ama* »[1].

Le 29 novembre 1755, Jacques Tobie de Bourk de la Rigodière fut, avec Laurent Pianelli Mascranni de la Valette, baron de Maubec, seigneur de Charly, témoin du mariage célèbré à Saint-Julien entre Pierre Joseph de Leydet, marquis de Sigoyer, lieutenant de vaisseau demeurant à Sisteron, et Françoise Marie du Lieu.

Mme de Bourk décéda à la Rigodière le 1er mai 1760 et fut inhumée le 2 dans l'église de Saint-Julien par le curé de la paroisse, M. Riberolles, assisté de MM. Manson, curé de Denicé ; Meynier, curé de Vaux ; Desgaret, prieur. Son neveu Jacques Tobie de Bourk vendit, le 16 janvier 1764, la Rigodière à Jean Maritz[2]. Les De Bourk se blasonnaient *coupé au 1er d'or, au 2e d'hermine, à la croix de gueules accompagnée de quatre croissants d'or.*

Jean Maritz, à qui l'on doit l'invention du forage des canons, mérita par les services que rendit cette découverte les lettres de noblesse qu'il reçut en 1758. Né en 1711, à Buradorg, près de Berne (Suisse), il marqua, dès son enfance, d'heureuses dispositions pour la mécanique. Son père était un ouvrier fondeur. Il quitta son pays, jeune encore, parcourut la Hollande et l'Allemagne et vint en France où il obtint, en 1740, la direction de la fonderie de Lyon où il fit des essais de la machine qu'il avait inventée pour forer et tourner les canons. En 1741, il obtint une pension de 2.000 livres. Il devint ensuite inspecteur général des fontes de l'Artillerie de France, terre et mer.

En Espagne, il fut autorisé à construire les fonderies de Séville et de

---

1. W. Poidebard. Correspondance de M. de Saint-Fonds et du président Dugas, II, 237, 238, 239.

2. Poidebard : Notes héraldiques.

Barcelone, puis reprit en France son grade de maréchal de camp, et refusa les offres que lui fit, en 1766, l'impératrice Catherine de Russie pour l'attirer dans son pays. Louis XV, en 1768, lui accorda 12.000 livres de pension pour les services qu'il rendit pendant trente-quatre ans [1].

Aux approches de la Révolution, Jean Maritz fut député du Tiers-Etat à Villefranche, en 1787. Le 16 mars 1789, dans l'Assemblée de la Noblesse de la Sénéchaussée du Beaujolais, tenue à Villefranche, il se fit représenter comme seigneur de la Rigodière par Antoine François Aimé Mignot de Bussy, seigneur de Villié.

Il possédait aussi le fief de la Barollière à Limonest et c'est là qu'il mourut le 11 mai 1790 [2]. Ses armoiries étaient *de sable à la croix d'argent*.

De son mariage avec Judith Déonna, il eut deux enfants : 1º Charles Henry qui suit ; 2º Josephe Laurence Jeanne Françoise Maritz de la Barolière mariée à Lyon par contrat du 3 octobre 1764, à Louis Baudard, écuyer, seigneur de Fontamie, chevalier de Saint-Louis.

Charles Henry Maritz de la Barolière, écuyer, capitaine d'artillerie, commissaire des fontes de l'artillerie de France, épousa à Lyon, le 31 janvier 1769 [3], Françoise Sybille Millanois, fille de Charles Millanois, écuyer, et de Marie Jeanne Carra. Ils eurent pour enfant Jeanne Marie Maritz de la Rigodière, baptisée à Limonest le 19 avril 1771, mariée à Claude Joseph du Peloux de Saint-Romain, chevalier de Saint-Louis, seigneur de Malploton, capitaine au régiment de Beauce. Le mariage eut lieu à Saint-Julien, l'an V. Claude du Peloux était fils de Gabriel Joseph du Peloux, chevalier, seigneur de Saint-Romain, comte du Peloux de Saint-Romain, lieutenant au régiment de Bigorre, et de Françoise Rosalie de Boucherolles.

Les du Peloux, originaires d'Annonay, sont une des plus notables familles du Haut-Vivarais et se sont signalés à diverses reprises par leur attachement à la foi catholique dans les guerres de religion. Divisés en plusieurs branches en Forez, Roannais, Bresse, ils portent dans leur blason un sautoir engrellé d'azur sur fond d'argent. Du mariage de Jeanne Maritz et de Joseph du Peloux naquit une fille :

---

1. Biographie universelle: Article signé *Beuchot* ; Paris, Michaud 1820, t. xxvii, 8.

2. Ou le 12 d'après les archives de la Rigodière : Acte du 12 brumaire an II, Pericaud, notaire.

3. Une « bretagne » de la Rigodière porte la date de 1769, peut-être en souvenir de ce foyer nouveau.

Anne Françoise Angélique du Peloux de Saint-Romain, morte en 1819, mariée en 1813 à Saint-Julien à Désiré Joseph Robin du Vernay, fils de Joseph Désiré Robin du Vernay et de Marie Anne Françoise Jeanne Baurin. De ce mariage il y eut :

1º Aimé Charles Joseph, né à Saint-Julien en 1814, décédé à Roanne en 1839 ;

2º Marie Antoinette Laure, née en 1805, qui épousa à Rivolet, où elle demeurait chez son tuteur M. Fellot, Jean Louis Frédéric Robin Duvernay. Le mariage se fit en 1833. Elle mourut à Saint-Marcellin, laissant une fille qui épousa M. Caffarel, beau-père de M. Stéphane Fellot, habitant actuellement Pierrefilant ;

Le château et la terre de la Rigodière, mis en vente, furent adjugés le 17 septembre 1821 par le Tribunal de Villefranche au prix de 245.000 francs à M. Jean Roche et à dame Marie Chabert, son épouse, propriétaires à Saint-Julien — au Château d'Espagne — qui ajoutèrent à leur nom patronymique celui du vieux fief devenu leur propriété intégrale.

La famille Roche, originaire d'Amplepuis, est fort anciennement connue en Beaujolais ; elle porte *d'or à la tour de sable au chef d'argent chargé de trois roses de gueules.*

En 1427, Frère Robert, prieur et sacristain du prieuré de Saint-Victor, passe un contrat pour monseigneur le duc de Bourbon, comte de Montpensier, avec la femme et les enfants mineurs de défunt Etienne Roche, sous l'autorité de Jean Raffin, docteur en droit, juge ordinaire de la baronnie de Beaujeu.

En 1457, Louis Namy [1] vend à Jean Roche ses terres et son domaine de Valcolon, situés à Amplepuis, par-devant Me Dubessy, notaire. Ce même Jean Roche, auteur certain de la famille actuellement existante, eut comme héritiers ses fils Barthélemy et Bertrand Roche Doret.

En 1528, Philibert Roche Doret ; en 1615, Benoît Roche Doret et son fils Philibert, détenaient encore les biens de leur ancêtre Jean Roche, que possédaient toujours, en 1789, leurs descendants en la personne de Jean Roche de Bernisse.

Antoine Roche en 1436, Bernard Roche en 1548, furent échevins de la ville de Villefranche.

---

1. Premier auteur connu de la famille Namy de la Forest; les Namy Seigneurs de la Forest en 1498 (fief acquis au xviiiᵉ siècle par les Chesnard de Mauzerand), se sont éteints dans les d'Albon.

Philibert Roche, bourgeois d'Amplepuis, fut nommé consul[1] en 1688. Humbert Roche est également nommé consul, le 8 septembre 1707, avec Philibert de Pierrefeu, receveur des tailles.

Messire Antoine Roche était curé de Valsonne en 1688 et on doit à messire Jean Roche, recteur des Écoles (1720), prébendier de la prébende de Royre[2] (1736) (prébende fondée en 1529 par messire Jean de Royre), la réorganisation des écoles et des Œuvres à Amplepuis.

Cette famille est divisée en deux grandes branches.

Celle des Roche de Bernisse, éteinte aujourd'hui en ligne masculine propriétaires du château de Chenevizet en Charolais ; c'est à cette branche qu'appartenait Jean Roche de Bernisse, lieutenant de la Grande Louveterie de France en l'Election de Roanne par provisions données à Versailles le 30 septembre 1785.

Et celle des Roche de Vessins actuellement à Saint-Julien :

I. — Jean-Jacques Roche Doret, né en 1680, contribua largement, avec son fils et son petit-fils, au développement industriel de la région de Thizy[3]. Il avait épousé demoiselle Romaine Chetard. Il mourut en 1755 et fut inhumé au tombeau de ses prédécesseurs dans l'église paroissiale de Notre-Dame de Thizy ; il eût pour fils Antoine Roche de Chaboud, bourgeois de Thizy, marié le 20 juin 1740 à demoiselle Françoise de Parigny, — et Jean Roche qui suit.

II. — Jean Roche, marié le 23 mai 1740 à demoiselle Benoiste du Bost, née en 1720, fille de Gabriel du Bost et de Jeanne Girondon, testa en 1757 par devant Me Trambouze, notaire royal, et en présence de messire Jean-Philibert Deschavannes de Bostgrand — et laissa entr' autres enfants Antoine, marié le 4 février 1765 à demoiselle Lucrèce de Montcorgier, fille de Jean-Antoine de Montcorgier, seigneur de Chalatoffray (acquisition de 1760) — Romaine, mariée en 1763 à Antoine

---

1. Dans certaines municipalités du royaume qui s'administraient elles-mêmes les consuls étaient des magistrats chefs de la Cité. Leurs fonctions, plus modestes étaient les mêmes que celles des échevins à Lyon, des Jurats à Bordeaux et des Capitouls à Toulouse.

2. La Prébende des messes de Royre se desservait au maître autel de l'église paroissiale de Notre-Dame d'Amplepuis et à la Chapelle de Saint-André de la dite Eglise.

3. Dans la région d'Amplepuis et de Roanne on cultive de temps immémorial le chanvre et le lin. Sous la domination gallo-romaine on y fabriquait des toiles — Durant le Moyen Age les cartulaires mentionnent les chennevières, au XVIe siècle Nicolas de Nicolay parle des toiles Lyonnaises exportées jusqu'en Turquie, toiles de Saint-Jean, d'Amplepuis et de Roanne.

Mulsant, fils de Léonard de Mulsant, de la famille du célèbre naturaliste.
— et Jean Roche, qui suit.

III. — Jean Roche, sieur de Vessins, né le 11 janvier 1760, marié au château de la Forest le 18 novembre 1778 à demoiselle Madeleine Michel[1], née le 9 avril 1760, fille de défunt Me Toussaint Michel, procureur et contrôleur des actes à Thizy et de demoiselle Claudine Augros, procédant de l'autorité de Antoine-Philibert Chesnard de Mauzerand, seigneur de la Forest, avocat au parlement, son beau-frère — contrat reçu Me Jacquet, notaire royal.

Madeleine Michel appartenait à une ancienne famille de la judicature de Thizy qui avait fourni à cette ville des juges, des procureurs et des notaires pendant plus de trois siècles et qui s'était successivement alliée aux familles de la Chasse Voyret des Salles, Vincent, Roland de la Roche, du Vouldy et qui remonte sa filiation à Antoine Michel, notaire royal à Thizy, marié à Pernette de Tricaud.

V. — Leur unique petit-fils, Jean Roche de la Rigodière, né en 1799, marié à Villefranche le 24 février 1821 à demoiselle Marie Chabert[2] (acte reçu Me Bonnefond, notaire) acquéreur de la Rigodière, laissa de son mariage deux fils :

Camille qui suivra,

et Adolphe-André, né à Villefranche le 22 mars 1828, maire de Beauregard, marié le 6 mars 1854 à Claire-Catherine Marieton[3], fille de Philippe-André Marieton et de Marie-Louise Renard, habitant le château d'Espagne, décédé à Lyon le 17 juin 1905, dont :

a) André-Philippe, né à Beauregard le 15 octobre 1857, prêtre, docteur en théologie, décédé à Lyon le 7 décembre 1919 ;

b) Marie-Louise,-Jeanne née le 18 avril 1855, mariée à Lyon le 27 décembre 1876, à Victor Cambon, ingénieur des Arts et Manufactures, fils de Galderic Cambon et de Marie-Antoinette Chaize, dont postérité.

c) Francisque, né à Beauregard le 31 juillet 1869, marié le 11 novembre 1902 à Elisabeth Moret, fille de Jules Moret, chevalier de la Légion d'honneur, et de Marie Brun.

---

1 Michel : D'azur au lévrier passant sur une terrasse de sinople.

2. Marie Chabert, née à Villefranche le 8 janvier 1803 mourut très jeune à Villefranche le 15 octobre 1830, elle était fille de André Chabert, fabricant à Villefranche. Théodore Chabert, baron de l'Empire, lieutenant général, député au conseil des Cinq-Cents était né à Villefranche le 17 mai 1758.

3. Marieton en lyonnais porte de... à la Colombe de... accompagnée en chef d'un soleil et en pointe d'un cœur entre deux étoiles de... (1704).

Dont Germaine-Andrée, née à Lyon, le 14 février 1910.

d) Clotilde-Camille, née à Beauregard, le 25 septembre 1862, marié
à Espagne le 19 août 1884 à Louis-Elysée Dulac, bâtonnier de l'ordre de
Avocats à Lyon, fils de Philippe-Jules Dulac, avocat à la Cour d'Appel
et de Marie-Jeanne Pine des Granges.

C'est à cette famille qu'appartenait Pierre Dulac de Ponchon, sei
gneur de la Pierre, dernier lieutenant général de la province du Beaujo
lais, l'office ayant été supprimé en 1789.

VI. — Claude-Camille Roche de la Rigodière, né à la Rigodière l
10 mai 1826, maire de Saint-Julien de 1852 à 1891 — nous indique
rons l'importance de l'œuvre administrative à laquelle il présida en par
courant le registre des délibérations du conseil municipal. D'une manièr
générale, disons qu'il mit au profit de ses concitoyens la sûreté de so
jugement, les fruits de son expérience, et par-dessus tout le précieu
concours du dévouement le plus désintéressé.

Epousa à Lyon, le 27 avril 1859,

Jenny-Emilie Meillet-Montessuy[1], fille de Claude Meillet-Montessu
et de demoiselle Agathe-Justine Eynard de Mirebois, décédée à La Rigo
dière le 26 octobre 1910, et mourut à Lyon le 29 mai 1891.

De ce mariage naquirent quatre enfants :

1º Jeanne-Marie, née à Lyon le 5 juillet 1860, décédée à La Rigo
dière le 29 novembre 1869.

2º Just-Antoine Roche de la Rigodière, né à la Rigodière le 19 sep
tembre 1861, maire de Saint-Julien dès 1891, marié au château d
Pougolon le 11 novembre 1887 à Jeanne Lacroix, fille de Joseph-Antoin
Lacroix[2] et de Anne-Marie Repos — sans postérité.

3º Adolphe-Camille, né à Lyon le 19 avril 1864, chevalier de l
Légion d'honneur, commandeur de Saint-Grégoire le Grand, marié
Lyon le 1er décembre 1891 à Geneviève-Albine-Marie Meaudre de Sugny
fille de Anne-Louis Meaudre de Sugny[3], ancien maire de Saint-Germain

---

1. Les Meillet, seigneurs de Montessuy en Bresse qui remontent leurs filiation
Laurent Meillet de Montessuy. Gouverneur militaire en 1595 du petit-fils de la prin
cesse Henriette de Savoie, portent d'azur au lion d'argent tenant en sa dextre un
palme de même, une étoile d'or en abime. Devise : Virtuti fortuna cedit.

2. Arrière petite-fille par Marie-Anne Desarbres de Pierre Micollier, seigneur d
Buffavent. Buffavent, l'un des huit fiefs de la commune de Denicé est situé sur
chemin allant de Saint-Julien à Montmelas. Micollier porte : D'azur à une montagn
d'or, à la croix de même en chef, accostée de deux étoiles aussi d'or.

3. Meaudre de Palladue, des Gouttes et de Sugny en Forez, porte d'Azur, à u
chevron, sommé d'un triangle et trois étoiles en chef, le tout d'or ou d'argent (d'argen
pour la branche de Sugny).

Laval, ancien conseiller général de la Loire, et de Sabine Prénat — dont :

a) Jean-Louis-Camille, qui suit ;

b) Marie-Antoinette-Sabine-Elisabeth, née le 27 janvier 1895, mariée à Lyon le 19 février 1917 à Albert-Marie-Joseph, comte de Blois, capitaine de cavalerie breveté, décoré de la croix de Guerre, fils de Louis-Aymard-Charles Comte de Blois, chevalier de la Légion d'honneur, ancien magistrat, conseiller général du Finistère, et de Mélanie-Madeleine-Mathilde de la Grandière.

c) Georgette-Alix-Marie, née à Lyon le 22 février 1897, mariée à Lyon le 11 février 1920 à Roland de Robin, comte de Barbentane, capitaine d'infanterie démissionnaire, décoré de la croix de Guerre, fils de Roger Robin, comte de Barbentane, et de Louise du Chanoy, veuve en premières noces du marquis de Chanaleilles.

d) Marie-Geneviève-Jeanne, née à Lyon le 31 mai 1920, mariée à Saint-Didier-au-Mont-d'Or le 7 novembre 1922 à Bertrand de Faubournet, comte de Montferrand, lieutenant de cavalerie, décoré de la croix de Guerre, fils de Charles de Faubournet, marquis de Montferrand, ancien inspecteur des finances, chevalier de la Légion d'honneur, et de Suzanne de Lestrade.

4º Jeanne-Georgette Roche de la Rigodière, née à la Rigodière le 22 septembre 1872, mariée à Lyon le 21 février 1895 à Antoine-Eugène de l'Harpe, chevalier de la Légion d'honneur, fils de Jules-Pierre-Antoine de l'Harpe, ancien président de la Chambre de Commerce de Roanne et de Jeanne-Marie-Eugénie Cotton Moncigny.

VIII. — Jean-Louis-Camille Roche de la Rigodière, né à Lyon le 23 février 1893, sous-lieutenant aviateur (1917), décoré de la croix de Guerre, marié le 22 avril 1918, à Châteauroux, à Elisabeth de Meaux, fille de Charles-Marie-Camille Augustin, vicomte de Meaux, ancien inspecteur des finances, et de feu Marie-Madeleine Balsan — et petite-fille du vicomte Camille de Meaux, ancien ministre, sénateur de la Loire et de Elisabeth de Montalembert, dont :

1. Madeleine, née à Saint-Didier-au-Mont-d'Or le 16 mai 1919 ;

2. Jean, né à Lyon le 27 mai 1920 ;

3. Geneviève, née à Lyon le 21 avril 1922.

Les maisons du bourg de Saint-Julien n'offrent pas grand intérêt de souvenir ni d'architecture. Notons cependant dans la maison de la veuve Servant une cheminée de 1826 avec les initiales A. V. (Antoine Villot, père de la propriétaire actuelle) ; 2º dans le vieux bâtiment de vigneron qu'habite Vermorel et qui est à M. Dupont, de Villefranche, une bretagne avec le millésime de 1668.

L'école publique des garçons a son local dans le bâtiment de la mairie. M. Henri Monnet en est l'instituteur depuis 1906. L'école publique de filles, à l'ouest de la gare, est dirigée par madame Monnet.

Parmi les anciens instituteurs, il faut citer M. Matthieu Montagne, officier de l'instruction publique. Il enseigna à Saint-Julien de 1868 à 1905. Avant lui, M. D. Bonnet fut chargé de l'école de Saint-Julien, de 1830 à 1868. Ancien séminariste, du même cours que monseigneur Pagnon, M. Bonnet après s'être exercé aux vers latins se plaisait à aligner des vers français. On a publié de lui une poésie [1] sous le titre *Notre-Dame de Brouilly-en-Beaujolais*, composée lorsque fut inaugurée, le 8 septembre 1857 — par la bénédiction de monseigneur Bataillon, évêque des îles Wallis, en Océanie — la chapelle devenue lieu de pèlerinage, surtout au 8 septembre.

Longtemps les religieuses de l'Enfant-Jésus de Claveisolles ont dirigé l'école publique des filles. Elles n'ont laissé de leur passage dans la commune qu'un bon souvenir.

Chatenay. Les Granges.

En montant le chemin, au midi, qui conduit à Denicé, nous rencontrons à gauche les maisons Richard et Dussuc, celle-ci occupée en partie par un vigneron qui porte un nom bien connu sur la terre beaujolaise, Audenis, qu'on trouve aussi sous la forme Odenis. A droite, le Petit-Chatenay, à cent mètres du chemin, forme une terrasse au-dessus du bourg. Il y a là un immeuble fort ancien mais qui malheureusement n'a conservé aucun vestige intéressant. C'est un logis rustique qui appartient aujourd'hui en grande partie à M. Masson, après avoir été la possession des Bouchetal-Laroche et plus anciennement d'une famille Gigean dont le nom se retrouve presque à l'origine de notre village et qui en a disparu vers 1850 [2]. A une date que nous ne pouvons mieux préciser, mais qu'on peut placer entre 1820 et 1830, une demoiselle Gigean faisait la classe aux enfants du village dans le local situé au-dessous de l'appar-

---

1. Ce petit poème n'est ni meilleur, ni pire que la plupart des versifications de ce genre.

2. Il y a encore des Gigean à Chazay-d'Azergues.

tement habité par la famille Masson. Ne serait-ce pas là aussi que le père de Claude Bernard aurait fait l'école pendant quelques années ?

Ce plateau des Granges-Chatenay est une terre d'élection pour les travaux intellectuels. A l'ombre pour ainsi dire de la maison de Claude Bernard, M. Vialleton, professeur d'histologie à la Faculté de médecine de Montpellier, a composé un ouvrage sur les *Eléments de morphologie des vertébrés* qui a été honoré du prix Serres [1] en 1911.

Le frère de madame Laffay, Germain-Picard, a grandi sur le même sol avant de se révéler à la fois poète et publiciste dans une série d'études littéraires où, à défaut d'une inspiration supérieure, il y a de la facilité et un sentiment délicat. Comme il a demandé parfois la matière de ses articles aux souvenirs et aux impressions du pays natal, nous citerons, à la suite de quelques notes biographiques, trois fragments de son œuvre.

Jean Germain Picard, né à Villefranche le 5 décembre 1836, commença ses études au presbytère de Saint-Julien et les compléta à Lyon au Petit Séminaire de Saint-Jean, puis à Besançon. Sa famille le destinait au commerce, mais la lecture et la composition poétique absorbaient déjà son esprit.

Sur les instances de ses parents, il se fit inscrire à la Faculté de droit de Paris, mais, hélas ! le Code civil fut négligé au profit des Muses.

En 1863, Picard publia son premier recueil, *Violettes et Roses*. Il s'adonna ensuite au journalisme et, de 1868 à 1870, il fut rédacteur en chef du *Journal de Vichy*. Il était à l'armée de l'Est en 1870 lorsqu'il tomba gravement malade à Dôle. Après sa guérison, il rentra à Paris où les Communards l'incarcérèrent à la Roquette sur l'inculpation d'avoir gardé à son domicile quelques fusils. L'arrivée des troupes françaises le délivra de sa prison.

De 1875 à 1877, Picard dirige la *Revue des Poètes* ; de 1877 à 1881, il est à la tête du *Parnasse* où il publie, sans compter, nouvelles, comédies, proverbes, monologues, poésies. Un de ces ouvrages est intitulé *Nouvelles beaujolaises*. Dans l'ensemble, son œuvre est déjà bien oubliée.

Citons une pièce de vers qui est une réminiscence des années d'enfance passées à Saint-Julien :

> Au pied d'un mont qu'un château-fort
> Couronne, et près des lieux où dort

---

1. Le prix Serres est un prix triennal. Il fut attribué à M. Vialletton pour ses travaux d'embryologie et pour l'ouvrage précité.

La Saône, belle paresseuse,
Une rivière sinueuse
Coule entre deux collines sœurs,
Que les troupes de vendangeurs
Font retentir de chants de fête.
Quand septembre, sous la serpette,
Fait tomber le raisin vermeil.
Là, repose sous le soleil
Un tranquille petit village ;
Les maisons n'ont qu'un seul étage,
Mais leurs toits, par le temps brunis,
Leurs murs blancs et leurs volets gris
Entourés de vignes grimpantes,
En font des demeures charmantes.
Déjà partout les travailleurs
Ont cessé leurs rudes labeurs.
Entrons : voici le presbytère
Où les orphelins ont un père,
Les veuves un consolateur
Et les pauvres un bienfaiteur.
Là, je récoltai dès l'enfance
Les prémices de la science.
Là j'eus l'exemple des vertus,
Sans vain orgueil ; là je vécus
Mes plus beaux jours, près d'un saint prêtre
Dont le ciel fut jaloux peut-être,
Car il est remonté vers Dieu.
Voici le jardin : dans ce lieu
Réservé pour l'étude austère,
Je travaillais ; dans ce parterre
Etaient mes fleurs ; sur ce gazon,
Quand venait la belle saison,
Nous causions à l'ombre des frênes ;
Pour consoler mes jeunes peines
L'homme redevenait enfant.
J'ai... je cherche vainement
La vieille église où ma prière
Tant de fois monta pour ma mère

> Avec l'encens ; où je reçus
> Ma part du banquet des élus.
> Elle n'est plus la vieille église,
> Le temps ruinait sa tour grise.
> Le cuivre des pauvres et l'or
> Des riches dans le saint trésor
> S'amassèrent ; la Providence
> Prêta son aide à l'indigence
> Et le temple fut reconstruit.
> Au reste l'on n'a pas détruit
> Les images que mon enfance
> Aimait : Julien et sa lance,
> Catherine, la palme en main,
> Vincent bénissant un raisin,
> Philomène, la Vierge Mère,
> La grande Croix et la Bannière.
> La même cloche à l'Angélus,
> Sonne encore, mais je ne vois plus
> L'ancien clocher et sa tour grise...
> Elle n'est plus la vieille église !

Ce rappel des impressions d'antan a de la grâce, une note émue et discrète. Mais combien quatre vers de Victor Hugo l'emportent sur cette composition !

> C'était une humble église, au cintre surbaissé
> L'église où nous entrâmes,
> Où depuis trois cents ans avaient déjà passé
> Et pleuré bien des âmes.

La pièce de vers qui suit a été dédiée à M. Matthieu Montagne, instituteur. Elle renferme une très douce leçon de sagesse sous les fleurs de l'éloge.

> Lorsque de votre chaire, ami, vous gouvernez
> Les enfants confiés à votre vigilance,
> Faisant exécuter les travaux ordonnés,
> Gourmandant la paresse, imposant le silence,
>
> Ne vous sentez-vous pas quelquefois irrité
> D'un labeur minutieux et d'une tâche ingrate,

Et faisant un retour sur votre obscurité
N'enviez-vous jamais ceux que le monde flatte ?

— Bien souvent », dites-vous. — Eh bien ! de votre esprit
Rejetez promptement ces mauvaises pensées ;
Nul des élus à qui la fortune sourit
Ne sait les maux présents et les peines passées.

Ce qui nous rend heureux, ce n'est pas d'acquérir
La richesse trompeuse ou le pouvoir fragile
Ni de voir à son nom tout un peuple accourir.
Mais de faire ici-bas quelque chose d'utile.

Laissez donc s'agiter les chercheurs de faux-biens
Il est au-dessus d'eux, l'homme dont la parole
Forme d'honnêtes gens et de bons citoyens,
Et cet homme, c'est vous, c'est le maître d'école.

Journal de Villefranche, 25 octobre 1878.

JEANNE D'ARC

Sur le bûcher en feu, quand Jeanne la Pucelle
Mourut, fille des champs, comme eut fait un héros,
Le peuple qu'elle aimait et qui croyait en elle
Flétrit Cauchon son juge et maudit ses bourreaux.

Des siècles ont passé depuis : son auréole
Plus brillante aujourd'hui jamais ne pâlira.
La France peut briser encor plus d'une idole,
De la chaste guerrière elle se souviendra.

Tous les partis rivaux ont pleuré la victime
A qui l'on envia le repos du cercueil,
Et les étrangers même ont en horreur le crime
Des chevaliers anglais blessés dans leur orgueil.

Seul, un Français, hélas ! dans un poème immonde,
Outrageant la Patrie et blasphémant le Ciel,
Osa, sur la Martyre, à la face du monde,
Jeter en ricanant et la boue et le fiel.

Mais cet homme, un penseur vanté par de faux sages,
Fut le plat courtisan de l'ennemi vainqueur,

> Et flatta Pompadour... Qu'importent ses outrages !
> S'il avait du génie, il n'avait pas de cœur.

Citons encore, en l'empruntant au *Journal de Villefranche* (14 et 18 mars 1891), une variété littéraire dont le fond est fantaisiste mais dont le cadre et quelques idées viennent de réminiscences du premier âge.

La maison dont parle Picard était celle que possède et habite aujourd'hui M. Laurent Servant, charpentier ; elle était occupée, en 1848, par le maréchal-ferrant Richard dont le nom, légèrement modifié dans le récit, est Bichard. Richard mourut en 1879, à l'âge de 90 ans. Le meurtre d'Autrichien dont il est question est de pure invention. Ce que nous savons du père Bichard en 1814, c'est qu'il fut réquisitionné par les Autrichiens pour les conduire dans les diverses maisons du bourg, du Déau, etc., où ils cherchaient logement et provisions. Venant des Granges, pour aller à la cure, le jeune Picard passait devant la maison du maréchal-ferrant par le chemin qui, depuis, a été supprimé en partie, comme nous l'avons indiqué. Il s'attardait, à l'aller ou au retour, auprès de la forge, à écouter les récits du vieux temps, parfois, sans doute, embellis, dramatisés. C'est une causerie de ce genre qui lui aura fourni la matière et les couleurs de la nouvelle intitulée :

LA CARABINE DU PÈRE BICHARD

« En 1848 j'étais écolier et j'allais tous les jours au village de Saint-Julien, où le curé, ancien professeur, me faisait traduire le *De Viris Illustribus* et piocher la grammaire latine.

Or, pour aller prendre ma leçon quotidienne, j'étais obligé de descendre une côte assez rude au bas de laquelle se trouvait une maison dont le rez-de-chaussée servait d'atelier au fils Bichard, maréchal et forgeron, et dont le *vieux*, père de l'artisan, habitait le premier étage. Quand le temps était beau, je trouvais presque toujours le bonhomme, assis sur une grosse pierre, à l'entrée de la cour. Je lui disais bonjour, et, quelquefois, en revenant du village, je m'approchais de la fenêtre pour jeter un coup d'œil sur la forge.

« C'était un véritable plaisir pour moi de voir le jeune apprenti se courber en tirant l'énorme soufflet, et le patron, les bras nus, le tablier de cuir sur la cuisse, tourner un fer rouge sur l'enclume, avec ses fortes pinces, et le frapper avec un lourd marteau qui faisait jaillir des milliers d'étincelles. Le père Bichard venait alors à moi. Il s'accoudait sur la porte extérieure de la fenêtre et comme il aimait à causer et n'avait pas souvent d'auditeurs bénévoles, nous causions.

« Il m'expliquait le métier de son fils, qu'il avait longtemps exercé, me parlait de sa vigne qu'il cultivait encore à soixante-dix ans, des prévisions de l'almanach qu'il tenait pour articles de foi, des chèvres que la mère menait paître le long des buissons et de son jardin qu'il soignait avec amour. Puis, quand la conversation se prolongeait, il me narrait, à sa façon, l'histoire de l'Empereur qu'il avait vu à Villefranche [1] manger une aile de poulet, debout, derrière une fenêtre de l'Hôtel de Ville, pendant que les paysans de toutes les communes de l'arrondissement défilaient en poussant des vivats : « Qui aurait cru, disait naïvement le brave homme, « que son trône serait si tôt renversé, et que lui mourrait à Sainte-Hélè- « ne ! Aussi pourquoi avait-il quitté sa Beauharnaise ! C'est ça qui lui a « porté malheur ».

« D'autres fois, il me racontait les Autrichiens, car ce qui l'avait le plus frappé dans les événements du commencement du siècle, c'était l'invasion. Il l'avait vue, il en avait souffert, et tout le reste s'était passé loin de lui. « Vois-tu, me disait-il, car il me tutoyait, Augereau n'a pas « fait son devoir. Il n'a pas su défendre le pays. Tout le monde trahissait « dans ce temps-là. Pendant qu'il se retirait sur Lyon, les *Kaiserlichs* « [Impériaux] s'emparèrent du pont de Mâcon. Chassés une première « fois par les Bourguignons soulevés et par l'arrière-garde du maréchal « que Napoléon avait fait duc de Castiglione, grand cordon de la Légion « d'honneur, et qui renia son maître comme Judas, ils revinrent à la « charge, passèrent la Saône et marchèrent sur Villefranche par la grand' « route, pendant qu'une division occupait les montagnes que tu vois « d'ici ».

« Mais, père Bichard, est-il vrai qu'ils ont voulu brûler Villefranche ? « — Que trop vrai, petit. Ils voulaient venger un prince [2] qui était gé-

---

1. Napoléon a passé le 12 mars 1815 à Villefranche. Voir *Journal de Villefranche*, 31 octobre 1882 ; *Mémoires de la Société Éduenne*, année 1902, page 116. – Arsène Houssaye 1815.

2. Il n'y eut pas de prince tué à la bataille de Saint-Georges-Arnas, le 18 mars 1814. L'officier supérieur ennemi, blessé mortellement dans la rue de Villefranche, lors de l'entrée des Autrichiens, était-il général ou colonel, nous ne saurions le dire. Il mourut quelques jours après, à la hauteur de Trévoux, sur un bateau qui le transportait à Lyon.

Le général Haugwitz fut blessé à la fin de la bataille vers Laye-Longsard.

Le commandant *major* Joseph d'Ehrnstein, fut tué aussi près d'Arnas par un cavalier du 12ᵉ hussards. Cet officier supérieur n'avait que 28 ans. Sa pierre tombale est aujourd'hui dans la façade de la mairie d'Arnas.

« néral chez eux et qu'un enfant perdu de l'armée d'Augereau, un jeune
« hussard, avait tué près du bourg d'Arnas, même qu'il y a été enterré et
« qu'on peut voir son tombeau dans le cimetière. Ils avaient déjà préve-
« nu les habitants et tout était préparé pour l'incendie, quand un de leurs
« chefs, un vieux, est arrivé et leur a fait comprendre qu'il valait mieux
« lever une forte contribution et s'établir dans la ville qui leur serait très
« utile s'il fallait assiéger Lyon. Alors ont commencé pour les paysans du
« Beaujolais, des temps de misère comme ils n'en avaient jamais vu. Les
« Kaiserlichs réquisitionnaient partout le bétail, le blé, le vin, le fourra-
« ge, et quand on n'en avait pas, il fallait en trouver. Les maraudeurs
« venaient ensuite ; ils enlevaient la volaille, les légumes, les fruits, tout
« ce qui leur tombait sous la main et pas de cachettes possibles ; les
« mauvais gars du pays et les peureux les découvraient. Dieu sait ce qui
« se passait chaque jour. Le soldat était maître ; il demandait : on ne
« comprenait pas ; il se fâchait. Et à qui se plaindre ? Les chefs étaient
« loin ou fermaient les yeux ».

« J'écoutais avec une attention admirative qui rendait le bonhomme
heureux, sans me choquer des invraisemblances, sans me fatiguer des
redites, et croyant tout de bonne foi, aussi bien les racontars et les anas
plus ou moins historiques, les détails grossis et dénaturés en passant de
bouche en bouche, que les faits réellement vus par le vieillard et simplement exposés par lui.

« Un jour qu'il me faisait, pour la dixième fois peut-être, le récit
quelque peu fantaisiste des aventures d'un sien ami, serrurier à Villefranche, colosse fort comme Hercule et excellent patriote qui, pendant
l'invasion, avait fabriqué une terrible fourche de fer avec laquelle il
voulait arrêter l'ennemi à l'entrée du faubourg, un orage éclata sur nos
têtes.

« La maison paternelle était assez éloignée et je ne pouvais espérer y
arriver sans être mouillé jusqu'aux os. Le père Bichard m'engagea donc
à me réfugier avec lui dans sa chambre, où nous pourrions continuer
notre conversation en attendant que le soleil reparût. J'acceptai d'autant plus volontiers que je n'étais pas moins désireux d'entendre la fin
de l'histoire que le bonhomme ne l'était de la raconter et nous montâmes
en hâte l'escalier de pierre, assez raide, qui, appuyé contre le mur extérieur de lamaison, conduisait au premier étage.

« La chambre dans laquelle je fus introduit était comme celle de tous les paysans du Beaujolais, une grande pièce éclairée par une fenêtre donnant sur la cour. En face de la porte d'entrée s'ouvrait le vaste foyer à crémaillère et à grands chenets de fer. On voyait à droite, devant la fenêtre, les deux bancs de bois et la maie propre et luisante sur laquelle était posé le pain entamé, enveloppé dans une serviette commune, mais très blanche ; au fond, un lit très large, à baldaquin, à rideaux et à couverture de serge bleue ; de l'autre côté, la grande armoire renfermant le linge, trésor de la ménagère, et le dressoir chargé de plats et d'assiettes grossièrement peints ; près de la porte, une vieille horloge dans sa gaîne avec son cadran surmonté d'un coq en cuivre ; çà et là quelques chaises en bois verni garnies de paille. Les murs étaient ornés de lithographies vulgaires, simplement encadrées ; des tableaux de première communion, un saint Éloi, patron des forgerons, et les portraits de Napoléon, avec la redingote grise et le petit chapeau, et de l'impératrice Joséphine en toilette de sacre. Deux images d'Épinal représentant, l'une le Juif Errant, et l'autre le général Cavaignac, alors chef du pouvoir exécutif, étaient fixées par des épingles au-dessus du manteau de la cheminée. Enfin, aux solives peintes en gris, et noires de fumée, étaient suspendues des bottes d'aulx, des chaînes d'oignons, des sacs de graines, des saucis- sons et des quartiers de lard. Le père Bichard m'offrit une chaise ; il s'assit sur l'un des bancs et, après avoir aspiré une forte prise de tabac, il s'apprêtait à reprendre sa narration quand je me levai précipitamment. Je venais d'apercevoir, au-dessus du dressoir, une carabine, ancien modèle, qui, bien qu'en très mauvais état, paraissait devoir être une arme de prix. « Père Bichard, dis-je, vous avez là une carabine bien vieille, « car elle est toute rouillée, et le chien est à pierre, mais c'est une belle « pièce ! — Ça, petit, c'est une relique », répondit-il, et sur son front, auparavant souriant et placide comme il l'était presque toujours, un nuage passa. « Oh ! repris-je, il y a une histoire que vous ne m'avez ja- « mais dite. Racontez-la moi. La pluie peut tomber encore longtemps, et « rien ne me presse de rentrer à la maison, vous aurez tout le temps « nécessaire ».

« Le père Bichard réfléchit un instant. Il puisa dans sa tabatière une nouvelle prise, qu'il massa entre le pouce et l'index, et qu'il aspira lon- guement. Puis il secoua la tête et dit : « C'est triste, petit, bien triste. « — Oh ! ça ne fait rien, monsieur Bichard, je vous en prie ! — Tu le « veux, eh bien ! soit. Tu sauras ce que le paysan peut endurer quand

« l'étranger vainqueur est maître dans la campagne. — Ça se passe au
« temps où les Autrichiens occupaient le pays ? — Oui, écoute.

« Pierre Malo avait servi en Italie et en Suisse dans les armées de
« la première République. Brigadier de hussards à la bataille de Zurich, il
« s'était si bien conduit que Masséna, l'enfant chéri de la victoire, lui
« avait décerné une carabine d'honneur, celle-ci. La paix signée, Pierre
« avait obtenu un congé définitif et, de retour à Saint-Julien, il s'était
« installé dans la maison isolée que tu vois là-haut sur le bord du chemin.
« Pour lors, il avait repris la pioche et la bêche, et, solide vigneron com-
« me il avait été bon soldat, il s'était mis au travail avec ardeur ; arra-
« chant, minant, plantant, binant et faisant du petit bien que son père
« lui avait laissé en assez mauvais état — car il était déjà d'âge, le père
« Malo — un des meilleurs clos de la commune.

« Aussi l'aisance était venue et Pierre vivait heureux avec Fran-
« çoise, sa nièce, belle fille de vingt ans, dont il était le tuteur, quand il
« apprit qu'Augereau battait en retraite et que les Kaiserlichs appro-
« chaient de la Saône.

« L'ancien hussard frémit de colère. Il reprit son vieil uniforme,
« saisit sa carabine et courut rejoindre les volontaires bourguignons qui
« cherchaient à retarder la marche de l'ennemi. Il était avec eux lors-
« qu'ils reprirent le front de Mâcon. Mais leur dévouement ne pouvait
« plus rien sauver, puisqu'ils n'étaient pas soutenus. Attaqués le lende-
« main par des forces supérieures, écrasés par le canon, ils durent aban-
« donner la position qu'ils avaient conquise. Leur troupe se dispersa et
« Malo désespéré revint à Saint-Julien.

« Deux jours après les Kaiserlichs occupèrent Villefranche et de
« fortes patrouilles battirent les environs, pour se rendre compte des
« ressources que le pays pouvait offrir à leur armée, assurer les communi-
« cations entre les troupes qui devaient marcher sur Lyon par la grand'
« route et celles qui suivaient les montagnes, et contenir les habitants.

« Or un jour que les *habits blancs* étaient venus chercher du bois et
« du vin à Saint-Julien, deux grands diables de grenadiers s'écartèrent de
« la compagnie pour aller à la maraude.

« Ils arrivèrent à la maison de Malo. Françoise était seule, car son
« oncle, adjoint au maire de la commune, avait dû se rendre au bourg
« pour régler les réquisitions. Elle s'était enfermée : les deux chenapans,
« sur son refus d'ouvrir, enfoncèrent la porte. Ils fouillèrent dans l'ar-

« moire, dans le buffet, partout, et, ne trouvant rien à leur convenance,
« ils s'assirent devant la maie en jurant et frappant le carreau avec les
« crosses de leurs fusils. Françoise, toute tremblante, leur apporta du
« vin ; la bouteille fut bientôt vide.

« *Encore*, dit le plus âgé des soldats en la jetant par la fenêtre.
« Françoise s'empressa d'obéir. Elle mit deux autres bouteilles sur la
« maie. Les têtes des Kaiserlichs commençaient à s'échauffer. Malgré les
« soldats, Françoise, qui n'était pas une miévrote, sortit en poussant des
« cris.

.   .   .   .

« Ils la poursuivaient lorsque Pierre, revenant du bourg, arrivait
« vers sa maison. Aux cris de sa nièce, il décroche sa carabine, et, s'ac-
« côtant au mur de la terrasse, il ajuste et fait feu. Le coup porte. Un des
« Autrichiens tombe, l'autre lâche les bras de Françoise pour secourir son
« camarade. La jeune fille, ainsi délivrée, prend la fuite. Elle court vers
« le moulin qui est tout près de là et y trouve un refuge.

« Pierre alors jette sa carabine dans son puits, prend sa veste de
« travail, s'arme d'un gros bâton et va rejoindre sa nièce pendant que le
« Kaiserlich, laissant son camarade mort, se dirige au pas de course vers
« le village, en appelant aux armes.

« Bientôt le tambour bat. Les Kaiserlichs se rassemblent en hâte et
« se rangent en bataille sur la place. Le grenadier interrogé raconte ce
« qu'il sait. Un coup de feu a été tiré par un Français et son camarade est
« mort.

« Le capitaine qui commande le détachement jure et veut faire un
« exemple. Des ordres sont donnés. Un planton, conduit par un sergent,
« est envoyé vers le bois. Des sentinelles sont placées à toutes les issues
« du village et les officiers autrichiens se réunissent dans la grande salle
« de la maison commune où le maire de Saint-Julien et les conseillers
« municipaux qui l'assistaient sont retenus comme ôtages. Bientôt le
« sergent revint avec ses hommes, escortant une charrette sur laquelle
« est étendu le corps du maraudeur. Les soldats n'ont pu recueillir
« aucun renseignement sur le coupable ou découvrir aucun indice, mais
« ils ont fait prisonniers tous les paysans trouvés dans les maisons qu'ils
« ont fouillées.

« Le capitaine alors fait amener sur la place tous les habitants du
« village, hommes, femmes, enfants sans exception. Il commande un

« roulement de tambour et déclare dans son baragouin mêlé d'allemand
« et de français que si, dans un quart d'heure, l'*assassine* n'est pas dé-
« noncé, la commune sera livrée au pillage et le bourg incendié. Quant
« aux ôtages, ils seront emmenés à Villefranche et de là dirigés vers la
« frontière autrichienne pour être internés dans une forteresse.

« Les hommes se regardaient avec terreur, les femmes pleuraient, les
« enfants criaient de voir pleurer leurs mères, mais personne ne pouvait
« parler car on ne savait pas qui avait tué le Kaiserlich, et, l'eut-on su, je
« crois bien que personne n'aurait parlé tout de même.

« Alors Pierre, qui avait été amené par le sergent avec tous ses
« voisins de Chatenay, du bas de la Côte et du Moulin, sortit de la foule
« et s'avança vers le capitaine :

« Laissez tous ces braves gens, mon officier, dit-il. J'étais présent
« et les paroles que prononça mon pauvre ami sont restées gravées là et
« ne s'effaceront jamais ».

« Le vieillard porta le doigt à son front et je vis deux grosses larmes
sourdre de ses paupières et glisser le long de ses joues ridées. Il se tut
pendant quelques secondes puis il passa sur ses yeux le revers de sa
main, se redressa avec effort et reprit : « C'est moi qui ai tiré sur votre
« grenadier, continua Pierre Malo. J'ai défendu ma nièce, l'enfant que
« mon frère m'avait recommandée à son lit de mort ; j'étais dans mon
« droit et j'ai fait mon devoir. Les lois de la guerre me condamnent, je le
« sais, j'ai été soldat. Mais je dois seul être frappé ». Alors, se tournant
« vers moi : « Bichard, me dit-il, je te confie Françoise. — Sois tranquille,
« Pierre, sois tranquille, elle sera notre fille ».

« Et je serrai les poings sur mes yeux pour ne pas pleurer devant les
« Kaiserlichs. Le capitaine regarda Pierre avec un étonnement auquel se
« mêlait peut-être un peu de compassion. Mais il fronça les sourcils
« comme s'il eut voulu chasser une pensée pénible puis il se pencha vers
« son lieutenant et lui dit quelques mots que nul de nous ne comprit mais
« que tous devinèrent, et les plus durs, les plus égoïstes, en eurent le
« frisson.

« Tu devines aussi, n'est-ce pas, petit ? Pierre Malo fut immédiate-
« ment traduit devant un conseil de guerre improvisé, condamné à mort
« et fusillé derrière le clocher, en présence de ses amis et de ses voisins,
« gardés par les Kaiserlichs.

« Il ne voulut pas qu'on lui bandât les yeux et mourut en soldat. Les
« ennemis eux-mêmes admirèrent sa bravoure et son dévouement. Ils se
« retirèrent après l'exécution, emmenant le bois et le vin qu'ils avaient
« réquisitionnés, mais sans commettre aucune violence, silencieux et
« graves, comme il convenait.

« Nous transportâmes dans sa maison le corps de notre ami. Le curé
« de Saint-Julien et moi, nous veillâmes près de lui jusqu'au jour, et le
« lendemain tous les habitants de la commune l'accompagnaient à l'église
« et au cimetière.

« Françoise n'avait pas vu tomber son oncle. Au moment où il sor-
« tait de la mairie pour aller à la mort, elle s'était évanouie. Et pourtant
« c'était une robuste et courageuse fille. Les femmes qui se trouvaient
« auprès d'elle l'avaient reçue dans leurs bras et lui avaient prodigué des
« soins intelligents et dévoués.

« Françoise fut très malade pendant longtemps et je crois bien
« qu'elle ne guérit pas tout à fait. Ce qu'il y a de sûr, c'est qu'elle mourut
« trois ans après son oncle, malgré la médecine et les médecins, car on
« n'épargna rien pour elle, tu peux le croire. Mais jusqu'à la fin elle avait
« soigné la tombe de Pierre et n'avait pas manqué un seul dimanche,
« hiver comme été, d'y jeter des fleurs de la saison.

« Moi j'avais pris le deuil ; je le gardai pendant un an comme si
« j'avais perdu mon frère.

« Et quand les Autrichiens quittèrent le pays, je retirai du puits la
« carabine toute rouillée.

« — Père Bichard, repris-je, laissez-moi toucher la carabine de votre
« ami ».

« Le vieux ne répondit pas, mais il se leva lentement, alla prendre
l'arme et me la tendit.

« Je la regardai profondément ému, puis je la baisai et, la rendant
au père Bichard :

« C'est bien une relique, lui dis-je, car Pierre Malo fut un martyr ».

Revenant aux Granges et suivant le chemin de Montmelas, nous
longeons à gauche le beau vignoble d'un seul tènement de madame Lafay.

Ce lieu dit « le Clos » s'appelait jadis Clos de Beaujeu, du nom des
anciens possesseurs, les sires de Beaujeu qui avaient aussi, à trois kilo-

Château de Colombier.

mètres au sud-est (sur la commune actuelle de Denicé) un grand domaine de chasse à chiens courants, appelé la Vénerie [1]. — En 1371, 1er septembre, Etienne du Peroy, maître des comptes de la baronnie de Beaujeu, baille à cens les vignes du clos du Beaujolais sises vers Colombier, en la châtellenie de Montmelas contenant 54 journées et demie et réduit le bail à cause de la grande mortalité du peuple et des désastres des guerres [2].

Du balcon de la maison de la veuve Geoffray, le regard ravi se porte du Mont-d'Or lyonnais aux montagnes du Bugey et du Jura et revient sur les collines beaujolaises où triomphe le Brouilly, suit le plateau de la Dombe dont nous sépare la Saône qui

> Au lointain se devine
> Bleue à travers les peupliers [3].

LE COLOMBIER

Le mot lui-même de colombier semble marquer l'importance d'un fief. C'est ainsi qu'en Dombes, pour obtenir droit de colombier, il fallait posséder environ dix hectares de terrain d'un seul tènement autour des bâtiments contenant le colombier afin que les pigeons puissent trouver leur subsistance sur le terrain du propriétaire, sans causer des dégâts dans les récoltes des voisins [4]. Le droit de colombier était le droit exclusif d'élever des pigeons.

Le vieux manoir de Colombier [5], à Saint-Julien, a été habité pendant trois siècles par la famille des Garets, que distinguent les beaux états de service de plusieurs de ses enfants dans les guerres des XVIIe, XVIIIe, XIXe siècles.

Avec ses arcades du rez-de-chaussée, ses vastes pièces, ses larges

---

1. Les seigneurs de Beaujeu possédaient divers domaines à Durette, au Vernay et à Charentay, à Saint-Georges-de-Reneins. Steyert : *Nouvelle Histoire de Lyon*, t. II, p. 232.

2. Huillard-Bréholles. — Inventaire des titres de la maison de Bourbon.

3. Gabriel Vicaire : *Les Émaux bressans.*

4. Meximieux : *Une commune pendant la Révolution*, par l'abbé F. Page, page 68, note.

5. A Francheville est aussi une vieille maison, dite le Colombier, qui rappelle le vieux fief qui avait tours, créneaux et pigeonnier. Il appartient à la famille Richard du Colombier.

baies carrées à cadres sculptés et partagées par une colonnette également sculptée, son escalier en colimaçon, il ressemble à un de ces palazzi italiens que nos pères admiraient dans leurs expéditions d'outre-mont au XVIᵉ siècle.

D'un manuscrit communiqué par Victor de Verna à Didier Petit, nous extrayons quelques notes concernant la famille Garnier des Garets.

La terre des Garets [1] est depuis longtemps possédée par la famille des Garnier comme le prouve le dénombrement fait en 1539 (12 mars) par François Garnier, marchand à Villefranche, des cens et servis qu'il avait acquis de noble Charles de Genost de Saint-Amour. (Ce domaine dépendait anciennement de la terre de Fontgraine et se trouvait sur l'ancienne paroisse de Béligny, près Villefranche).

Il fallait que ce Garnier fût un homme considérable puisqu'il avait épousé en 1526, 4 octobre, Emeraude, fille de Jacques de Tourvéon, seigneur de la Tour, bourgeois de Lyon, et de Françoise Audibert.

La famille Garnier était originaire de Bourgogne. On rencontre plusieurs Garnier, gentilshommes de Bourgogne, 1410, 1412, 1431, 1472...

I. Pierre Garnier, le Bourguignon, vivant en 1459, échevin de Villefranche en 1487, qui eut un fils ;

II. Jean, bourgeois et échevin de Villefranche, en 1503, 1509, qui eut cinq enfants : 1º Jeanne, 2º Anne, 3º Anthonie, 4º François qui suit, 5º Mathieu marié à N. de la Bessée ;

III. François I, échevin de Villefranche (1524-1526), épouse Emeraude de Tourvéon, d'où : 1º François qui suit, Sibylle mariée à Jehan de Guillien ;

IV. François II, écuyer, seigneur des Garets, déclaré écuyer par lettre du roi Henri III et nommé en 1587 capitaine pour le roi et gouverneur de Villefranche. Il était tuteur des enfants de sa sœur Sibille, mariée à Jean de Guillin de Salès, seigneur de Montgustin, conseiller au siège présidial de Lyon.

Il épousa, le 2 juillet 1567, Lucrèce le Gourd, de Lyon, fille de Claude le Gourd et de Mathurine de la Forge. Pour sa part de l'héritage fraternel, Lucrèce reçut en 1592 la terre d'Ars, la rente noble du Ma-

---

1. Ce mot est probablement une altération de la forme primitive, guéret, qui désigne un terrain labouré et non ensemencé.

chard et le grand moulin de Sainte-Euphémie. C'est ainsi que la terre d'Ars entra dans la possession de cette famille, et elle y est toujours restée. Aujourd'hui elle est la propriété des enfants de M. le comte Anthelme des Garets. — L'acquisition d'Ars eut lieu après transaction avec l'Homme de la Roche [1]. — François des Garets figure pour la première fois en qualité de capitaine de Villefranche à une assemblée du 1er février 1576. Il tenait un des premiers rangs dans la cité et fut souvent choisi par ses concitoyens pour des charges ou des missions importantes : « Elu échevin le 6 novembre 1569, il fut réélu le 4 novembre 1582. Cette seconde fois, il déclara qu'il n'acceptait pas sa nomination parce qu'il n'habitait plus Villefranche mais la paroisse de Saint-Julien, depuis les dernières vendanges, et qu'il entendait continuer à y faire sa résidence. Il ne dut pas maintenir son refus devant l'insistance des électeurs car nous voyons qu'il signa comme échevin jusqu'au 9 décembre 1584, époque où il fut remplacé après six années d'échevinage ».

Il serait trop long de raconter ici tout ce qu'il fit pour le service de la ville natale ; disons seulement qu'il remplit pendant vingt-cinq ans sa charge de capitaine à la satisfaction de tous les habitants, ce qui exigea de lui autant d'énergie que d'habileté parce que c'était un temps de troubles et d'agitation [2]. Le roi Henri IV, pour le récompenser de ses services, érigea en 1595 la terre et maison forte des Garets en un fief indépendant, relevant uniquement du roi, et avec permission d'y établir tour, fossés et pont-levis. Depuis cette époque, les Garnier ont ajouté à leur nom patronymique le titre de seigneur des Garets.

François II Garnier des Garets eut six enfants :

1º Jean, baptisé le 16 octobre 1570 ;

---

1. Jean Kléberger, dit Cléberg, né à Nuremberg ou à Berne en 1486 vint à Lyon en 1532, a été le bienfaiteur du quartier Bourgneuf (aujourd'hui Saint-Paul de Lyon dont il dotait les filles. Il a sa statue dans ce quartier.

2. La prise de Villefranche par les protestants était une des causes de ces troubles. C'est le 21 mai 1562 qu'apparurent les bandes huguenotes ; elles comprenaient 8 à 9 enseignes, 300 à 400 chevau-légers et 5 à 6 pièces d'artillerie. Deux jours durant les habitants se défendent, mais ne possédant « aulcune munition de poudre ny bollets », ils se rendent à la condition que leurs vies et leurs biens seront saufs. A peine entrés dans la ville, les protestants pénètrent dans l'église paroissiale et se mettent à tous briser : autels, statues, croix, fonts baptismaux, orgues, coffres, bancs et la plus grande partie des verrières ; puis ils en font autant au couvent des Cordeliers. Le procès verbal fait par le lieutenant général du Beaujolais estime à 10.000 livres tournois les dégâts commis par les soldats pendant le siège, et à 3.000 livres, les ornements d'église que les protestants emportèrent à Lyon (Voir *la prise de Villefranche par les protestants en 1562*, publiée par L. Longin).

2º Emeraude, baptisée le 10 août 1578 ;

3º Jean, baptisé le 11 décembre 1579 ;

4º Alexandre, qui suit ;

5º Jean, baptisé le 25 octobre 1587, mort la même année ;

6º François, écuyer, seigneur des Garets, baptisé le 27 décembre 1589. Il reçut en partage la terre des Garets, le 3 décembre 1617. Il fut gentilhomme de la reine mère. Il se signala en plusieurs occasions, entre autres aux Ponts-de-Cé, en 1620, où il eut un cheval tué sous lui d'un coup de pique, dans l'expédition de Louis XIII contre les partisans de la reine mère, Marie de Médicis. Il fut désigné pour aller chercher à Rome le chapeau de cardinal de Richelieu. Son adresse et sa prudence lui firent aussi confier plusieurs négociations en Angleterre[1]. Il mourut en 1648, ayant fait héritier son frère qui suit :

V. Alexandre Garnier, sieur des Garets, de Colombier et d'Ars, fut baptisé le 25 juin 1582. Il devint capitaine d'infanterie et épousa, le 26 septembre 1618, demoiselle Anne de Busseuil, d'une notable famille mâconnaise. Il mourut en 1654[2].

Ses enfants furent : Léonor, qui suit ; 2º Marguerite, ursuline ; 3º François de Garnier, chevalier, seigneur de Mons, comte de Bereins. Son père lui légua quarante mille livres pour sa part. Il épousa Claudine de Varennes Rappetout. Cette branche s'éteignit après une génération et la fortune fit retour à l'aîné. Tandis que Léonor faisait enregistrer le blason de la branche aînée François se blasonnait : *de gueule, au chevron d'or, accompagné de trois rencontres du même,* ainsi que les reproduit l'*Armorial général de Lyon.*

VI. Léonor (1647-1717), chevalier, seigneur des Garets, d'Ars et de Colombier, s'est acquis beaucoup d'estime en six campagnes qu'il a faites dans le régiment de cavalerie d'Harcourt, en qualité de cornette et de lieutenant.

---

1. Notice généalogique sur la famille Garnier des Garets par M. C. Guigue page 9.

2. Dans l'Histoire du Beaujolais, de Louvet, on lit: Commission donnée à Alexandre Garnier, sieur des Garets, Ars et Colombier, écuyer de la grande écurie du roi, par Antoine Ruzé, chevalier, seigneur d'Effiat, grand-maître et superintendant et général, réformateurs des mines et minières de France, en qualité de lieutenant particulier, d'ouvrir et faire ouvrir, par lui et ses commis, toutes les mines qui sont et se pourront trouver au pays de Beaujolais, soit or, argent, cuivre, plomb, vitriol; à Paris, le 26 avril 1619.

Il se maria deux fois : 1º en 1668 avec Marie de Thélis, fille de Jacques de Thélis, chevalier, baron de Chambost, Chastel, etc., président et trésorier général de France, en la généralité de Lyon, et de dame Marie Picquet ;

2º Avec Suzanne de Treyve.

De son mariage avec Marie de Thélis il eut :

1º Louis, qui suit ;

2º Jean qui créa la branche des seigneurs d'Ars représentée par le comte Eugène des Garets d'Ars. Marié en premières noces à mademoiselle Puylata dont il n'eut pas d'enfants, il épousa ensuite Marie-Anne Guichard dont il eut un fils Jean-Louis, seigneur d'Ars, né en 1733 et marié en 1753 à mademoiselle Dupré de Saint-Maur, dont il eut deux fils et une fille. Il avait été fait prisonnier à la Warbourg. Nommé sous-lieutenant au régiment des gardes françaises pour actions d'éclat et blessures graves, Jean Louis fut tué par un boulet le 28 juin 1760 sur le vaisseau *Maréchal-de-Belle-Isle*, dans un combat livré dans les mers d'Irlande par le capitaine Tureau.

VII. Louis (1688-1717) fut d'abord capitaine au régiment de Champagne infanterie, puis major dans celui des Hayes. Il eut en partage la seigneurie de Colombier. Il épousa, le 15 septembre 1714, Marie Françoise George de la Grange, d'où :

1º Eléonor, qui suit ;

2º Barthélemy, dont nous parlerons après Eléonor ;

3º Nicolas des Garets, de Perthuy, capitaine, Bourbonnais-infanterie, au même régiment que ses frères, perdit un bras à la bataille de la Warbourg et fut fait prisonnier, mort sans enfant (1802) ;

4º Jean-Claude, prieur claustral de Savigny ;

5º Marie Françoise, morte demoiselle à Colombier, 3 décembre 1788;

6º Louise, mariée en 1748 au marquis de Foudras Corcenay de Beaulieu ;

7º Marie-Anne, prieure du chapitre de Salles [1] ;

---

1. C'est elle, croyons nous, qui était supérieure des religieuses de la Visitation de Sainte-Marie de Bellecour en 1731 et s'occupa activement de la béatification de la mère de Chantal. Une des circulaires de la mère Marie-Anne-Eléonore Desgarets est du 18 mai 1743, (Voir *bulletin historique du diocèse de Lyon*, pp. 328 et 329: La chapelle : La visitation Sainte-Marie de Bellecour par J.-B. Martin).

Enfin Jean-Louis, Angélique, Louis Marie morts jeunes.

VIII. Eléonor (1715-1781). Nous avons sur le comte Eléonor de Garnier des Garets une notice lue à l'Académie de Villefranche, par le secrétaire, Chatelain d'Essertine, le jeudi 29 août 1782, et que nous reproduisons ici presque en entier.

« Eléonor de Garnier (1715-1781), comte des Garets, naquit au château de Colombier, en 1715, d'une famille très ancienne dans cette province. Ses ancêtres se qualifiaient déjà nobles en 1400. Depuis, ils ont toujours vécu noblement et suivi pour la plupart la carrière des armes.

« Louis de Garnier de qui est né celui que nous regrettons, après avoir payé à son prince et à la patrie ce tribut du service militaire que la noblesse française se trouvait toujours jalouse d'acquitter, s'était retiré dans sa terre du Colombier, loin des intrigues et de l'ambition. Tout respirait chez lui l'antique simplicité. Il exerçait dans sa maison la respectable autorité des patriarches. Ses enfants, même devenus hommes, n'osaient paraître devant lui qu'avec ce profond respect qui sied si bien à la piété filiale. Il pratiquait dans une sorte d'obscurité des vertus paisibles et d'autant plus louables qu'elles ne donnent rien au spectacle et à la représentation. Aussi sa mémoire et celle de sa digne épouse sont-elles encore en vénération dans cette province. M. des Garets fut confié dès sa jeunesse aux Pères Jésuites. Il fit ses études avec des succès rares. Rendu à sa famille, il ne resta pas longtemps auprès d'elle, et, au bout de quelques mois, il entra page chez la reine.

« En 1732[1], M. des Garets eut une lieutenance dans le régiment de Bourbonnais. Il fit ses premières armes à Philippsbourg, duché de Bade[2], que nous emportâmes après un siège opiniâtre pendant lequel l'illustre Berwick fut enlevé à la France, comme Turenne, par un coup de canon.

« La mort de l'empereur d'Autriche, Charles VI, remit les armes à la main, et la maison de Bourbon, d'abord opposée à la seule maison d'Autriche, vit bientôt se réunir contre elle la Hollande, l'Angleterre, le roi de Pologne et celui de Sardaigne.

---

1. Le Colonel de Talancé qui s'était documenté aux archives du dépôt de la guerre écrit qu'Eléonor des Garets fut enseigne en 1733, lieutenant en 1734, capitaine en 1741 ; *Une famille de soldats:* Messieurs des Garets, page 12.

2. Au siège de Philippsbourg se trouvait aussi, en qualité de lieutenant en second, au régiment de la Vallière, François Marie d'Arod de Montmelas. *(La maison d'Arod,* par Paul de Varax, pages 178, 182).

« Pendant les campagnes de Bohême qui commencèrent par être si heureuses et qui finirent par les plus grands désastres, M. des Garets fut fait capitaine; il suivit son régiment en Flandre où le maréchal de Saxe, qui rappelait à la nation les belles années de Louis XIV, se montrait le digne émule des Condé, des Vendôme, des Luxembourg.

« En 1746, les ennemis ayant pénétré en Provence, le régiment de Bourbonnais fut du nombre des troupes qu'on y envoya pour la défendre, sous la conduite du maréchal de Belle-Isle, qui, après avoir fait repasser le Var aux Autrichiens et aux Piémontais, remit son armée au chevalier de Belle-Isle, son frère. Celui-ci, voulant s'ouvrir un passage en Italie par le col de l'Assiette, fut malheureux au combat d'Exiles (Piémont), où il chercha la mort parce qu'il avait pour principe qu'un général ne doit pas survivre à sa défaite. Le régiment de Bourbonnais, encore plus maltraité que les autres, perdit son colonel, beaucoup d'officiers et de soldats, et M. le comte des Garets fut dangereusement blessé [1].

« La paix fut conclue en 1748, mais la guerre se ralluma en 1756 [2]. M. des Garets fit toute la guerre d'Allemagne, en qualité de major, place à laquelle les vœux de son régiment l'avaient appelé. Dire que dans ce poste qui, à ce moment surtout, pouvait offrir des amorces à l'avarice, il se conduisit sans reproche, ce serait faire injure à sa probité et à son désintéressement. Il en sortit moins riche qu'il n'était entré.

« Il savait parler avec fermeté aux soldats. Un jour de combat, au moment où l'on allait à l'ennemi, il entendit un soldat qui disait à son camarade en parlant d'un officier : « Pour celui-là, il ne nous échappera « pas, il est écrit depuis longtemps sur notre catalogue en lettres rouges. « — Ecris-moi aussi, dit M. des Garets, en frappant sur l'épaule de ce « soldat qui ne se croyait pas si près de son major, écris-moi aussi en « lettres rouges sur ton catalogue, mais souviens-toi d'abord que tu es ici « pour combattre les ennemis de ton prince et que j'aurai les yeux sur « toi ».

« On louait le comte des Garets de son sang-froid, de son coup d'œil rapide et juste qui lui révélait le parti qu'on pouvait tirer des circonstances de temps et de lieu où l'on se trouvait, comme aussi des fautes de l'ennemi. Le ministre de la guerre, marquis de Ségur, a dit lui-même, à sa

---

3. 17 juillet 1747.
1. Guerre de Sept ans 1756-1763.

respectable veuve : « J'ai connu votre mari, madame. C'était un très
« brave homme, un excellent officier. Nous nous sommes vus tous deux
« parmi les coups de fusil ». A Warbourg, en effet, où le prince Ferdinand
qui s'était dérobé par une marche savante à M. de Broglie, allait sur-
prendre quarante mille hommes commandés par le comte de Muy, et
attaquait déjà l'aile gauche que formait la division de M. de Ségur,
M. des Garets, qui était de cette division et qui faisait les fonctions de
major de brigade, obligé de prévenir l'ordre du général, plaça dans un
poste avantageux les régiments de Bourbonnais, de Rouergue et de la
Couronne, les fit manœuvrer et combattre, eut un cheval tué sous lui, et,
par une résistance opiniâtre, facilita la retraite de notre armée [1].

« A Hambourg, il ne s'acquit pas moins d'honneur : sans entrer dans
un long détail, il suffira de dire qu'un détachement de quatre mille
hommes y campait sous les ordres du comte de Rochambeau, que cette
petite armée était sur le point d'être investie par quinze mille Anglais,
que sa perte paraissait inévitable et qu'elle dut en grande partie son salut
au comte des Garets. M. de Rochambeau, juste appréciateur du mérite
des autres, parce qu'il en avait beaucoup lui-même, fut le premier à le
reconnaître, et il ne parla toujours de M. des Garets qu'avec éloge.

« En 1763, nous achetâmes par de grands sacrifices une paix devenue
nécessaire ; elle fut le terme des travaux militaires de M. des Garets. Il
était alors lieutenant-colonel de son régiment, il fut fait brigadier en
1768. L'année suivante, qui est aussi l'époque de son mariage avec
Catherine de Godefroy, d'une ancienne et illustre maison, il obtint le
commandement de la citadelle de Strasbourg. Enfin en 1780 il fut élevé
au grade de maréchal de camp [qui correspond à notre grade de général
de brigade], récompense légitimement due à ses longs et glorieux services.

« Jusqu'ici, Messieurs, je n'ai envisagé M. le comte des Garets que
sous des rapports étrangers à cette Académie. Il est temps de vous
montrer en lui l'homme de lettres. En 1769, nous le reçûmes au nombre
de nos académiciens honoraires. L'Académie de Dijon nous avait pré-
venus et l'avait associé à ses travaux. Un de ses auteurs favoris était le

---

1. Les deux frères d'Eléonor furent faits prisonniers de guerre. Barthélemy avait reçu
un grand coup de sabre et Nicolas une très grave blessure qui lui coûta le bras droit.
(Voir les lettres intéressantes d'Eléonor des Garets relatives à la guerre de Sept Ans
dans la Notice précitée : *Une famille de soldats*, par L. de Talancé).

Père de Malebranche. Il l'avait lu, relu et médité. Il disait qu'il ne le quittait jamais sans peine et qu'il le reprenait toujours avec plaisir, qu'il sentait à sa lecture son esprit revenir plus fort, qu'il y apprenait à se défier de son imagination. M. des Garets était doué de cette sensibilité douce qui est le principe de toutes ces vertus aimables qui font le charme de la société. Après de longues souffrances qu'il a supportées avec la constance d'un philosophe et la résignation d'un chrétien, il a été enlevé à sa famille, à ses amis et à cette province dont il était un des principaux ornements.

« Voici le résumé de cette brillante carrière d'Eléonor. Né le 17 août 1715, page en 1731, enseigne au régiment de Bourbonnais en 1733, lieutenant en 1734, capitaine en 1741, chevalier de Saint-Louis en 1747, major, 1753 ; commandant de bataillon, 1761 ; lieutenant-colonel, 1763 ; brigadier d'infanterie et adjoint au commandement de la citadelle de Strasbourg, 1768 ; commandant en chef la citadelle et maréchal de camp, 1780. Blessé légèrement à la cuisse gauche à l'attaque des retranchements du col de l'Assiette, 1747 ; cheval tué sous lui à Warbourg, 1760. Gratification annuelle de 400 livres et gratification extraordinaire de 1200 livres en 1767. Mort à Dijon en 1781 ».

Dans les notes du *Registre du Régiment des Lyonnais*, il y a ces additions : « 1763, très propre à être lieutenant-colonel ; 1764, très appliqué ; 1765, est aimé, a de l'esprit et paraît être un bon lieutenant-colonel ; 1766, très bon ».

Barthélemy, second fils de Louis des Garets, né le 10 avril 1720, lieutenant au régiment de Bourbonnais en 1738, capitaine en 1745, chevalier de Saint-Louis en 1751, reçu au régiment de son frère Eléonor, blessé à la bataille de Warbourg en 1760, fait prisonnier, quitta le service en 1763, laissant le souvenir d'un bon officier.

Barthélemy fut le chef de la branche cadette qui se fixa à Bussy, à quelques centaines de mètres de Colombier. La terre de Bussy faisait primitivement partie de Colombier.

Barthélemy épousa, en 1769, mademoiselle de Guillermin, de Mars[1] en Beaujolais. Il mourut le 31 mai 1775 et fut inhumé dans l'église paroissiale de Tain. Il avait eu de son mariage trois enfants : Eléonor, Guillaume-Marie, Antoine-François.

---

1. Mars, commune du canton de Charlieu (Loire).

Marie-Eléonor, né en 1770, officier au régiment de Bourbonnais, chevalier de Saint-Louis, émigré, capitaine aux chasseurs nobles de l'armée de Condé, épousa en premières noces Jeanne Thérèse Lemau de Talancé qui mourut en 1807, et en secondes noces, le 23 septembre 1808, Sophie de Sirvinges. Celle-ci, née le 16 avril 1768, fit acte de vêture le 2 juin 1779 chez les chanoinesses de Salles [1] et mourut au château de Bussy, le 17 novembre 1865, à Saint-Julien, à l'âge de 97 ans, étant la dernière survivante des chanoinesses de France. Son portrait est reproduit à la page 124 de l'ouvrage de M. Eugène Méhu, *Salles-en-Beaujolais.*

De son premier mariage, Eléonor eut deux fils, Nicolas-Johanni et Louis.

a) Nicolas Johanni (branche de la Drôme), né en 1798, sous-lieutenant à la légion du Rhône en 1815 ; quitta l'armée en 1818 pour entrer au séminaire ; vicaire à Ainay ; aumônier des religieuses Trinitaires à Saint-Martin-en-Haut ; chanoine titulaire, 25 janvier 1836 ; doyen du chapitre, 1864 ; mort le 4 novembre 1871 [2].

b) Louis, né en 1800, mort en 1879, marié trois fois :

1º en 1824 à Amélie de Colombe ; 2º en 1828 à Gabrielle d'Euvrard de Courtenay ; 3º en 1846 à Elisa de Bar.

Du premier mariage naquit Léon, officier marié en 1857 à mademoiselle de Longchamp. De ce mariage, six enfants :

1º Paul, mort à deux ans ;

2º Geneviève, mariée à Miron d'Aussy ;

3º Louise, morte à dix-huit ans ;

4º Paul, né à Gleizé, château des Mouilles, marié en 1891 à Styllite Petit, de Givors. Leurs enfants sont : Jean, 1893 ; Styllite, 1895 ; Laurent, 1896 ; Isabelle, 1898 ;

5º Marie-Thérèse, mariée en 1893 à Albin d'Esparron ;

6º Blanche, sans alliance.

Du second mariage, Louis des Garets eut pour descendance :

---

1. Le chapitre de Salles avait eu déjà : Marie-Anne Garnier des Garets, née à Colombier vers 1725, son acte de vêture de 1750 environ, et sa nièce Louise-Josèphe des Garets, née à Colombier le 10 décembre 1770, l'acte de vêture du 4 juillet 1784.

2. Voir l'article du répertoire biographique du Clergé lyonnais dans le *Bulletin historique du diocèse de Lyon* (Janvier-février 1912, page 413).

a) Joseph-Nicolas, né à Saint-Julien, 31 octobre 1828 ; prêtre à Paris, 24 décembre 1854 ; vicaire à Denicé, 29 juillet 1855 ; démissionne, mars 1860 ; aumônier des religieuses de la Sainte-Famille, à Lyon, 1860 ; chanoine titulaire, 1877 ; mort, 10 avril 1884, à Bussy ;

b) Alphonse, né à Saint-Julien le 14 janvier 1830 ; capitaine en Crimée ; lieutenant-colonel du 65ᵉ régiment de marche dans la garde mobile du Rhône à Belfort. Pendant ce siège glorieux, Alphonse commandait le camp de la gare. Il avait sous ses ordres plusieurs officiers originaires du Beaujolais, parmi lesquels : Elisée de Loriol, chef de bataillon, né à Pougelon, hameau de Saint-Etienne-les-Oullières ; Philippe de Tournon, capitaine, né à Montmelas ; Eugène Charrin, lieutenant, et Pierre Duchêne, sous-lieutenant, tous deux de Saint-Etienne-la-Varenne ; Jean-Marie Grosbon, sous-lieutenant, né à Villié-Morgon ; Jean-Baptiste Bernard, sous-lieutenant, né à Villefranche ; Emile Dubost, sous-lieutenant, de Propières.

L'un de ces officiers, Eugène Charrin, fut tué à Belfort par les balles prussiennes, le 29 novembre, et inhumé après la guerre à Saint-Etienne, où sa famille possédait le château de Néty.

Alphonse des Garets fut inhumé le 28 janvier 1909 dans le cimetière de Saint-Julien. Sa femme, née Pauline de la Verpilière, mourut dans l'automne de 1919.

c) François.

Pour en revenir aux enfants de Barthélemy des Garets, après Eléonor :

B. Guillaume Marie, né en 1771, à Mars (qui était alors du diocèse de Mâcon), prêtre de Saint-Sulpice, professeur au séminaire d'Angers en 1804, supérieur de la même maison en 1831. Il mourut en février 1848 avec la réputation d'un saint.

De son mariage avec Catherine ou Josèphe de Godefroy, Eléonor eut trois enfants :

a) Marie-Louise Joséphine, née le 10 décembre 1770, chanoinesse de Salles-en-Beaujolais, mariée le 25 juillet 1796 à Jean Dareste de Sacconay, morte en 1848.

b) Alexandre-Emmanuel Joseph de Garnier, chevalier, né le 17 avril 1773, mort sans alliance à l'armée de Condé, dernier seigneur de Colombier.

c) Denis-Félicité, qui suit (1775 ou 76 à 1850). Né à Strasbourg, maire de Saint-Julien en 1808 ; sous-préfet de Lodève en 1815, de Montreuil en 1827, avait épousé, en 1797, Jeanne Dareste de Sacconay. Ils eurent sept enfants :

1° Nicolas-Charles, an VI, an VII ;

2° Claude-Prosper, né en 1799, épousa Laure de Colombier, mourut à quatre-vingts ans, au château d'Ars, le 4 janvier 1879, ayant été conseiller général de l'Ain et maire d'Ars pendant cinquante ans, alors que cette paroisse avait pour curé saint Jean-Marie Vianney ;

3° Denis-Jules, an X, an XI ;

4° Pierre-Victor, lieutenant de vaisseau, assista à la bataille de Navarin et mourut à Toulon en 1831 ;

5° Félix, qui suit ;

6° Francisque (1808-1900), épousa mademoiselle de Franclieu dont il eut sept enfants. Cette alliance forma la branche du Charolais. Francisque fut pendant une quarantaine d'années président de l'œuvre de la Propagation de la Foi ;

7° Edme-Bruno-Septime (1811-1888), épousa mademoiselle Carran puis Marie des Garets, sa nièce, fille de Francisque.

Claude-Prosper et Septime, au service du roi Charles-Albert, furent officiers dans l'armée sarde, brigade de Savoie, grâce à l'appui des Costa de Beauregard très en faveur à la cour de Turin.

Félix des Garets, né en 1805, mort en juin 1896 dans sa quatre-vingt-onzième année. Lieutenant d'état-major, il assistait en 1830 à la prise d'Alger. Fidèle au drapeau fleurdelisé, il suivit son chef, le maréchal de Bourmont, et donna sa démission après les journées de juillet. Il épousa, le 5 mars 1832, Louise-Aimée Le Mau de Talancé[1] qui mourut en 1872 et fut inhumée à Saint-Julien. La famille habitait alors le Jonchy.

De ce mariage, onze enfants, parmi lesquels :

a) Pauline, 1832, mariée en 1868 à Alexandre de la Borde ;

b) Camille, 1835, sans alliance ;

---

1. En juin 1236, Hugues de Talenceu vend au chapitre de Saint-Paul le quart des dîmes de Liscy (Voir *Polyptique de l'église collégiale de Saint-Paul de Lyon*, par M. C. Guigue, pages 159 et 160).

c) Berthe, 1836, supérieure des filles de la Charité à Reims où elle a dirigé une ambulance pendant la guerre 1914-1918. Morte en 1920.

d) Ludovic, 1838, marié en 1871 à Marie Thoury, et, en secondes noces, à Marie de Larminat. Ludovic était capitaine de chasseurs à pied dans l'armée de Metz, en 1870. Faisant partie de la division de Cissey, il prit part, le 16 août, à la bataille de Vionville-Mars-la-Tour [1]. Il fut légèrement blessé à la cuisse. Tour à tour colonel du 77e de ligne, général de division en 1892, commandant du XVIe corps à Montpellier, en 1896, puis du IIe à Amiens, en 1898, grand officier de la Légion d'honneur, la même année, membre du conseil supérieur de la guerre en 1900. Au cadre de réserve en 1903. On montre au musée du souvenir à Saint-Cyr, parmi les reliques militaires, le guidon d'un grand chef tartare enlevé par le sous-lieutenant Garnier des Garets à la bataille de Palikao, le 21 septembre 1860.

e) Henry, 1839, marié en 1880 à Alice Dénoyel.

f) Marguerite, sans alliance.

Note sur la terre et les châteaux beaujolais des Garets.

Faisant partie aujourd'hui de la commune de Villefranche, la terre du Garet, première possession de la famille, était, en 1789, la propriété de Mathieu Giraud, marquis de Varennes (Quincié), capitaine des Cent-Suisses de la garde du roi. Après avoir été arrêté, puis acquitté par la commission révolutionnaire de Lyon, Giraud fut arrêté une seconde fois à Paris et condamné à mort. Peu de temps après, sa veuve ayant émigré, le district de Villefranche vendit comme bien national l'ancienne terre seigneuriale des Garets à messieurs de Nolhac et Margeran. Cette terre est maintenant fractionnée entre plusieurs propriétaires.

Le vieux manoir de Colombier est à peu près tel qu'en 1789. Dans le bâtiment qu'habitent les vignerons [2] on voit une bretagne sur laquelle est un vase sculpté et au-dessous deux cygnes affrontés et buvants, ainsi que le nom de P. Martin.

---

1. Dans le ravin du ruisseau de Greyères il vit l'anéantissement de la 38e brigade allemande (Wedell) quand elle s'avançait de Mars-La-Tour sur Bruville. Les cinq bataillons qui la formaient étaient allés au feu avec 95 officiers, 4.546 hommes ; ils perdirent 73 officiers, 2.389 hommes. (Voir *La prise de Vionville* par le colonel Cardinal de Widdern).

2. Les Hugand, famille aujourd'hui disparue de Saint-Julien, furent vignerons de Colombier, pendant près de deux siècles.

Il y avait une chapelle dans le château de Colombier.

Au village d'Ars-en-Dombes, célèbre par le séjour du saint curé Vianney, le château de la famille des Garets est une curieuse construction en briques, fort majestueuse, œuvre du XVIIe siècle, au centre de terres opulentes.

Un procès-verbal de la visite canonique de monseigneur Camille de Neuville, archevêque de Lyon, faite à Villefranche le 19 mars 1657, constate que les des Garets sont patrons de la chapelle du Saint-Sépulcre, dans la nef latérale gauche de Notre-Dame des Marais.

Le Colombier fut vendu vers 1830 à la famille de Carnazet [1], originaire de Bretagne et qui porte : *Burelé d'argent et de gueules de dix pièces, à trois herses d'or et une guivre de sinople ondoyante en pal, brochant.* Support, deux dragons. Devise : *Per dura, per aspera serpit.*

A cette famille appartenait Henriette, née Raousset-Saumabre qui, veuve du comte de Calvisson, seigneur de Milly (Saint-Étienne-les-Oullières) vint, après la Révolution, au chapitre de Salles, reprendre, avec quelques compagnes, la vie des chanoinesses.

Bussy. — Ce mot, comme celui de Bussière, désignait primitivement un lieu planté de buis. Construit sur une partie du terrain de l'ancien fief de Colombier, le château de Bussy date, pour la partie plus ancienne, de 1860. C'est le chanoine Nicolas des Garets qui fit édifier cette construction vaste, mais un peu lourde. L'agrandissement exécuté vers 1891 n'en a pas changé le caractère. Au-dessous de Bussy, et le long du Marveyrand, est le *Moulin*, humble hameau de trois maisons qui a reçu son nom du moulin qui a servi jusqu'en 1870 environ. Dans la maison Gauthier, la cheminée porte l'inscription : *P.V, 17 apartien à Nicolas M.* Ces abréviations désignent Pierre Vapillon acquéreur de la maison de Nicolas Martin. Au milieu de la cheminée est figuré un ostensoir encadré par deux branches terminées par deux marguerites. Sur la bretagne on voit deux colonnes surmontées d'une tête d'ange.

A *Place Blanche* la maison bourgeoise de M. Antoine Mandy est récente. En 1546, Guillaume Mandy, docteur en médecine, était échevin de Villefranche.

---

1. L'ancienne maison de Kernagret (ville à serpents), puis Carnazet, est originaire du diocèse de Léon en Bretagne. Elle est représentée en Beaujolais et en Dombes (voir de Jouvencel : *L'assemblée de la noblesse de la sénéchaussée de Lyon* ; voir aussi *Salles en Beaujolais*, par Eug. Mélu, pages 232, 234). Le blason de cette maison, bienfaitrice insigne de l'église de Saint-Julien est au-dessus de la petite porte en face de la chaire.

Pré Buisson et Longsard. Un aveu et dénombrement de la seigneurie de Laye[1] nous signale en 1767 ce hameau. Le seigneur de Laye à Saint-Georges-de-Rencins était alors Jean d'Espinay, chevalier, seigneur de Laye, Espinay, Marsangue, Buyon, Champrenard, Blacé-le-Bas, etc. Les prisons et l'auditoire étaient au château de Marsangue. Au bois Buisson, on apercevait les fossés et quelques vestiges de l'ancien Château-Désert. En revenant vers Saint-Julien, on voyait, à mi-chemin entre notre bourg et Grammont, une croix de pierre dite Croix de Burlaquin.

LA ROCHE

La Roche est une ancienne maison forte et petite seigneurie postée comme un bastion au sud de Montmelas. Dominant le vallon du Marveyrand par une pente assez raide, elle devait être aussi jadis, du côté du chemin, d'un accès plus difficile qu'aujourd'hui, les fossés ayant été remblayés et le sol presque aplani.

Le premier possesseur connu en est Reynaud de Fuer, père de Marguerite de Fuer qui épousa, vers 1350, Jean de Gleteins, seigneur de Jarnioux[2], qui devint aussi seigneur de la Roche.

Guichard de Gleteins, fils de Jean, fut capitaine d'armes de la ville de Chalamont-en-Dombes et testa à la Roche en 1451.

La famille de Gleteins portait *losangé d'or et de gueule.*

Originaires de la Dombes, les de Gleteins ont donné au chapitre de Salles six chanoinesses, dont deux sœurs, Marguerite et Jeanne, filles de Guichard de Gleteins et de Guiète de Sugny[3].

Antoine de Gleteins, fils de Guichard, étant dans sa maison de la Roche, fit donation de tous ses biens à un neveu Aubert de Boulieu (18 mars 1458). Antoine mourut en 1483 et fut inhumé dans la chapelle du château de Jarnioux qu'il possédait.

Après Mérauld de Boulieu, la famille de Gayand devient maîtresse de la Roche, car nous lisons dans l'*Histoire du Beaujolais* par Louvet : « Saint-Julien-sous-Montmelas. — Cette paroisse est un pays de bon

---

1. Reproduits au chapitre xxxᵉ du livre de M. Paul de Varax: *La maison d'Arod.*
2. Paul de Varax : La Seigneurie de Jarnioux.
3. Salles en Beaujolais : *Bulletin de la Société des sciences et arts du Beaujolais* (6ᵉ année, nᵒ 21, janvier-mars 1905, page 79, article de M. Mélu).

vignoble dépendante du doyenné de Limans [Limas] et de la juridiction et seigneurie de Montmelas. Dans cette paroisse est le fief noble de la Roche qui appartenait autrefois à la maison de Gayand, pour sa maison-forte de la Roche, assise en la paroisse de Saint-Julien, avec ses appartenances et dépendances et pour une maison appelée la Tour, assise au mas de Buffavent en la paroisse de Denicé ».

Guillaume Gayand, chanoine et chantre du chapitre de l'église collégiale de Beaujeu en 1488, cité avec cette qualité par Loubet en 1493, appartenait à la famille de ce nom à laquelle on donne pour auteur Perrin Gayand, secrétaire du duc de Bourbon et officier de la Chambre des Comptes du Beaujolais, vivant en 1373.

Les armes de cette famille [1] se retrouvent encore, à une retombée de voûte, dans la cour d'une maison (sise Grande-Rue, à Villefranche, nº 155) qui fut une de leurs résidences. Une élégante niche couronnée d'un pélican ornait jadis la façade datant du XVIIe siècle. (Cette niche est aujourd'hui au musée).

Robert Gayand fut échevin de Villefranche en 1419 et 1437 ; Jean Gayand en 1449 ; Perrin Gayand en 1463 ; Pierre en 1473 ; Ponthus Gayand, marchand en 1493 ; Louis, marchand en 1509 ; Louis en 1516, et Jean en 1519. Cette famille a en outre fourni deux autres chanoines-sacristains au chapitre de la collégiale de Beaujeu : 1º Philippe Gayand et 2º Pierre Gayand, nommé le 6 octobre 1557, mort en 1585. Louis de Gayand donna le dénombrement des fiefs de la Roche (Saint-Julien) et de la Tour (Denicé) le 7 mars 1539. Pierre de Gayand de la Roche, né à Saint-Julien et cousin germain de Jean Charles de Gayand, seigneur de la Roche Saint-Julien, épousa le 10 juin 1610 Françoise de Rochevieille, fille d'Abel de Rochevieille, seigneur de Ville, Mayrieux et de la Vénerie d'Anthon, et d'Anne de Florence, dame de Serbois [2]. On voit les armes de la famille de Gayand sur la pierre tombale de madame de la Chèse, morte en 1607, au chapitre de Salles.

Le 2 décembre 1629, baptême de Pierre, fils de noble Gabriel de Gayand, sieur de la Roche et de Jeanne-Antoinette de Flaman (alias de

---

1. D'azur à 4 losanges mis en losanges d'or (Mélu dit en losanges d'argent). Il existe un cartulaire de Beaujeu de 1433 relié aux armes du chanoine Gayand Guillaume.
2. Ils forment la branche du Dauphiné (La Baste, *Armorial du Dauphiné*).

Vieille porte du fief de La Roche

Flammians). Parrain : Pierre de Laurencin, écuyer ; marraine : dame Ysabeau de Rebe, baronne de Vaux [1].

Le jeudi 2 avril 1631, baptême de César Benoît, fils de Gabriel de Gayand et de Jeanne Antoinette de Flammians. Parrain : noble César Retis, conseiller du roi au bailliage du Beaujolais ; marraine : Antoinette de la Forest, femme de noble François de Pigney.

Le 18 juillet 1637, baptême d'Anne de Gayand, fille de Gabriel. Marraine, Anne de Gayand.

Le 12 février 1645, baptême de Claude Gayand, fils de noble Gabriel Gayand de la Roche et d'Antoinette de Flamand *(sic)*. Parrain : noble Claude Damas, seigneur de Bude ; marraine : Louise de Foudras.

Ce même jour, un autre fils des parents précités, Pierre, est baptisé. Son parrain est Simon, sieur de la Rigodière, bourgeois de Lyon, et sa marraine Catherine Buisson.

Le 13 juin 1659, décès de Gabriel Gayand, seigneur de la Roche, âgé de cinquante-six ans.

Le 10 juin 1663, baptême de Claude Joseph de Gayand, fils de noble Jacques de Gayand, écuyer, seigneur de la Roche, et de dame Judith, Christine Guyon. Parrain : noble François Joseph de Damas, marquis d'Antigny ; marraine : haute et puissante dame Claudine Marguerite de Saint-Maurice, marquise de Ruffé, dame de Corbron et baronne de Cheurçau.

Le 31 décembre 1684, enterrement de Christine Guyon, femme de feu Jacques Gabriel de Gayand. A la cérémonie, présidée par le curé Bonnefoy, assistent le curé de Montmelas, Dumené curé de Blacé, Champion curé d'Arbuissonnas.

Au XVIIe siècle, il y a à la Roche François de Gayand, père de Joseph Claude de Gayand. Celui-ci meurt en 1707 et, par testament fait à Bayonne, il institue pour héritiers Pierre Catherin de Gayand, son oncle, et après lui Suzanne Monnier, femme de Gayand. Au décès de Suzanne, l'héritage devait passer à l'aîné de ses cousins germains, le sieur de Gayand de Gerbe, demeurant à Vienne-en-Dauphiné. Si celui-ci venait à mourir sans enfants mâles, il lui substituait ses autres cousins germains de l'un à l'autre en gardant le droit d'aînesse. Pierre Catherin de Gayand

---

1. Registres des actes paroissiaux conservés à la mairie de Saint-Julien.

étant décédé en 1725 institua pour ses héritiers les pauvres de l'hospice de Villefranche, ce qui motiva une protestation de Claude de Gayand. A la suite de la contestation portée au bailliage de Villefranche intervint, en 1726, une transaction par laquelle les recteurs de l'hôpital se départirent de tous droits et actions sur le fief de la Roche, moyennant la somme de 8.000 livres que paya Claude de Gayand.

Dame Mounier, veuve du sieur Joseph-Claude de Gayand jouit quelques années du fief de la Roche puis l'abandonna à Claude de Gayand moyennant une pension annuelle et viagère de cinq cents livres.

Claude de Gayand dépensa plus de 6.000 livres pour rendre habitable le château de la Roche « qui était totalement en ruine dégarny de porte et de fenestre et dont il a fallu remplacer toutes les planches tuilles et couverts... et rétablir en entier lapartement au dessus duquel était anciennement la tour tombé depuis la prise de possession du dit sieur de Gayand par sa vétusté et caducité ».

Le fief de la Roche s'étendait à l'ouest jusqu'aux maisons du Carré inclusivement. Claude de Gayand, ancien lieutenant au régiment de la Tour, épousa, le 7 janvier 1723, Marie Robert, qui apportait en dot quatorze mille livres « tant en deniers qu'en nipes et joyaux », et qui plus tard, à la suite d'une donation faite par Etienne de Camus, un de ses oncles, devint propriétaire d'un domaine appelé le château du Rozay, à Condrieu.

Marie de Gayand mourut vers 1738, laissant cinq enfants :

1° Louis de Gayand ;

2° Madeleine ;

3° Marie-Blaise qui épousa Barthélemy de Dareste de Chavanne, chevalier ;

4° Anne-Joseph qui épousa Jean-Claude de la Prade, écuyer, capitaine dans le régiment de Royal Roussillon infanterie, chevalier de l'ordre royal et militaire de Saint-Louis ;

5° Anne Etiennette qui devint religieuse bénédictine au monastère de Sainte-Colombe.

En 1743, Claude de Gayand vendit le fief de Gerbey, paroisse de Chonas en Dauphiné, à Joseph Servant, écuyer, et en 1761 il vendit le fief de la Roche.

Claude de Gayand avait alors sa résidence principale à Lyon, chez le sieur Fay, quai des Célestins, paroisse Saint-Nizier.

Le curé de Saint-Julien, Jean Riberolle, acheta le vieux château et les terres voisines au prix de 17.000 francs. La majeure partie du fief comprenant « maison, écurie, fenil et autres bâtiments joints, cour, jardin, chenevier, terre, pré, bois, brossailles, vieres, le tout contigu et joint ensemble», fut acquise au prix de 22.000 francs par messire Robert Isnard, bourgeois de Lyon.

En 1774, Robert Isnard habitait rue Mercière, à Lyon, pendant une partie de l'année, mais il était propriétaire du fief du Déau depuis 1755 environ.

Le curé de Saint-Julien ne se contenta pas d'ajouter à son nom celui du fief de la Roche, mais, arrêté sans doute dans l'exercice de son ministère par la maladie, il fit à la Roche, à plusieurs reprises, d'assez longs séjours. Le mardi 6 février 1770 « ayant accepté la commise faite de sa personne », il procéda à la bénédiction de la chapelle qu'il avait fait construire dans son château de la Roche, à la place d'une autre ancienne et en mauvais état. Le nouveau sanctuaire fut placé sous le vocable de saint Jean-Baptiste, patron de M. Riberolle, et bénit en présence de : Joseph-Louis Arod, curé de Blacé ; d'Ennemond Dugat, religieux capucin ; d'Esprit Heraude, curé de Montmelas ; du comte des Garets, brigadier des armées du roi, commandant la citadelle de Strasbourg ; de la comtesse des Garets ; d'Arod, chevalier ; de la marquise de Foudras ; de des Garets, doyenne du chapitre de Salles.

Le curé Riberolle était un prêtre estimé, riche, faisant bon usage de son bien.

Le 31 juillet 1787 eut lieu à Saint-Julien le mariage de « messire noble Pierre Isnard, avocat au Parlement, juge royal des gabelles du Lyonnais, demeurant à Lyon, rue Juiverie, paroisse de Saint-Paul, fils majeur de messire noble Robert Isnard, bourgeois de Lyon, y demeurant, et de dame Marie Bertholon, — avec demoiselle Claudine de la Coste, fille mineure de maître François de la Coste, notaire royal et procureur en la sénéchaussée du Beaujolais et échevin de la ville de Villefranche, y demeurant, et de dame Eléonore Renard, son épouse. La bénédiction nuptiale est donnée par Antoine Renard, chanoine de Trévoux, commis à la desserte de la paroisse Sainte-Euphémie.

Signent aussi au mariage : Claude-Antoine Isnard, « faisant son cours de palais à Lyon », frère de l'époux ; Marie-Aimée Isnard, Reine Isnard, Charles-Antoine Chasset, avocat au Parlement, résident à Villefranche ; Désarbres père et fils ; Micollier, Madeleine de la Coste.

Nous avons relevé sur nos registres paroissiaux, à la date du 25 juillet 1820, le baptême de Jean-Baptiste Marie Robert, fils de M. Robert Isnard et de dame Anne Richard, né le 27 juin :

Le trois mars 1817, Claude Antoine Isnard vendit le domaine du Carré au sieur André Chabert, propriétaire et négociant demeurant en la commune de Béligny. Le domaine comprenait trois vigneronnages avec prés, maison de maître, cuvier, caves voûtées. Le prix de vente fut 50.000 francs.

La Roche appartient aujourd'hui à M. François Moniotti dont le fils est tombé glorieusement pour la France dans les combats d'Arras, le 25 mai 1915. Dans la cour intérieure on remarque une porte Renaissance surmontée d'un ancien blason qui a été détérioré. Il y a aussi une porte en anse de panier qui doit dater de l'an 1400, environ.

De la chapelle, il faut dire :

Comment en un plomb vil l'or pur s'est-il changé ?

Elle est aujourd'hui une écurie qui a gardé de son ancienne destination un bénitier et deux socles de statue.

A l'intérieur du vieux castel on voit un trumeau en plâtre, style Louis XVI, et une tapisserie Empire, représentant les aventures de Télémaque et de Calypso. Le domicile du vigneron a aussi une vieille cheminée.

Si on descend de la Roche vers le hameau des Côtes, le terrain très vallonné prend un aspect pittoresque. Le Marveyrand coule en silence, marquant son chemin au milieu des prairies par la double ligne de saules et de peupliers qui le bordent. Jadis, au clair de lune, la vigneronne observant les roches blanchissantes parmi les broussailles croyait, sous l'impression des légendes entendues au coin de la cheminée, apercevoir des fées sortant de leurs cavernes pour laver leur linge et l'étendre sur le buisson. Un peu à l'ouest des Côtes, mais déjà sur le territoire de Blacé, on montre de ces Roches de Fées ou Roches Fayettes.

Le *Mondard* emprunte peut-être son nom à la famille des Mondard, de Villefranche ; on lit en effet, dans l'*Histoire du Beaujolais*[1], au titre *Denicé :* « Il y a deux fiefs nobles dans cette paroisse : Charmes et Malleval. Charmes appartenait autrefois à la maison des Mondards de Villefranche, comme appert de deux dénombrements faits, l'un, le 6 novembre 1555, par Anne de la Bessée, femme de Ponthus Mondard, pour une rente noble dépendante de la seigneurie de Charmes, et l'autre par ledit Ponthus Mondard, pour la même chose ».

La maison Chazot appartenait avant la Révolution aux Ursulines de Villefranche.

L'emplacement du *Tremble* devait jadis être couvert de l'espèce de peupliers dont la feuille tremble au moindre vent, et qui sert à faire les échalas. Dans le jardin de madame Loron était une petite maison habitée encore en 1867 par le vigneron Monmain qui avait fait la campagne de Russie sous Napoléon Ier.

La *Croix du Bois* marque le voisinage d'un ancien bois auprès duquel fut érigée une croix de pierre en 1845 par messieurs Félix des Garets, Ludovic de Talancé, Louis des Garets (de Bussy). Le vent qui souffla en tempête le 23 août 1893 la renversa. M. Félix des Garets la fit remplacer par une croix en fer qui fut bénite le 3 décembre de la même année par monsieur le curé Muller. Malgré un temps froid et brumeux, beaucoup de personnes assistèrent à cette cérémonie qui eut lieu à l'issue des vêpres.

Le Jonchy. Ici, le nom d'habitant premier possesseur ou premier occupant du terrain a créé le nom du lieu. Comme nom de personne, Jonchy se rencontre assez fréquemment dans le Beaujolais. Comme nom de terroir, le Jonchy d'Anse offre un air de parenté avec Jonchy. Avant la Révolution, le Jonchy était une place ombragée de noyers et appartenant aux seigneurs de la Roche. Le château de monsieur Jean des Garets est encadré agréablement par quelques arbres forestiers. Il a été construit en 1846 ; dans le salon, parmi les portraits de famille, on voit ceux de monsieur et madame du Pertuis (mademoiselle de la Grange).

La maison Ducrot, au Jonchy, a une cheminée de 1754 dont la bretagne porte un coq. On y voit une autre bretagne avec un ange s'appuyant sur une harpe.

---

1. *Mémoires de Louvet :* Edition Galle et Guigue, page 210, tome I. Voir aussi l'*Essai historique sur Villefranche pendant les guerres religieuses du XVIe siècle,* par E. Longin, page 77.

Le vignoble de Montverrier ou Mont-Verrier rappelle probablement l'existence d'une famille Verrier sur ce point de notre territoire. Nous lisons en effet dans la brochure *Documents inédits sur le Beaujolais*[1], sur le rolle des suegest de Montmelas en 1590, pour venir en garde au chasteau du dict lieu :

Sainct Jullien

Premièrement donné une dizaine à Claude *Verrier* de XIII hommes.

Plus une aultre à Anthoine Martin de dix hommes.

Plus une autre à Jehan Pinet de unze hommes.

Plus une aultre à Benoist de Colombier de unze hommes.

Le vignoble de Montverrier a été donné à l'hospice de Villefranche par testament de mademoiselle Caroline Blondeau.

Voici les passages principaux de cet acte de libéralité :

« J'institue pour mon légataire universel l'hospice des pauvres malades de Villefranche (Rhône) à la charge par cet établissement d'acquitter les legs particuliers ci-après et d'exécuter scrupuleusement les conditions que je vais prescrire.

« Je lègue cinq cents francs à la commune de Saint-Julien pour ses pauvres. L'hospice de Villefranche, mon légataire universel, devra aussitôt après mon décès créer deux lits de vieillards, l'un d'homme, le second de femme qui devront être attribués exclusivement à des personnes étant ou ayant été vignerons, habitant Saint-Julien, depuis dix ans au moins.

« Je veux que la limite d'âge soit pour eux abaissée à soixante-cinq ans et que l'administration de l'hospice donne à ces vieillards un franc par semaine pour leurs dépenses. Après le décès de mademoiselle Marie-Louise Berlioz l'hospice devra, ayant réuni à une propriété l'usufruit de la propriété de Montverrier et celui de Pirevert ainsi que le reliquat de mes valeurs mobilières, créer deux autres lits dans les mêmes conditions que les deux premiers. En outre, à cette époque, il devra établir dans les bâtiments d'habitation de Montverrier une pharmacie gratuite pour les pauvres et les vignerons de Saint-Julien et des communes voisines. Je

---

1. Morel de Voleine, page 7. Pour Blacé les noms des hommes désignés sont : Jehan de la Foret, Barthélemy Aublanc, Antoine Savigny, Laurent Buatel, Estienne Creppier. Pour Denicé : André Rogier, François Damiron, Pierre Brocard, Claude Pellein.

Entrée du Déau

veux aussi que l'hospice fasse venir le jeudi et au besoin encore le dimanche un médecin qui donne ses consultations et des remèdes gratuits.

« Au cas où il ne serait pas possible d'établir à Montverrier une pharmacie complète, on pourrait y placer seulement les médicaments les plus indispensables que le médecin distribuerait, sauf à l'hospice de délivrer gratuitement les ordonnances plus compliquées, à sa pharmacie de Villefranche.

« A compter de mon décès l'hospice devra à perpétuité faire célébrer à Saint-Julien, chaque année, un service des morts dans la semaine avant la Toussaint pour ma famille et pour moi et nous faire inscrire à perpétuité au nécrologe de la paroisse ».

Espagne. C'est ici, avec les Côtes, le terrain qui donne le vin le plus apprécié. La villa de M. Francisque Roche s'y cache comme un nid dans le bosquet, au pied des pentes de Montmelas.

Parmi les anciens habitants, il y eut un Antoine Saunier qui fit don à l'hospice de Villefranche de tous ses biens situés au nord d'Espagne [1].

Le 25 mai 1848, la maison du sieur Peillon, propriétaire à Espagne, fût entièrement consumée par un incendie qu'on attribua à l'imprudence d'enfants qui jouaient avec des allumettes.

Une des maisons du vignoble qui est aujourd'hui la propriété de M. Pinet a une cheminée de 1819 dont la bretagne représente Vulcain, le dieu du feu, sous la forme traditionnelle qu'on retrouve dans les bas-reliefs et les médailles de l'antiquité, c'est-à-dire sous l'image d'un forgeron tenant d'une main un marteau et façonnant les foudres de Jupiter. Il est assis et ses tenailles sont près de lui. En face deux jeunes ouvriers forgent le fer sur une enclume. On distingue aussi l'aigle prêt à enlever les foudres aux demeures célestes.

LE DÉAU

Ce fief appartenait, au xve siècle, à Haudry Baudet, dont le neveu Hugues Baudet, chevalier et aussi seigneur du Déau, eut en 1477 la propriété du moulin de Villefranche [1]. En 1496, le maître du Déau est Pierre Baudet.

---

1. *Histoire populaire de Villefranche*, par Laplatte, page 441.
2. *Bulletin de la Société des sciences et arts du Beaujolais*, 1re année, n° 2, page 142

Au XVIe siècle, le Déau est possessionné par la famille de Gayand, de Villefranche. En 1533, Robert de Gayand était curé titulaire de Cogny. Lorsque les frères Dubois dont l'un, Pierre, avait été prêtre habitué de l'église Saint-Paul de Lyon, voulurent fonder une chapelle à Rivolet, c'est le seigneur du Déau, père de Robert de Gayand, qui représenta ce dernier dans l'acte de fondation passé devant Me Chanal, notaire à Villefranche, le 11 juillet 1533.

Le 9 avril 1557 eut lieu le dénombrement de la maison appelée La Grange Baudet ou le Déau par Jean de Myolans, seigneur de Chevrières. En 1621, François Bellet, avocat au bailliage, lieutenant particulier, seigneur du Déau, épouse Françoise Delorme. Le fief du Déau avait des droits sur le mas de Genetay, situé à Arnas, vers le carrefour dit trève de Beaujeu, dans l'angle formé par le chemin tendant du pont de Chavannes au trève de Beaujeu, et le chemin de trève de Beaujeu à l'abbaye de Joux.

Sur un titre de 1706 on voit figuré, à l'ouest des vignes du Déau, le clos de Marigny. Au nord de ce clos était un bois du seigneur de Champrenard qui auparavant avait appartenu au seigneur de la Bâtie.

Le Déau fut acquis en 1590 par la famille Nizet, dont un membre, Laurent, Nizet était notaire à Lyon, où il avait sa résidence rue des Hébergeries (aujourd'hui quai de Bondy, paroisse Saint-Paul). Il épousa Marie Jacquet qui lui survécut. Il portait : *d'argent à la bande composée d'azur et de gueules, de six pièces, accompagnée de deux roses, partie d'azur et de gueules au chef en pointe.*

Laurent Nizet fut, le 3 mai 1729, l'objet d'une tentative d'assassinat de la part d'un vigneron et de deux valets du vigneron, entre neuf heures et dix heures du soir, alors qu'il sortait de la maison de Pierre Daurel de Terrenoire[1] à Blacé et se retirait en sa maison du Dehault. Pour éviter les bandits qui lui jetaient des pierres, Nizet se glissa dans les sentes d'une vigne. Les trois quidams le suivirent, armés de bâtons, le frappant à la tête et le terrassant. Ils le traînèrent en lui donnant plusieurs coups de bâton, le foulèrent aux pieds et, le croyant mort, lui prirent son argent — environ douze livres — son chapeau poil castor, sa perruque de

---

1. D'Aurelle de Terrenoire ou Terrenayre, famille d'Auvergne, représentée alors par Pierre d'Aurelles, seigneur de Terrenayre, du Bost, à Blacé, fils de Pons d'Aurelles et de Louise de Landeau, marié en 1698 à Marguerite Grollier de Servières. La terre du Bost, avait été possédée auparavant par les d'Ars et les de Damas.

cheveux châtains mêlés avec des blancs, appelés grisailles. Après avoir déchiré son habit de drap, ils en emportèrent la poche droite où était un mouchoir de toile peinte, fond bleu à fleurs rouges..

Le sieur Nizet ayant feint d'être mort se traîna ensuite avec beaucoup de peine chez le sieur de Terrenoire qui fit prévenir immédiatement Me Benoît Rességuier, maître chirurgien demeurant à Blacé [1]. L'interrogatoire des coupables eut lieu le 23 mai par Gaspard Tournus, écuyer, conseiller du roi, lieutenant de la maréchaussée générale du Lyonnais, Forez et Beaujolais, et par Claude Bollioud de Fetan, chevalier et seigneur du Milan et Chanzieu et autres lieux, conseiller du roi en la cour des monnoyes. Le tribunal siégeait dans la chambre de la geôle des prisons de Villefranche. Nous ignorons quelle fut la sentence rendue.

Le 18 mai 1759, Robert Isnard, bourgeois de Lyon, qui avait son appartement sur le quai Villeroy, paroisse Saint-Nizier à Lyon, acquit de dame veuve Nizet le fief du Déau, et, le 21 janvier 1761, le domaine du Carret (Carré ou Granges près Espagne) à M. Claude de Gayand, propriétaire de la Roche.

Robert Isnard avait épousé, en 1733, Marie, fille de Pierre Bertholon et de Catherine Caron. De ce mariage naquit Claude-Antoine, marié en 1791 à Antoinette-Benoîte-Anne Dareste de la Gorge. Les Isnard portent *d'or au sautoir d'azur accompagné de quatre étoiles d'argent*.

Robert Isnard, second de ce nom, fut longtemps maire de Saint-Julien. En 1842, il donna sa démission. D'un caractère vif et ardent, il montra beaucoup de zèle pour la chose publique. Son impartialité, ses connaissances juridiques étaient appréciées de ses administrés. Il mourut le 23 mai 1873, âgé de quatre-vingt-six ans.

Le général Félix Isnard, né à Saint-Julien le 19 septembre 1823, sorti de Saint-Cyr en 1841, conquit tous ses grades en Algérie où il demeura jusqu'à la guerre franco-allemande de 1870-71. Il prit part aux batailles autour de Metz comme lieutenant-colonel du 29e de ligne. Après la capitulation de Bazaine, il s'échappa des lignes prussiennes et alla rejoindre l'armée du nord commandée par Faidherbe. Il se conduisit vaillamment aux combats du Catelet, de Bellicourt et de Saint-Quentin, 19 janvier 1871. Il commandait alors une des deux brigades détachées du corps principal. Cette brigade comprenait : 1er bataillon de marche du 24e d'infanterie, commandant Marlet ; 73e régiment de marche, lieutenant-colonel Castaigne ; deux bataillons des mobiles des Ardennes, lieutenant-colonel Giovaninelli ; 43e régiment provisoire (douaniers, mobiles et zouaves, lieutenant-colonel Vintimille ; deux obusiers du 15e ; 8 pièces de 4 de montagne [1].

Promu colonel en 1872, général de brigade en 1878 au XIIIe puis au XIVe corps d'armée, commandeur de la Légion d'honneur en 1879, il se retira au Déau en 1885 et y mourut le 29 avril 1889. Il comptait trente-sept années de service, quinze campagnes, une blessure. Trois jours avant sa mort, il avait voulu, malgré son extrême faiblesse, recevoir la sainte communion à l'église du village, éloignée cependant de plus d'un kilomètre. Soutenu par sa compagne dévouée et son valet de chambre, il put faire cet acte de foi qui impressionna vivement la population. A ses obsèques les cordons du drap mortuaire furent tenus par les généraux Roussel, Grizot, Herbe et Tissonnière. Le général Féline fit l'allocution d'adieu.

Sa veuve, la générale Isnard, par l'étendue de ses relations, tint une place notable dans la société beaujolaise. Au début de la grande guerre, elle quitta le Déau et choisit pour résidence un modeste appartement dans le bourg de Saint-Julien. Dans son salon, où il y avait de jolis travaux de broderie, on voyait aussi une aquarelle peinte par madame Lamartine et représentant une guirlande de fruits. Cette peinture fut offerte à Saint-Point, en 1846, à Mathieu Bonafous [2]. Lamartine écrivit la petite pièce qui suit et qui occupe le centre du tableau dont elle décrit les fruits divers :

L'Automne (strophe)

Ainsi qu'une hôtesse attentive
Après le pain donne le miel,
L'automne, à l'homme, son convive,
Sert tour à tour les dons du ciel.

---

1. Commandant Rousset: *La guerre franco-allemande* ; tome V, appendice, page 35.

2. Mathieu Bonafous, agronome, né à Lyon en 1773, mort à Paris en 1852, fondateur de l'école d'agriculture de Grignon, directeur du Jardin des plantes de Turin en 1841, était frère de Mᵐᵉ Bornarel et d'Alphonse Bonafous. Le père, Franklin Bonafous, fondateur des Messageries avait légué sa bibliothèque à la ville de Lyon. Son nom a été donné à une montée allant du Rhône à la Croix-Rousse *(Armorial des bibliophiles Lyonnais: Ex-Libris).* Mᵐᵉ la générale Isnard, née Marguerite Bonafous appartenait à cette famille.

Le raisin pend, la figue pleure,
La banane épaissit son beurre,
La groseille luit sous l'émail
La pêche du duvet s'épluche
Et la grenade, verte ruche,
Ouvre ses rayons de corail.

Alphonse LAMARTINE,
4 août 1846.

La générale Isnard mourut d'un refroidissement en janvier 1918, à la Tronche, près Grenoble, où elle était allée passer quelques semaines. Son corps fut ramené à Saint-Julien et inhumé dans le caveau de famille.

Le Déau est aujourd'hui la propriété de madame la marquise de Sigoyer.

Maison natale de Claude Bernard.

CHAPITRE QUATRIÈME

CLAUDE BERNARD
1813-1878

Le hameau de Chatenay, dont le nom rappelle quelque ancienne plantation de châtaigniers *(castanea,* châtaigne), a l'honneur d'avoir donné à la science française du xixe siècle un grand physiologiste, Claude Bernard, dont la biographie sera tout l'intérêt de ce chapitre.

Le père de notre savant, Jean-François, fils de Claude Bernard et de Jeanne Baloffet, était originaire de Régnié[1], près Beaujeu. A la suite de circonstances que nous ignorons, Jean-François était venu demeurer à Arnas et il s'y trouvait lors de son mariage, le 10 novembre 1807, avec Jeanne Saunier[2], « fille légitime de défunt Etienne Saunier, demeurant à Saint-Julien, et de vivante demoiselle Marie Baloffet ». Sur le registre paroissial signèrent Claude Bernard, père de Jean-François, Jean-Baptiste Saunier, demeurant à Blacé, Jean Duchamp, oncle du marié, Ange-Louis Richard, négociant à Paris.

---

1. Comme nous l'apprend l'acte de décès, du 11 mai 1817, à Saint-Julien. La famille Bernard avait aussi des ramifications à Fareins dans le département de l'Ain.

2. On trouve pour ce nom les différentes formes Sonier, Saulnier, Saunier.

Jean-François avait trois frères, dont deux furent fermiers à Arnas, l'un à la ferme de Joug-Dieu, le second à l'Ave Maria, chez M. de Fleurieu. Le troisième exploitait la ferme de Boitrait, sur Saint-Georges-de-Reneins.

Le mariage de Jean-François détermina son changement de résidence. Il vint se fixer chez sa belle-mère dans la maison habitée aujourd'hui par la veuve d'Auguste Carrichon, vigneronne de M. Devay. Sur la cheminée de cette humble construction, on voit un cœur avec les deux initiales E. S. (Etienne Saunier) et le millésime 1801. C'est là que naquit Claude Bernard le 12 juillet 1813. A l'est s'élève une maison bourgeoise assez spacieuse, d'architecture simple mais régulière, qu'avoisine une salle d'ombrage faite d'un bouquet d'arbres prolongé par un clos de moyenne étendue. On la nomme souvent *maison de Claude Bernard*. En réalité, elle ne fut achetée par notre compatriote qu'en 1859 à M. Lombard de Quincieux, d'une famille de l'Isère[1]. Mais cette appellation, qui n'est pas exacte, si on y voit la désignation du logis natal, peut se justifier en ce sens que cette demeure a été particulièrement chère à Claude Bernard qui trouvait là une oasis de repos après les travaux de son cours annuel et les recherches de son laboratoire, comme aussi un abri dans les longues journées de maladie.

Voici la copie de l'acte de baptême de Cl. Bernard : « L'an 1813 et le 18 juillet, je soussigné ai conféré le saint baptême à Claude, né le douze du même mois, fils légitime de Pierre-Jean-François Bernard, propriétaire en la commune de Saint-Julien, et de dame Saulnier, son épouse ; le parrain a été Pierre-Claude Bernard, grand-père, propriétaire à Arnas, et la marraine dame Marguerite Baloffet, femme Bernard, tante, et aussi en présence de Pierre Paschal Burdin, propriétaire à Ouly [Ouilly], de Pierre-Louis Marion, propriétaire à Glézé [Gleizé], qui tous ont signé avec nous lesdits jour et an que dessus, à l'exception de dame Marguerite Baloffet, qui a déclaré ne le savoir faire, de ce enquise ». Clément, curé.

Jean-François se trouvait à Chatenay, à la tête de deux vigneron-

---

[1]. Cette habitation avait pour propriétaire M. Matthieu, au temps de la Révolution. Son nom est encore sur la porte d'entrée. Au commencement du xix⁰ siècle, il acheta le château de Varennes à Quincié, puis le donna en dot à une de ses filles qui épousa M. Charvériat. Sa seconde fille épousa M. Lombard qui acheta le titre des Quincieux (localité située près de Vienne, dans l'Isère).

La maison a une rampe en fer forgé.

M⁻ Fayolle possède une commode de style qui vient de la maison Lombard.

nages, ce qui lui fournit la tentation de se livrer au commerce du vin avec un associé de Paris, peut-être avec ce Louis Richard qui avait signé à son mariage. L'entreprise fut malheureuse, car, après les défaites de Napoléon, l'invasion du territoire occasionna dans les affaires une perturbation profonde dont le contre-coup amena un désastre pour les deux négociants. Et longtemps après Claude Bernard, avec une piété filiale exemplaire, acquittait les dettes paternelles qui étaient venues s'abattre sur son berceau comme des oisillons de malheur.

Cependant Jean-François s'était résigné, après son insuccès, à un changement complet d'existence, en se faisant instituteur, et, en groupant, à Chatenay, l'hiver surtout, une vingtaine d'enfants auxquels il enseignait les éléments du français et de l'arithmétique.

C'est au presbytère de Saint-Julien, qu'occupait M. Bourgaud, curé de 1820 à 1823, que le jeune Bernard reçut les premières leçons de latin. Il contenta certainement son maître par l'attention de l'esprit, la docilité du caractère, la bonne tenue. Il n'est donc pas étonnant que les abbés des Garets et Désarbres, dont les habitations étaient d'ailleurs voisines de Chatenay[1] aient recommandé le petit latiniste à deux prêtres, MM. Boué[2] et Bourgaud[3], chargés de la direction du collège de Villefranche. Cette maison d'études avait été dirigée, au commencement du XIXe siècle, par M. Caro, avec le plus grand succès.

Le collège se trouvait alors dans la partie de l'ancien couvent de la Visitation[4] occupée aujourd'hui par le service municipal des places et octrois. « En ce temps-là — et de notre temps encore — l'éducation était purement classique : beaucoup de latin, un peu de grec, du français nécessairement ; un peu d'arithmétique et de géométrie ; ni physique, ni chimie, ni histoire naturelle ; ni histoire ni géographie,, ni philosophie ; pas de langues vivantes »[5].

---

1 La famille des Garets, à Colombier ; les Désarbre à Buffavent (sur Denicé).

2. M. Boué était, croyons-nous, de Montbrison ou des environs.

3. M. le curé Bourgaud quitta la paroisse Saint-Julien, en avril 1823. Est-ce lui qui fut placé peu après à la tête du collège de Villefranche où il aurait reçu son élève dès octobre 1823 ?

4. Dans les bâtiments de l'ancien couvent des Visitandines nos pères avaient installé, à droite, le Collège ; à gauche, l'Ecole normale d'instituteurs ; entre les deux, l' « Ecole mutuelle ». Distribution des prix au collège Claude Bernard, 30 juillet 1907. — Allocution par M. Perroud, recteur de l'Accadémie de Toulouse et originaire de Villefranche.

5. Allocution précitée de M. Perroud qui entra au Collège en 1846. Claude Bernard fut aussi quelque temps élève du collège de Thoissey (Ain).

L'abbé Donnet, le futur cardinal-archevêque de Bordeaux, était alors le curé très populaire de Villefranche (1827-1834) et il eut l'occasion de rencontrer au collège l'enfant de Saint-Julien. Quarante ans plus tard curé et collégien se retrouvèrent à Paris avec la haute dignité de sénateur.

Parmi les condisciples de Bernard, il faut mentionner Auguste Aucour, mort le 13 décembre 1894. Il était né à Villefranche le 28 avril 1814, d'un père avoué. Sa mère, Marie Cerisier, était fille d'Antoine-Marie Cerisier, historien et publiciste, député du Tiers-Etat de la province des Dombes à l'Assemblée des Etats-Généraux de 1789. Aucour devint ingénieur en chef à Oran [1] et commandeur de la Légion d'honneur.

Au sortir du collège, Bernard trouva un emploi au faubourg de Vaise près Lyon, chez un pharmacien nommé Milliet. Toutes les occupations qui lui incombaient le long du jour ne flattaient pas également sa fierté juvénile, et, plus tard, avec une franchise agréable, il racontait que lorsqu'il était à balayer l'officine, le cœur lui battait bien fort s'il venait à entendre le grelot des chevaux et le roulement de la diligence qui venait de Villefranche. Ah ! c'est qu'il ne voulait pas s'offrir en spectacle à ses concitoyens, avec un accoutrement aussi peu esthétique ! Lançant le balai à travers la pièce, il allait d'un bond se blottir à l'angle le plus sombre pour échapper aux regards joyeux, à la verve narquoise des chers Caladois.

La pharmacie de M. Milliet desservait l'école vétérinaire et Bernard avait souvent à porter des médicaments aux animaux malades. Il y avait parmi ces remèdes je ne sais quelle drogue infecte, amalgame de matières disparates ou avariées, enrichi de tous les flacons, de toutes les rinçures de bouteilles, et dont l'apothicaire parlait à Bernard d'un air entendu : c'était *la thériaque*. Toutes les fois que l'aide-pharmacien présentait à son patron quelques ignobles détritus : « Gardez cela pour la thériaque », lui disait le bon père Milliet. Bernard éprouvait une répugnance sincère à cette besogne d'empirique, de marchand d'orviétan, tandis que le moindre travail utile lui apportait satisfaction. « Jamais, racontait-il plus tard à Francisque Sarcey, je n'éprouvai une joie si franche que le jour où je composai mon premier pot de cirage. J'avais un état en main : je savais faire quelque chose, j'étais un homme ! ».

---

1. Il fit construire le port d'Oran en 1846 et créa toute la viabilité de cette province. Voir dans le *Bulletin du Beaujolais*, n° 33, page 301, les notes de biographie de Marius Audin.

Maison natale de Claude Bernard.

Bernard, nourri et logé chez le pharmacien, n'avait pour toutes distractions, qu'une sortie par mois. Il en profitait, subissant l'influence du grand courant littéraire et dramatique de 1830, pour passer la soirée au théâtre des Célestins. Il se crut même destiné, lui aussi, à devenir auteur, et il prit du temps sur ses nuits pour composer une comédie-vaudeville. Elle fut jouée sous le titre de *la Rose du Rhône* sur un petit théâtre de Lyon et rapporta une centaine de francs à son auteur. Encouragé par ce début, Bernard s'attaqua à une tragédie classique en cinq actes, *Arthur de Bretagne* [1]. Cette composition dramatique est un peu faible dans l'ensemble ; l'action n'a pas tout l'intérêt et le mouvement qu'on pourrait désirer. Faute d'expérience et de pratique, la phrase n'est pas frappée d'une main assez ferme. Mais dans les descriptions se montre une imagination heureuse et l'étude des caractères marque un esprit d'observation. De hautes pensées émaillent la tragédie ; belles fleurs sur un tissu assez sévère.

Cependant le dédain de la thériaque, l'ardeur aux études littéraires faisaient de Bernard un bien médiocre auxiliaire pour M. Millet qui écrivit au père de reprendre bien vite chez lui un fils qui semblait dormir devant les bocaux et manquait de feu sacré devant les paquets de poudre purgative. Bernard quitta Vaise d'un cœur léger et vint passer quelque temps à Saint-Julien avant de prendre le chemin de la capitale où son talent littéraire, pensait-il, allait recevoir sa consécration.

Nous pouvons donner ici quelques fragments de lettres écrites alors par Bernard à un de ses amis, Benoît Blanc [2].

---

2. Publiée par M. Georges Barral en 1887 (Dentu, éditeur).

1. C'est à l'obligeance de M. le Dʳ Besançon que je dois la communication de ces fragments de lettres, ainsi que des notes qui suivent sur quelques-unes des personnes citées dans la correspondance, souvent avec un nom de convention. J'ai omis les passages sans intérêt comme aussi quelques phrases d'une allure trop jeune et certaines expressions du carabin. — Pierre Blanc s'appelait Benoit Blanc. Camarade de collège de Bernard il fut aussi employé avec lui à la pharmacie du père Millet à Vaise, et plus tard s'établit pharmacien à Villefranche. Couillerot-Blanc, son successeur occupait le n° 177 de la rue Nationale. (Le n° 175 était l'ancienne maison de Longchamp). Plus tard la pharmacie fut transférée presque en face, au n° 186. Les successeurs de Blanc ont été Guillermond, Descroix.... Guilleminot, et actuellement Louisgrand.

Les Blanc étaient quatre frères : Jean Michel, Michel, marchand de bois, père de M. Blanc qui vit encore ; Benoit ; Philippe. Parmi les noms cités, le père Ravognaud. Garampet, jardinier. Le père Paraud. Le père Picotin, meunier à Cogny. Pierre Béroujat, meunier chez Blanc. Lambert, notaire à Villefranche, « bras de bois », manchot. Grigny, Bathincare qui avait à Saint-Julien une propriété appartenant aujourd'hui à M. Achard, Carrichon, aubergiste, rue de Belleville. Millet, pharmacien à Vaise. Sigaud, Girardet. Descombes. De Bonnefont, avoué, frère du notaire.

« Saint-Julien, 25 janvier 1833.

Mon pauvre Pierre,

> « Il est un âge dans la vie
> « Où chaque rêve doit finir !
> « Un âge où l'âme recueillie
> « A besoin de se souvenir » [1].

. . . .

Les temps s'approchent, je marche à grands pas vers mon but. Je suis en train de passer mes examens et non sans ouvrage, comme tu dois le penser, mon pauvre Pierre. Je t'écris par une circonstance fort pressée ; sans cela, je m'entretiendrais au long avec toi et les amis communs. Je suis pour aujourd'hui borné à te donner signe de vie pour que tu ne croyes pas que je suis mort ou gelé. Toujours id^m et id. quant au plus gros, seulement je t'écrirai bientôt à la 1re occasion une histoire ; oh ! encore une de ces histoires. Tu verras, je te promets et je tiendrai. En attendant je te prie ainsi que les amis communs d'aller me voir à Saint-Julien. Je vous y attends et vous en saurai un gré infini.

Dis à Chrétien et Lambert que je les porte dans mon cœur ; dis à ce dernier que j'ai reçu son aimable missive par Sigaud.

Je vois tous les jours G[irardet] qui vous dit à tous des choses... plus belles et agréables et amicales et charmantes, etc., etc. Il m'a dit que tu veuilles bien sous ce rapport le représenter auprès de Descombes et Bonnefont et de prier ce dernier de lui écrire.

« Mon petit Pierre, je t'embrasse encore une fois.

« Iode Bernard ».

(Iode est le terme patois de Claude).

« A propos, mes amis, j'oubliais de vous souhaiter la bonne année.

« N'oubliez pas de me rendre visite à Saint-Julien, car j'y suis arrivé. Ne m'oublie pas auprès de ton frère et remet *(sic)* lui le billet ci-inclus.

____

1. On reconnaît là le rappel de la romance : *Ma Normandie.*

« Suscription :

« Monsieur, Monsieur Blanc, pharmacien à Villefranche. Fais-moi le plaisir de faire remettre cette lettre aux parents de Girardet.

(Saint-Julien, le 7 juillet 1833).

« Ma chère Ronne [1]

« ... Je me mis au lit dès le lendemain [de notre arrivée à Villefranche] : des maux de tête épouvantables, des coliques tordantes. On fit appeler le médecin qui vint me voir et dit gravement en prenant sa prise de tabac que c'était une irritation intestinale. Si au moins il s'en était tenu là, mais il me fit boire des potions, me fit mettre mouches, moutarde et tout le tremblement de ta boutique. Enfin grâce à je ne sais quoi, au bout de douze jours de souffrance, me voilà presque sur pied et mon premier ouvrage depuis mon arrivée, c'est une lettre pour ma Ronne ; depuis deux jours je me lève et au premier jour j'irai voir Chonchon et Grisgi et Jegefet ses dignes compagnons. Il est assez parlé de moi et je finis un récit qui doit te dire d'avance de ne pas m'attendre pour dimanche prochain ; parlons un peu de toi.

« Deux fois encore tu entendras la voix sonore du véritable cirage français [2] t'avertir de l'arrivée du dimanche, deux fois encore tu l'entendras, mais la seconde fois tu pourras dire : c'est demain. Oui, mon Pierre, ma ronne, dis-je, oui dans 15 jours c'est dans 15 jours sans différer ; mais ce sera une ribotte, ce qui s'appelera une ribotte, j'en avertirai Chonchon et il faudra qu'il y vienne, dusse-t-il y mener Grisgi et Jegefet. Nous passerons encore un jour heureux ensemble et en débouchant une fiole de champagne nous nous écrierons :

« Sur le fleuve de la vie
« O mes amis
« Point de soucis *(bis) (ter)*.

« Je suis isolé dans mon Saint-Julien et je ne pourrais rester longtemps dans cet état, mais dans 15 jours à Paris, ah ! Paris, Paris, c'est là

---

1. C'est là une expression de fantaisie qui désigne probablement Benoit Blanc.
2. Allusion à quelque circonstance que nous ignorons.

mon espoir, oui, rien de comparable à Paris... Ecris-moi si tu as un compagnon, si tu en es content. Dis-moi les souvenirs que j'ai laissés, donne-
moi des nouvelles de *patrona atque patronus* et si je ne suis pas encore
tout à fait oublié.

« ... Pardonne-moi mon griffonage, que les ratures ne t'effrayent pas,
tu sais mon habitude, je ne fais jamais de brouillard ou plutôt j'envoie
des lettres qui sont des brouillards. »

(Saint-Julien).

« Ma Ronne,

« Il est quatre heures et demie du matin, c'est un peu avant mon
habitude, il est vrai, mais je rêvais... j'étais à Vaise dans la chambre et
dans le lit pharmaceutiques (le Bon Dieu les repose !), je croyais t'entendre me lever avant moi et me dire : « Allons Sautopain, hardi donc !,
« lève-toi donc ! ». Ensuite venaient par interruption les accents qui
suivent : « nard, nard... allons donc... hardi ! ». J'avais un mal de tête
effroyable (dans mon rêve seulement). J'enrageais, je bisquais, j'étais à
bout, enfin. Je me lève en sursaut et, de colère, je vole à toi pour t'assé-
ner quelques coups de poing ; mais où suis-je ? je me trouve à Saint-
Julien, j'ouvre ma fenêtre, je vois le jardin : le soleil qui se lève perce à
peine le feuillage épais de deux gros mûriers qui sont près de ma fenêtre ;
j'entends le *bst* réitéré des becfigues...je vois sur le bord du toit les
pigeons qui roucoulent... ah ! que c'est gentil ! D'un œil ravi je contem-
ple la nature qui s'éveille et je redis en m'accoudant sur ma croisée :
tandis que je suis là libre et heureux, peut-être que ma Ronne est après
ballayer sa pharmacie ou que récurant ses poêlons, une pratique insipide
vient la déranger...

« Tu me croyais peut-être à Paris, courant, marchant, me cassant la
tête et faisant un métier inconnu, eh bien ! tu te trompais, je suis à Saint-
Julien, je marche à mon aise et je fais un métier bien connu. La chasse, la
pêche et la gambade partagent mes instants. Hier, je quittai Chatenay
pour Belligny, j'y ai passé la journée sous la treille du père Ravognaud à
boire et à jouer aux cartes avec le parrain, le père Paraud, le père Picotin, Chonchon, Desimon et le Piarre Bérugeat. Sur la soirée on alla faire
un tour à la vogue de Chervinge et de là, je m'acheminai paisiblement du
côté de Saint-Julien où je retrouvai mon léger chapiau, ma redingotte

grise et ma noble devise, là là là là... aujourd'hui je me dispose à aller à la chasse à la pipée, je me promène, je m'engraisse en attendant mes destinées futures, telle est ma vie.

« Il y a eu dimanche passé quinze jours que j'allai voir Chonchon qui me remis la lettre que tu avais donnée à Desimon, je l'ai lue avec lui sur le banc qui est près des pruniers en mangeant des prunes... J'ai quitté Chonchon à deux heures du soir et de retour à Saint-Julien j'y trouvai Chrétien qui était venu me dire bonjour et qui m'attendait depuis le matin ; je l'ai vu avec grand plaisir car je ne l'attendais pas sitôt. Depuis cette époque je l'ai vu très souvent ainsi que Lambert. L'autre dimanche nous sommes allés ensemble à un bal donné par M. Carrichon... (Chrétien et Lambert t'ont sans doute appris la réputation imprévue et anticipée que je m'étais acquise. Telles sont les langues). Ce sont eux qui ont retardé mon départ et j'ai cédé à leurs paroles et à leur promesse ; ils m'ont assuré qu'ils partiront pour Paris à la rentrée prochaine. Les raisins qui mûrissent, le vin qui sera bon, et la promesse de nos deux à quart docteurs en droit, tout cela m'avait déterminé à retarder mon départ...

« Benoit s'ennuie par là-bas tout seul, il dit que M. Millet n'est pas raisonnable, qu'il ne se gêne pas et qu'il faut qu'il fasse tout. Eh ! que diable, c'est pour lui faire plaisir que Benoit fait tout ça...

« ... Ah ! ma ronne, tu vas donc venir à Paris, sois ferme dans tes desseins, fais tourner un sou, il tournera *tête*, va de suite au patron et dis : C'est ça et ça... ; s'il te dit : Restez donc encore jusqu'au printemps, enfin, etc., Non Mecheu... Ah ! diable, vous voulez donc partir tout de suite... préchigément, mecheu, ché cha, tu lui répondras. Et d'ailleurs, ma Ronne, sois un peu philosophe, jette un coup d'œil sur toi, tu verras un beau jeune homme dans la fleur de l'âge, brillant de jeunesse, tu te verras toi fermé entre quatre murs et trois cents flacons. C'est ton état, j'en conviens, mais tu es jeune, tu peux être libre et bien travailler ».

Lettre non datée, probablement d'août 1834.

Bientôt muni d'une lettre de recommandation que madame Chrétien, de Villefranche, lui avait remise pour M. Vatout[1], Bernard se ren-

---

[1]. On lit dans le *Journal de Villefranche*, 19 sept. 1847 : « M. Vatout, le bibliothécaire du roi, conservateur des bâtiments de la couronne, député de Semur, est depuis plusieurs jours dans notre ville. M. Vatout est né à Villefranche dans la condition la

dit à Paris, en novembre 1834. Il se présenta sans tarder au patron littéraire qui lui avait été désigné, M. Saint-Marc -Girardin, qui était alors en pleine réputation. Celui-ci accueillit avec bienveillance le jeune homme, lut son drame qu'il ne goûta que médiocrement et dit à l'auteur : « Vous avez fait de la pharmacie, faites de la médecine. Vous n'avez pas le tempérament dramatique ». Cependant, comme nous l'avons remarqué, ce drame n'est pas sans valeur et il faut songer que son auteur avait vingt ans quand il composa cette pièce sous l'influence mitigée des œuvres de Népomucène Lemercier et de Victor Hugo.

Mais en somme le conseil avait de la sagesse pratique ; il était bon. Bernard eut le courage de le suivre en revenant aux études scientifiques et en prenant ses inscriptions à la Faculté de médecine.

« Bien qu'il eut obtenu en 1839, a écrit Paul Bert, le titre d'interne des hôpitaux, Bernard n'était rien moins qu'un élève brillant. Ses camarades ne soupçonnaient pas ce que recélait en son vaste front cet étudiant silencieux, peu attentif aux leçons des maîtres et dont le calme méditatif était volontiers taxé par eux de paresse. Ce fut une révélation dont le souvenir est souvent exprimé par ceux qui survivent que ces publications sur le suc gastrique, la corde du tympan, le nerf pneumo-gastrique et le nerf spinal qui tout à coup signalèrent au monde savant un expérimentateur ingénieux et sagace, servi par une rare habileté opératoire ».

Bernard fut placé comme interne à l'Hôtel-Dieu au service du professeur Magendie dont l'humeur brusque mit l'esprit de l'élève dans le plus grand découragement. Bernard se demanda s'il ne ferait pas mieux de laisser là tout désir de culture supérieure et de limiter son ambition à la vie plus modeste d'un médecin de campagne. « Heureusement[1] il fit part de cette résolution à l'un de ses maîtres, Rayer, qui se connaissait

---

plus modeste ; tout enfant en 1799 il quitta sa ville natale. Son mérite personnel autant que les circonstances politiques l'ont porté au milieu des grandeurs ; il fut recueilli sous la Restauration par le duc d'Orléans qui en fit son bibliothécaire. Depuis la Révolution de juillet il vit dans l'intimité du roi Louis-Philippe ». Les lignes qui précèdent laissent la vérité dans le demi-jour. En fait Vatout était le frère naturel du roi Louis-Philippe. Le duc d'Orléans, Philippe-Egalité, de passage à Villefranche, distingua, paraît-il, la femme d'un drapier ; un fils naquit le 26 mai 1792. C'était Jean Vatout. Louis-Philippe l'attacha à sa personne comme bibliothécaire et directeur des monuments publics. Vatout mourut à Claremont, le 3 novembre 1848. Il ressemblait étonnamment à son frère. Voir dans *le Bulletin du Beaujolais*, n° 35, année 1908, page 278, les notes de biographie beaujolaise de Marius Audin sur Jean (dit Julien) Vatout.

1. Notice sur la Vie et les travaux de Claude Bernard lue dans la séance publique annuelle du 19 décembre 1910, par M. Ph. Van Tieghem secrétaire perpétuel, page 7.

Maison natale de Claude Bernard.

en hommes et qui avait su — le seul semble-t-il — apprécier les aptitudes particulières de son élève et deviner le brillant avenir qu'elles lui réservaient. Rayer repoussa bien loin cette détermination et se chargea d'arranger les choses. Grâce à son intervention, Magendie, mieux renseigné, se radoucit, observa de plus près son interne. Celui-ci retrouva son calme et son sang-froid, se révéla bientôt expérimentateur si habile qu'un jour Magendie sortit de la salle en lui disant du ton bourru qui lui était habituel : « Eh bien ! tu es plus fort que moi ! ».

C'est en mai 1843 que Bernard publia son premier travail sur l'anatomie et la physiologie de la corde du tympan et qu'il soutint, le 7 décembre de la même année, sa thèse de doctorat en médecine sur le suc gastrique et son rôle dans la nutrition.

Mais il échoua, en 1851, au concours d'agrégation des Facultés de médecine. Il avait contre lui son peu de facilité de parole, son air gauche, embarrassé. L'année suivante, avec son ami Lassègue, il essaya de fonder, rue Saint-Jacques, un laboratoire privé pour la physiologie. C'était dans un moment où Magendie qui supportait avec impatience la supériorité de Bernard avait été jusqu'à lui interdire de travailler dans son laboratoire. Le cours de Bernard ne réunit que cinq ou six élèves et ne fit jamais les frais du hangar qui l'abritait, ni des lapins qu'on y sacrifiait. Il fallut y renoncer et s'en tenir désormais aux très maigres ressources du laboratoire officiel.

C'était une sorte de cave ; Paul Bert, qui y a vécu, a dit « une tanière » obscure, humide, mal ventilée et insalubre, où la constitution pourtant robuste de l'expérimentateur finit par s'altérer. Il se peut même que Bernard ait contracté là le germe de la maladie qui l'a emporté. Berthelot, qui connaissait aussi cette lugubre cave, a dit : « Elle a dévoré Bernard ». C'est là pourtant que dans un travail incessant notre compatriote passa la grande partie de son existence, ne prenant que cinq ou six semaines de vacances à Saint-Julien. C'est là que, sans instruments, sans argent et presque sans aides officiels, il a su faire tant de belles découvertes écloses coup sur coup dans les sept premières années, de 1844 à 1851 : sur les nerfs crâniens, le curare, les nerfs vaso-moteurs, pour ne citer que les principales ; conquêtes scientifiques qui eurent quatre fois l'honneur du prix de physiologie expérimentale décerné par l'Académie des Sciences en 1845, 1849, 1851, 1853. Est-ce à dire que l'ouvrier fut satisfait de son œuvre ? Hélas, non, et il se plaignait amèrement de l'insuffisance de l'outillage mis à sa disposition. « J'ai connu, écrivait-il plus tard, la douleur du savant qui, faute de moyens matériels, ne peut entreprendre ou réaliser les expériences qu'il conçoit et est obligé de renoncer à certaines recherches ou de livrer sa découverte à l'état d'ébauche ». Et cependant, selon la remarque de Renan, les vérités qui sortaient de ce triste réduit éblouissaient tous ceux qui savaient les voir. C'est là aussi que, dans les dix-sept années qui ont suivi, jusqu'à 1868, il s'est appliqué sans relâche à développer, à agrandir, à étayer sur des preuves nouvelles, à défendre contre les critiques qui leur ont été prodiguées, les découvertes de sa jeunesse, et surtout à les relier les unes aux autres en une chaîne continue et à les faire servir à des vues supérieures. Pour n'en citer qu'un seul exemple, l'une d'elles, la fonction glycogénique du foie, pressentie en 1848, démontrée en 1850, développée en 1853 en vue de sa thèse pour le doctorat ès sciences naturelles n'a cessé d'occuper son esprit et d'exercer ses efforts pendant toute sa vie ; elle recevait encore de lui, en 1877, quelques mois avant sa mort, de nouvelles additions qui lui ont donné sa forme définitive [1].

Comment Bernard découvrit la fonction glycogénique du foie, M. Vallery-Radot le rappelle très clairement [2].

« Claude Bernard avait commencé par méditer longuement sur la maladie qui porte le nom de diabète sucré et qui se caractérise, comme chacun sait, par une apparition surabondante du sucre dans tout l'organisme. Les urines en sont parfois surchargées. Mais comment se fait-il, se demandait Claude Bernard, que la quantité de sucre expulsée par le diabétique gravement atteint, soit bien au-dessous de celle qui peut lui être fournie par les substances féculentes ou sucrées qui entrent dans son alimentation ? Comment se fait-il, chose plus extraordinaire, que la présence de la matière sucrée dans le sang et son expulsion par les urines ne soient jamais complètement arrêtées, alors même que l'on arrive à supprimer les aliments féculents ou sucrés ? Y aurait-il dans l'organisme animal des phénomènes inconnus aux chimistes et aux physiologistes, phénomènes capables de produire du sucre ?

« Toutes les données de la science étaient contraires à cette manière de voir. Le règne végétal seul, affirmait-on, pouvait produire du sucre.

---

1. Van Tieghem : Discours précité, page 10.
2. *La Vie de Pasteur*, pages 173 et 174.

S'imaginer que l'organisme animal fût capable d'en fabriquer semblait une hypothèse insensée. Claude Bernard s'y arrêta. Il avait pour principe expérimental le doute, ce doute philosophique, disait-il un jour, qui laisse à l'esprit sa liberté et son initiative... Voici ce qu'il imagina et ce que Pasteur a résumé en quelques mots : « La viande est un aliment qui, par les procédés digestifs connus, ne peut donner naissance à du sucre. Or, M. Bernard a nourri pendant un temps plus ou moins long, des animaux carnivores exclusivement avec de la viande, et il a constaté avec une grande exactitude et avec la connaissance précise des moyens les plus parfaits que la chimie mettait à son service, que le sang qui arrive dans le foie par la *veine porte* et qui y verse les matériaux nutritifs élaborés et rendus solubles par la digestion, que ce sang est absolument privé de sucre, tandis que celui qui sort de l'organe par les veines sus-hépatiques, en est toujours abondamment pourvu... Par des tentatives qu'une méthode d'investigation des plus fécondes pouvait seule inspirer, M. Claude Bernard a mis en outre en pleine lumière la liaison étroite qui existe entre la sécrétion du sucre dans le foie et l'influence du système nerveux. Il a démontré avec une rare sagacité qu'en agissant sur telle ou telle partie déterminée de ce système, on pouvait à volonté supprimer ou exagérer la production du sucre. Il a fait mieux encore : il a découvert dans le foie l'existence d'une matière toute nouvelle qui est la source naturelle où puise cet organe pour fabriquer le sucre qu'il produit ».

Déjà à partir de 1847 Bernard était chargé par Magendie de le suppléer dans la chaire de médecine du Collège de France. D'autres honneurs ne tardèrent pas à lui venir. S'il se présenta sans succès à l'Académie des sciences dans la section d'anatomie et de zoologie en 1850 et 1852, il y fut admis en 1854 dans la section de médecine et de chirurgie en remplacement du chirurgien Roux. Cette même année l'une des deux chaires de botanique de la Faculté des sciences à la Sorbonne étant devenue vacante par la mort de son titulaire Adrien de Jussieu, le gouvernement, sur l'avis de Rayer, la supprima comme telle et la remplaça par une chaire de physiologie générale attribuée aussitôt à Claude Bernard. L'année suivante, à la mort de Magendie, notre compatriote devint titulaire de la chaire de médecine du Collège de France, où il suppléait son maître depuis huit ans. « Ma chaire vous revient : avec vous, je sais qu'elle ne tombera pas en quenouille », lui avait dit Magendie dans un dernier entretien où, pour la première fois, il s'était départi de sa raideur presque malveillante et s'était montré affectueux. Peu de mois après, il était élu membre de l'Académie de médecine. Plus tard, la Société de biologie, voulant reconnaître la grande part qu'il prenait à ses travaux, le nommait son président perpétuel en remplacement de Rayer, son fondateur et son premier président.

Comme professeur de Sorbonne où il avait à exposer, à vulgariser les notions et les résultats scientifiques, Bernard ne montrait qu'un talent médiocre ; il était timide, embarrassé. Mais au Collège de France, où il pouvait jeter à un auditoire spécial ses pensées de chercheur, il était remarquable : pensif, absorbé, ne se permettant pas une distraction, pas un sourire. « C'est là qu'il faut le voir, dit Paul Bert qui travaillait à côté de lui, si l'on veut le connaître avec son esprit toujours en action et cependant toujours calme, avec sa merveilleuse faculté de tout voir, avec ses témérités expérimentales qu'égalait seule sa difficulté à être satisfait de lui-même, avec son prodigieux esprit d'invention et sa patience non moins prodigieuse... étrangement attentif et distrait, prêt à saisir tout ce qui passe et... des yeux autour de la tête ».

« Debout, écrit à son tour Georges Barral, la tête couverte d'un large chapeau à haute forme d'où s'échappaient de longues mèches grisonnantes, le cou entouré d'un immense cache-nez gris et noir qui ne le quittait guère, que pendant les grandes chaleurs de l'été, il fallait le voir, un peu courbé, plonger tranquillement ses doigts dans l'abdomen ouvert d'un chien, expliquer le but de ses recherches. Il fallait le voir se dresser, faire courir ses mains dans les entrailles ensanglantées de l'animal et fixer d'un geste net, d'une parole claire, le point précis de la découverte. L'expérience terminée, il essuyait ses mains tranquillement et continuait à développer ses idées en citant souvent Descartes dont il avait profondément médité et appliqué les quatre règles fondamentales du *Discours sur la méthode* ».

En passant, remarquons que l'habitation de Claude Bernard à Paris fut pendant longtemps au vieux passage du Commerce, Saint-André-des-Arts, n° 5. A sa mort, il logeait rue des Ecoles, n° 40.

Cependant l'amour-propre des habitants de Saint-Julien était agréablement flatté par le concert d'éloges qui s'élevait autour du nom de leur compatriote. Le 8 juillet 1849, le *Journal de Villefranche* enregistrait avec fierté la nomination de Bernard comme chevalier de la Légion d'honneur, à la suite de ses travaux sur le pancréas. « L'arrondissement

de Villefranche, disait-on, a déjà vu naître deux célébrités médicales :
1° M. Riche (Claude-Antoine-Gaspard), né à Chamelet, canton du Bois-
d'Oingt, en 1762 ; M. Chervin (Nicolas), né à Saint-Laurent-d'Oingt,
canton du Bois-d'Oingt, en 1785... Notre arrondissement commence à
pouvoir se glorifier d'une troisième illustration. Nous voulons parler de
M. Claude Bernard... ».

Dans le même journal, à la date du 8 janvier 1860, on lisait un article emprunté à la chronique parisienne du *Salut Public* de Lyon et dû à
la plume alerte de Francisque Sarcey : « Je vous ai déjà donné quelquefois des détails curieux sur les hommes qui occupent l'attention à Paris ;
laissez-moi vous parler aujourd'hui d'un des premiers savants de notre
siècle, M. Claude Bernard. Je suis sûr qu'il y en a beaucoup, parmi ceux
qui me lisent, à qui ce nom est parfaitement étranger. Je leur pardonne
de bon cœur ; il y a six mois à peine que je l'ai entendu prononcer pour la
première fois. Nous vivons en France dans une déplorable ignorance de
tout ce qui n'est pas roman ou théâtre... M. Claude Bernard a commencé
par être garçon apothicaire dans un méchant trou de province ; il est
aujourd'hui professeur à la Sorbonne et au Collège de France, membre
de l'Institut, le premier parmi ceux qui s'occupent de recherches physiologiques ; son nom est universellement respecté en Angleterre, en Allemagne et en Russie, et c'est moi peut-être qui vais l'apprendre à la
plupart de ses compatriotes.

« J'ai eu l'honneur de déjeuner, il y a quelques jours, avec M. Claude
Bernard. Il a une figure qui rayonne d'intelligence et de bonté, le regard
clair et bienveillant, des lèvres souriantes. Il y a dans tout l'ensemble de
sa personne plus que de la distinction ; une simplicité, une bonhomie
pleine de grandeur. Il nous a tous séduits par son seul aspect [1].

« Il s'est mis à parler : personne de nous n'a plus songé qu'à tendre
les oreilles ; nous étions sous le charme. Il y avait là pourtant l'un des
plus brillants causeurs de ce temps, M. Edmond About. Il écoutait
avec ravissement..

« Il nous contait, sur les différents problèmes dont s'occupe la physiologie moderne, les merveilles les plus incroyables et, avec le style
simple et net d'un homme du monde qui cause familièrement. Rien dans

---

1. Le signalement de Cl. Bernard en 1871 indique : taille, 1 m. 84 ; cheveux
noirs, sourcils noirs, nez gros, barbe noire, visage ovale, front haut, yeux gros, bouche
moyenne, menton rond, teint ordinaire.

sa parole ne sentait le professeur. Nous étions à chaque moment tentés de nous écrier, comme le bourgeois gentilhomme : « Ah ! la belle chose « que de savoir quelque chose ! ».

« Le croiriez-vous ? Il y a des animaux chez qui l'on suspend la vie durant dix ans, vingt ans, trente ans, car Spallanzani a prolongé ses expériences durant trente années : au bout de ce long temps, on les replace dans les conditions d'où on les avait tirés, et la vie reprend aussitôt chez eux. Imaginez un mouvement de montre qui s'arrête, si l'on y pose le doigt, et se remet à battre lorsqu'on le lève. Ces expériences merveilleuses qui ont réussi sur des animaux dont l'organisation est fort simple, M. Claude Bernard les poursuit sur des êtres infiniment plus compliqués. Il gèle, par des procédés fort délicats, des grenouilles, et arrête chez elles le mouvement et la vie ; il les dégèle au bout de quinze jours ou de trois semaines et la montre recommence son tic-tac.

« Je ne doute pas, nous disait-il, que si nous connaissions exacte-« ment tous les tissus de cette machine si compliquée que l'on appelle « l'homme, si nous avions pour les dessécher peu à peu des instruments « moins grossiers que ceux qui sont aujourd'hui à notre usage, je ne doute « pas qu'on parvînt à suspendre l'action de la vie chez l'homme durant « cinquante, soixante, quatre-vingts ans et qu'on ne put, après tant « d'années, la lui rendre aussi vive qu'au premier jour ».

« Vous pensez si à la suite de ces explications on se mit à parler de l'âme et de la vie. On n'a jamais pu la définir que le contraire de la mort ; mais qu'est-ce que la mort ? La cessation de la vie. On tourne ainsi dans un cercle vicieux, d'où la philosophie ne sait jamais sortir que par des hypothèses ».

C'est en 1855 que Claude Bernard, après avoir trouvé qu'il se forme dans le foie de la glycose, montra que ce sucre se déverse dans le sang des veines sus-hépatiques et, saisissant du coup, avec l'intuition géniale qui le caractérisait, la haute signification de cette découverte, exprima pour la première fois la théorie des sécrétions internes. Voici d'ailleurs comment il concluait lui-même les admirables expériences qu'il fit sur ce point : « L'histoire du foie établit maintenant d'une manière très nette qu'il y a des sécrétions internes, c'est-à-dire des sécrétions dont le produit, au lieu d'être déversé à l'extérieur, est transmis directement dans le sang ». Et plus loin : « Il doit être maintenant bien établi qu'il y a dans le foie deux fonctions de la nature des sécrétions. L'une, sécrétion externe, produit la bile qui s'écoule au dehors ; l'autre, sécrétion interne, forme le sucre qui entre immédiatement dans le sang de la circulation générale ». Et il ajoutait qu'autre le foie qui a des sécrétions les unes externes, les autres internes, « les organes qui fournissent les sécrétions exclusivement internes sont la rate, le corps thyroïde, les capsules surrénales, les ganglions lymphatiques ».

Deux grands physiologistes français, Brown-Séquard et d'Arsonval, ont complété la conception de C. Bernard et montré le rôle complexe et important des glandes à sécrétion interne.

Dans la préface historique du drame *Arthur de Bretagne*, Georges Barral a écrit quelques lignes dont c'est ici la place : « La première fois que j'eus la bonne fortune et l'honneur de voir Claude Bernard, c'est le samedi soir, 30 août 1865 ; c'était lors de l'inauguration de la première statue érigée en l'honneur de l'astronome François Arago, dans son village natal, Estagel, situé près de Perpignan. Pendant les quelques jours que durèrent les fêtes, Claude Bernard se prit d'amitié pour la famille de Barral. Ce fut le point de départ de rapports affectueux et confidentiels qui ne cessèrent pas ».

M. Barral père avait l'habitude, chaque dimanche, pendant l'hiver, plus spécialement, de se rendre chez M. Chevreul, au Jardin des Plantes. Là, il rencontrait fréquemment Claude Bernard. « Deux mois après notre séjour commun à Perpignan passé dans la délicate et libérale hospitalité d'Isaac Pereire, député du département des Pyrénées-Orientales, Claude Bernard fut frappé, au mois d'octobre 1865, en même temps que mon père, d'une légère atteinte de choléra. Tous les deux faillirent succomber et ne se relevèrent qu'avec beaucoup de peine. Ils conservèrent l'un et l'autre, de cette attaque mal définie, une sorte d'entérite chronique, avec retentissement du côté du pancréas et du foie. Ils ne s'en relevèrent jamais d'une façon définitive et c'est des suites de cette maladie qu'ils devaient mourir aussi l'un et l'autre, après une trêve d'une vingtaine d'années »[1]. Après avoir parlé de l'essai dramatique de son illustre ami,

---

1. Georges Barral qui en avait reçu le manuscrit des mains de Claude Bernard publia en 1887 *Arthur de Bretagne*, drame inédit en cinq actes et en prose avec un chant, deux portraits et une lettre autographe de Claude Bernard. Le premier portrait dessiné et gravé par G. Perrichon d'après un portrait fait en 1854 et appartenant à M. Georges Barral représente Bernard à 41 ans.

Le second reproduit les traits de notre savant à l'âge de 64 ans, d'après la statue exécutée par M. Guillaume et inaugurée sur le perron du Collège de France, le 7 février 1886.

G. Barral ajoute : « Combien de fois plus tard, ayant abandonné la muse tragique, Claude Bernard, aux prises avec les secrets de la nature, se trouva être l'agent ou le spectateur d'événements autrement émouvants que ceux que l'on met sur la scène. Lisez ces *Etudes sur le curare* [1], ce terrible poison des Indiens de l'Amérique du Sud, qui amène l'insensibilité absolue de tous les organes en laissant dans l'homme empoisonné la pensée vivante, qui ne trouve plus le moyen de se manifester. Vous irez jusqu'aux extrêmes limites de la terreur et de la pitié. Avant les expériences de Claude Bernard, on croyait que la mort causée par le curare n'était qu'un doux sommeil. Au contraire, la victime conserve toute sa lucidité. Quel drame épouvantable on peut s'imaginer ! Quelle cruauté dans le sauvage qui a su dérober à la nature ce raffinement de vengeance ! Ecoutez Claude Bernard : « Dans ce corps sans mouvement, derrière cet œil terne et avec toutes les apparences de la mort, la sensibilité et l'intelligence persistent encore tout entières. Peut-on concevoir une souffrance plus horrible que celle d'une intelligence assistant ainsi à la soustraction successive de tous les organes qui, suivant l'expression de M. de Bonald, sont destinés à la servir et se trouve en quelque sorte enfermée toute vive dans un cadavre ? Dans tous les temps les fictions poétiques qui ont voulu émouvoir notre pitié nous ont représenté des êtres sensibles enfermés dans des corps immobiles. Le supplice que l'imagination des poètes a inventé se trouve produit dans la nature par l'action du poison américain. Nous pouvons même ajouter que la fiction est restée ici au-dessous de la réalité. Quand le Tasse nous dépeint Clorinde incorporée vivante dans un majestueux cyprès, au moins lui a-t-il laissé des pleurs et des sanglots pour se plaindre et attendrir ceux qui la font souffrir en blessant sa sensible écorce ».

---

1. « Toutes les descriptions, dit Cl. Bernard, nous offrent un tableau doux et tranquille de la mort par le curare. Un simple sommeil paraît être la transition de la vie à la mort. Un chien piqué à la cuisse avec un instrument empoisonné s'aperçoit à peine de sa blessure ; il court et saute comme de coutume, mais au bout de trois ou quatre minutes il se couche sur le ventre comme fatigué ; il a conservé toute son intelligence et ne semble nullement souffrir, mais il répugne au mouvement. Bientôt le chien pose sa tête par terre entre les deux jambes de devant comme s'il était plus fatigué et voulait dormir. Cependant ses yeux restent toujours ouverts et tranquilles en même temps que son corps s'affaise sur lui-même ; l'animal est alors complètement paralysé. Bientôt les yeux deviennent ternes, les mouvements respiratoires cessent et l'animal meurt huit minutes après la piqûre... Le curare détruit le mouvement mais laisse subsister la sensibilité. Dans le corps inerte, derrière l'œil terne et dans une mort apparente, la sensibilité et l'intelligence persistent tout entières. Le cadavre a encore le sentiment et la volonté, mais il a perdu les instruments qui servent à les manifester ».

C'est au bon air du pays natal que Bernard vint demander le repos nécessaire au réveil de ses forces[1], car son tempérament était bien affaibli. « Il avait une main de coton » m'a dit jadis madame Bordet qui rencontrait souvent Bernard chez son oncle, monsieur Chrétien. Au moment où le mal inspirait le plus d'appréhensions, Napoléon III envoya de Compiègne un télégramme pour avoir des nouvelles du distingué physiologiste. Le vigneron-régisseur Pulliat porta la réponse à la poste de Villefranche.

L'estime cordiale de Pasteur — dont la gloire scientifique devait dépasser celle de Bernard — versa dans l'âme du malade le plus doux des fortifiants sous la forme d'un article intitulé *Claude Bernard : idée de l'importance de ses travaux, de son enseignement, de sa méthode*. « Oh ! la bienfaisante lecture que celle des travaux des inventeurs de génie. En voyant se dérouler sous mes yeux tant de progrès durables, accomplis avec une sûreté de méthode telle qu'on ne saurait en imaginer de plus parfaite, je sentais à chaque instant le feu sacré de la science s'attiser dans mon cœur... La distinction de sa personne, la beauté noble de sa physionomie, empreinte d'une grande douceur, d'une bonté aimable, séduisent au premier abord : nul pédantisme, nul travers de savant, une simplicité antique, la conversation la plus naturelle, la plus éloignée de toute affectation, mais la plus nourrie d'idées justes et profondes, voilà quelques-uns des mérites extérieurs de M. Claude Bernard »[2].

Lorsque Pasteur étudia la question des générations spontanées, avant de formuler, à l'encontre de Pouchet, cette conclusion : « Tout ce qui vit provient d'un germe ; il n'y a donc aucune génération spontanée », il fit preuve d'une prudence et d'une patience remarquables. Et empruntant l'aide de Claude Bernard, il fit quelques expériences sur du sang de chien recueilli avec toutes les garanties de pureté désirables, et ses précédentes constatations furent de tout point confirmées[3].

Alors que le malade entrait en convalescence, Pasteur rencontrant Rayer qui soignait son ami avec une vive sollicitude : « Vous jugez bien, lui dit-il, que tout danger a disparu . — Oui, répondit Rayer, c'était

---

1. C'était en 1866. Rayer et Davoine soignaient Bernard.

2. *La Vie de Pasteur*, par René Vallery-Radot. Librairie Hachette, pages 171-173,

3. Bulletin de la Société des sciences naturelles de Tarare, 15 mars 1903, page 85, article de M. Louis Faye : La méthode expérimentale de Pasteur et ses rapports avec les théories de Claude Bernard.

nécessaire. — Belle et bonne parole, ajoute Pasteur en rapportant ce propos, expression du cœur autant que de la raison ».

Retiré à sa campagne de Chatenay, Bernard occupa le temps de ce repos à se replier sur lui-même, à reprendre un à un tous les anneaux de sa chaîne de découvertes, à préciser la méthode... à faire un minutieux examen de conscience physiologique. Le fruit de ces longues et profondes méditations fut un livre intitulé *Introduction à la médecine expérimentale*, bientôt suivi d'un *Rapport sur les progrès de la physiologie générale*, adressé au ministre de l'instruction publique à l'occasion de l'Exposition universelle de 1867. Aussitôt devenus classiques ces deux ouvrages généraux ont fait de lui le législateur non seulement de la physiologie, mais de la méthode expérimentale. Avec plusieurs articles publiés notamment dans la *Revue des Deux-Mondes* où, en les mettant à la portée de tous, il a exposé ses principales découvertes, ils l'ont du même coup fait connaître, en dehors du cercle des savants, de tous les esprits quelque peu cultivés[1]. Citons ceux sur la physiologie du cœur, le progrès dans les sciences, le curare.

Le philosophe Paul Janet, dans son volume sur les *Problèmes du XIXe siècle*, a écrit un chapitre intéressant sur l'*Introduction à la médecine expérimentale*. Comparant les méthodes de Claude Bernard et de Bacon (indiquée dans le *Novum Organum*), il fait les remarques suivantes sur les faits fortuits et les faits cruciaux. « Bacon a parfaitement vu et signalé l'importance d'un fait qui se présente accidentellement à l'observateur et qui est comme la première piste que la sagacité du savant doit poursuivre. Or, que nous dit M. Claude Bernard ? Précisément, que toute recherche expérimentale a, la plupart du temps, pour point de départ une observation fortuite. On sait que c'est en laissant tomber par terre un minéral qui se brisa que l'abbé Haüy découvrit la propriété du clivage chez les minéraux, d'où il déduisit les lois de la cristallographie. Malus, en regardant par hasard au travers d'une fenêtre du Luxembourg un morceau de spath d'Islande fut conduit à la découverte de la polarisation de la lumière. Rien de plus ingénieux que ce que Bacon nous dit des faits cruciaux ou expériences cruciales. Ces expériences tranchent le débat entre deux hypothèses ou établissent d'une manière définitive une vérité contestée. La découverte des interférences lumineuses fut l'expérience cruciale qui trancha la question entre l'hypothèse de Descartes

---

1. Van Tieghem. Notice précitée, page 13.

Entrée de la maison de campagne de Claude Bernard.

et celle de Newton sur la nature de la lumière. L'expérience de Claude Bernard faisant voir qu'il y a plus de sucre dans les vaisseaux qui sortent du foie que dans ceux qui y conduisent est une expérience cruciale qui démontra contre toute objection que le foie sécrète du sucre [1].

« Rappelons encore la règle de Bacon sur la production ou le prolongement de l'expérience[2] dont on peut citer des exemples importants dans la science moderne. C'est en prolongeant l'expérience que M. Regnault a démontré que la loi de Mariotte n'est applicable à la dilatation des gaz que jusqu'à un certain degré. Mariotte s'était arrêté trop tôt. C'est aussi en prolongeant l'expérience que M. Claude Bernard a montré que c'est un préjugé de croire que le crapaud ne s'empoisonne pas de son propre venin : la vérité est qu'il lui faut une plus forte dose : ceux qui avaient fait l'expérience avaient négligé de la pousser assez loin ».

A ceux qui reprochent à Claude Bernard un déterminisme obstiné, Paul Janet présente cette réponse : « On a combattu la doctrine de M. Claude Bernard comme si le déterminisme physiologique entraînait nécessairement comme conséquence le déterminisme moral. Mais ce sont deux choses distinctes. Sans doute il est un point limite où le conflit peut surgir, c'est quand il s'agit des conditions physiologiques de la volonté. Mais jusque-là le partisan le plus déclaré du libre arbitre ne peut éprouver aucune difficulté à admettre le déterminisme rigoureux des fonctions organiques. L'illustre physiologiste a indiqué lui-même avec clarté dans un passage célèbre qu'il y a dans les êtres vivants au moins une force initiale qui ne se réduit pas aux forces physiques et chimiques. « Ce qui est essentiellement du domaine de la vie, ce qui n'appartient ni à la chimie, ni à la physique, ni à rien autre chose, c'est l'*idée directrice* de l'évolution vitale. Dans tout germe vivant il y a une idée créatrice qui se développe et se manifeste par l'organisation. Pendant toute sa durée l'être vivant reste sous l'influence de cette même force *vitale* créatrice, et la mort arrive lorsqu'elle ne peut plus se réaliser. Tout dérive de l'idée qui seule dirige et crée...

Mais revenons à la biographie de Bernard. L'achat de la maison de M. Lombard de Quincieux, en 1859, apportait à notre compatriote la

---

1. Garret, pages 227 et 228.
2. Par prolonger l'expérience (producere experimentum) il ne faut pas entendre la faire durer, mais la pousser plus loin.

satisfaction chantée par le vieil Horace : « C'étaient là tous mes vœux ; un bien de médiocre étendue, avec jardin, source d'eau vive près de la maison et même un peu de bois ».

Chaque année, aux mois d'août et de septembre, il jouissait de son bonheur. « J'habite sur les coteaux du Beaujolais qui font face à la Dombes. J'ai pour horizon les Alpes dont j'aperçois les cîmes blanches quand le ciel est clair. En tout temps, je vois se dérouler, à deux lieues devant moi, les prairies de la vallée de la Saône. Sur les coteaux où je demeure je suis noyé à la lettre dans des étendues sans bornes de vignes qui donneraient au pays un aspect monotone s'il n'était coupé par des vallées ombragées et par des ruisseaux qui descendent des montagnes vers la Saône. Ma maison quoique située sur une hauteur est comme un nid de verdure, grâce à un petit bois qui l'ombrage sur la droite et à un verger qui s'y appuie sur la gauche : haute rareté dans un pays où l'on défriche même les buissons pour planter de la vigne ».

A Saint-Julien, Bernard donnait sa matinée au travail et quelques cornues et bocaux conservés dans son cabinet de travail [1] de Chatenay sont les modestes vestiges de l'activité du chimiste. Le soir il aimait à parcourir son clos, méditant encore sur les problèmes que le matin avait posés, interrompant le cours de ses pensées par quelques causeries en patois avec les vignerons ou les vendangeurs. Parfois, une petite bêche à la main, il choisissait quelques plantes pouvant intéresser ses études, ou simplement se distrayait à transplanter du buis pour l'agrément de sa propriété. Assez souvent il allait rendre visite à son ami Chrétien, au Jonchy, où se trouvaient aussi ses cousins, les Saunier. Chemin faisant il mettait quelques grenouilles dans sa poche lorsque le père Pulliat n'avait pas eu le temps de lui en pêcher dans le petit étang de la Rigodière.

Un jour même, ayant aperçu une couleuvre, il fit dégrader par son vigneron le petit mur où elle s'était blottie et la prit à la main.

Bernard recevait aussi maintes visites soit d'habitants qui venaient

---

1. M. le Dr Gérard Monod et Mme Thyss-Monod décrivent ainsi ce laboratoire : « C'est une simple pièce de la maison, au sol de carreaux rouges, telle aujourd'hui qu'il y est entré la dernière fois. Une chaise de paille ; en guise de table, une planche de sapin, clouée sur quatre troncs d'arbres mal équarris, rongée par les acides, couverte de cornues, de ballons de verre, de flacons pleins de poussière, encore teints des liquides que le temps y a évaporés, avec les étiquettes écrites de sa main. Dans les coins, des débris végétaux des racines, des morceaux d'écorce, les fragments d'un nid de guêpes ». Rien n'est plus émouvant que d'entrer là. *La Revue du Mois* : 10 février 1914, page 228.

Balcon en fer forgé (maison de campagne de Claude Bernard).

lui demander conseil pour un malade, soit d'amis ou d'étrangers (il en vint du fond de la Russie) qui venaient s'entretenir de ses découvertes scientifiques. Le chimiste Paul Thénard étant arrivé à Chatenay en octobre 1846 n'y trouva pas Bernard qui était rentré à Paris depuis deux jours. Il pénétra dans son cuvier et marqua à la craie, sur le côté intérieur du portail, son nom et son prénom qu'on peut y lire encore. C'était ainsi une manière plaisante de faire savoir au maître de céans qu'on s'était un peu consolé de son absence en allant goûter son vin.

« Si je parle ici de souvenirs [1], c'est en me rappelant la bonté avec laquelle j'étais accueilli, jeune professeur débutant, dans sa maison de Saint-Julien où Claude Bernard venait, au moment des vendanges, se reposer quelques semaines. Lui aussi, comme ces maîtres obscurs dont je vous parlais, il y a un instant, encourageait les humbles, non pas par un banal patronage, mais par de mâles conseils et des paroles vivifiantes. Tout ce qu'il me disait vibre encore dans ma mémoire, et, puisque je vous contais une anecdote [2] tout à l'heure, laissez-moi vous en narrer une autre : un jour, en 1865 (j'étais déjà professeur dans un grand lycée de province), comme il m'interrogeait sur les travaux que j'avais entrepris, je me hasardai à lui insinuer que, pour les achever, j'aurais besoin d'être appelé à Paris, près des grandes bibliothèques et des Archives, et que sa recommandation auprès du ministre d'alors (M. Duruy), me serait bien nécessaire. Il m'écouta en souriant, puis me dit doucement : « Eh bien ! « achevez vos travaux d'abord, puis vous serez sûrement nommé à « Paris. — Mais alors, m'écriai-je, c'est un cercle vicieux ! — Assurément, « reprit-il, mais toute la vie n'est qu'une série de cercles de ce genre. « Affaire aux vaillants de les rompre ! Les impuissants y restent enfer-

---

1. Allocution de M. Perroud, recteur de l'Académie de Toulouse, 30 juillet 1907 à la distribution des prix du collège Claude-Bernard, à Villefranche-sur-Saône. — M. Perroud était originaire de Villefranche.

2. Cette première anecdote est à retenir, car elle reproduit un acte de la plus pure délicatesse. « Un certain jeudi d'hiver sous la conduite d'un de nos répétiteurs, M. Baylaz, j'allais à la promenade avec les internes. Arrivés au faubourg, à deux pas d'ici, on passe devant une marchande de marrons et chacun de se précipiter pour faire son emplette. Seul, et pour cause, je continue à marcher à côté du maître. — « Tu ne vas pas acheter des marrons? me dit M. Baylaz. — Je ne les aime pas, répliquai-je avec le stoïcisme du renard de La Fontaine. — Mais je les aime, moi! Veux-tu aller m'en chercher? » Et il me tend le gros sou nécessaire. Je cours, je rapporte dans un papier les marrons tout fumants. Il en prend un et me dit en souriant : « Bah ! tu m'aideras bien à finir le reste ». Vous pouvez croire que je ne me fis pas prier... Encore aujourd'hui je ne puis songer sans une reconnaissance émue au jeune maître qui avait trouvé le moyen de faire plaisir à un enfant sans l'humilier ».

« més ». Il n'ajouta pas qu'il en avait rompu beaucoup pour son compte, mais je le compris de reste ».

Pendant sa villégiature à Chatenay, Bernard donnait deux dîners, l'un à sa famille et l'autre à ses amis. Parmi ces derniers son vieux condisciple de collège, Auguste Aucour, prenait fidèlement le chemin de Chatenay.

Sous le titre : « Une journée chez Claude Bernard », le *Journal de Villefranche* publia, vers 1875, le compte rendu d'une de ces joyeuses réunions de septembre à Saint-Julien, où la franchise la plus cordiale éclatait sur tous les visages, où la gaieté jetait ses plus vives fusées.

« — Vous êtes venus, disait le héros de la fête, voir un vigneron occupé en ce moment à la confection de son vin ». Et là-dessus, il montrait à ses invités son cuvier, son pressoir. Les vins présentés sur table étaient le 1874 comme ordinaire, le 1870 au rôti, le 1864 au dessert. Avant le dessert, les langues étaient déjà bien déliées. Le plaisir de se retrouver était d'ailleurs le meilleur apéritif. « — Dis donc, Claude, lui dit M. Blanc, pharmacien à Villefranche, te souviens-tu de cette nuit pendant laquelle je fus réveillé par un flacon qui volait en éclats et inondé par le liquide qui sortait de ses flancs entr'ouverts ? A cette époque, nous couchions ensemble dans une espèce de grenier qui servait de débarras à la pharmacie dans laquelle nous étions employés. Le liquide avait fermenté dans le flacon, l'avait brisé, et son contenu m'avait inondé... Je me levai et te trouvai devant ta table de travail passant la nuit à écrire. J'étais furieux et je te dis : Nous ne pouvons rester dans un pareil réduit : je veux le quitter dès demain. N'est-ce pas ton avis ? Tu me fis observer que j'étais trop vif et qu'il fallait attendre que la tragédie à laquelle tu travaillais en ce moment même fut achevée pour que tu prennes un parti décisif. — Parbleu ! si je m'en souviens, reprit M. Bernard, c'est cet événement qui a décidé de notre avenir. Ma tragédie achevée, et... quelques jours après nous étions à Paris. Là, bien des déceptions nous attendaient au début. Ma tragédie sur laquelle se fondaient toutes mes espérances, était classique. Elle se composait de cinq actes dans lesquels j'avais observé les règles posées par Aristote : d'unité, de temps et de lieu, et je tombais en plein romantisme qui ne respectait aucune sorte d'unités. Aussi, M. Saint-Marc Girardin, que je consultai à ce sujet, me conseilla de mettre mon œuvre en poche et de chercher une autre carrière que celle du théâtre, si fertile en naufrages. L'acteur Ligier auquel je fus présenté par notre compatriote, M. Vatout, me dit la même chose ; je fus donc forcé de me rendre à leur avis et, dès ce moment, je pris la résolution d'étudier la médecine... ». Après avoir parlé des étapes de sa carrière scientifique, Claude Bernard ajoutait : « — Mais ce n'est pas tout. Les honneurs politiques sont venus me chercher jusque dans mon laboratoire. On s'aperçut au Sénat qu'on avait besoin d'un représentant de la science pour faire le pendant de M. de Sainte-Beuve, qui représentait les lettres.., et je fus nommé sénateur (en 1869)... Ainsi que vous le voyez, tout s'enchaîne dans la vie ; il suffit de rester à flot ; le courant finit toujours par vous faire aborder dans quelqu'île fortunée ». Le savant cachait sous ce langage aimable le souvenir des peines, des oppositions qui ne lui avaient pas manqué. Mais sa bonne grâce courageuse n'enlevait rien, hélas ! à l'épine douloureuse qu'un mariage [1] mal assorti avait mise dans son existence. D'une plume discrète, M. Van Tieghem a indiqué ce motif de souffrance. « Les jours de découragement n'ont pas été épargnés à Claude Bernard. Si sa vie domestique, en effet, est restée cachée à tous les regards, on a pu deviner qu'elle était traversée par des épreuves morales, qu'à ses souffrances physiques venaient s'ajouter des préoccupations douloureuses, qu'enfin le pauvre cher grand homme n'avait pas trouvé à son foyer l'accord de sentiments et d'idées si nécessaire au bonheur. C'est là, sans doute, ce qui mettait sur son visage, sans en altérer la douce sérénité, un reflet de mélancolie auquel s'ajoutait l'expression grave que donne le travail continu de la pensée. Et cependant, comme il eut mérité d'être heureux ! Dans le commerce ordinaire de la vie, il se montrait le plus facile et le plus bienveillant des hommes. Les jouissances vulgaires ne l'ont jamais tenté ».

Il semble que ce soit au congrès de Nantes (1875) que la science de l'éminent physiologiste ait reçu sa consécration la plus glorieuse. L'assemblée comptait environ 600 membres, parmi lesquels Carl Vogt, le zoologiste de Genève, Andrews, le physicien de Belfast. Parmi les savants français, on voyait Dumas, Wurtz, Broca, Chauveau, etc. Claude Bernard fit à la section de médecine deux communications : l'une sur la température du sang et l'autre sur la nature de la fièvre.

---

1. Claude Bernard avait épousé M⁽ˡˡᵉ⁾ Martin, fille d'un médecin de Paris. Les deux époux se séparèrent en 1869, M⁽ᵐᵉ⁾ Bernard emmenant avec elle ses deux filles, M⁽ˡˡᵉˢ⁾ Tony et Marie.

Par une série d'expériences, Bernard montra l'erreur de la théorie régnant depuis Lavoisier qui attribuait au sang des artères une température supérieure à celle du sang des veines et plaçait dans les poumons l'origine de la chaleur vitale. En écartant les différentes causes d'erreur, Claude Bernard montra que, d'une manière générale, le sang des veines a, au contraire, un ou deux degrés de plus que le sang des artères correspondantes. C'est donc non dans les poumons, mais dans les divers organes qu'est la source de la chaleur vitale.

D'autres expériences amenèrent le physiologiste à conclure que la fièvre était due à des troubles purement nerveux.

Dès lors notre compatriote était en possession de l'estime universelle dans le monde savant. « En vingt ans, écrivait Paul Bert, son disciple, Claude Bernard a plus trouvé de faits dominateurs que l'ensemble des physiologistes du monde entier. L'action des diverses glandes digestives et notamment du pancréas, la glycogénie animale, la production expérimentale du diabète, l'existence des nerfs vaso-moteurs et la théorie de la chaleur animale, l'action des poisons étudiés en eux-mêmes, l'innombrable quantité de faits nouveaux, de déductions sagaces que contiennent les quatorze volumes où, depuis 1855 jusqu'à 1877, il rassemblait chaque année le résultat de ses recherches lui avaient donné une situation de maître, acceptée sans conteste en France et à l'étranger[1]. On disait de lui : « Il découvre comme les autres respirent ». Il semblait avoir des yeux tout autour de la tête [2].

En 1876, il écrivait : « J'ai dans l'esprit des choses que je veux absolument finir ». Il étendait aux plantes ses recherches et son enseignement jusque-là exclusivement consacrés aux animaux. La physiologie générale devenait dès lors pour lui la physiologie commune à tous les êtres vivants, sans acception d'animal ou de plante, la physiologie biologique, en un mot, la vie tout entière, en action. Il fut donc amené à reprendre l'étude sur les fermentations au point où Pasteur l'avait laissée. A cet effet, il institua dans sa vigne de Saint-Julien, du 1er au 20 octobre 1877, une série d'expériences sur la fermentation alcoolique du jus de raisin. A son retour à Paris, il poursuivit ses recherches, tout seul,

---

1. Voir aux additions et notes l'éloge de Claude Bernard dans le journal anglais *Nature,* du 14 février 1878, n° 7.

2. Pasteur mourant disait à un de ses derniers visiteurs : « Bernard avait raison, le germe n'est rien. C'est le terrain qui est tout » prouvant ainsi combien le préoccupait l'hypothèse de son confrère sur le milieu vital.

au laboratoire du Collège de France, durant les mois de novembre et de décembre[1]. Un cahier de notes a révélé le problème qui préoccupait Bernard et que vingt ans après sa mort, en 1897, résolvait un chimiste allemand, Edouard Buchener, par la découverte dans la levure de bière d'une diastase alcoolique qu'il a nommée gymase.

Mais déjà la santé du savant déclinait et, à son vif regret, il se voyait empêché d'assister à l'inauguration de la Faculté de médecine de Lyon où l'enthousiasme de l'accueil eût été pour lui une récompense bien douce de sa vie laborieuse. Obligé d'interrompre ses recherches, alors qu'il croyait toucher à une découverte décisive, il disait, la veille de sa mort : « C'est dommage, c'eut été bien finir ». Dans le courant du mois de janvier 1878, à la suite d'un refroidissement contracté en faisant les visites officielles du jour de l'an, le mal[2] dont Bernard avait repoussé l'assaut, treize ans auparavant, reparut, implacable cette fois.

Bernard n'était pas un chrétien pratiquant et on a relevé plus d'une contradiction dans ses idées philosophiques. Il n'en gardait pas moins un attachement réel d'esprit et de cœur à la foi chrétienne[3], et, approuvant l'initiative prise par sa sœur, madame Cantin, qui lui suggéra la pensée de son devoir religieux, il reçut de monsieur Castelnau, curé de Saint-Séverin, le secours des sacrements de l'Eglise. Il mourut le dimanche 10 février 1878, à neuf heures et demie du soir, âgé de soixante-quatre ans et demi[4].

L'invitation aux funérailles fut adressée de la part de madame Claude Bernard, sa veuve ; de mesdemoiselles Tony et Marie Claude Bernard, ses filles ; de madame et monsieur Cantin, ses sœur et beau-frère, de monsieur Martin, de monsieur et madame Saint-Amand, ses beau-frère et belle-sœur ; de madame veuve Cousin, sa tante ; de madame veuve Devay et ses enfants ; de monsieur et madame Jules Chenal et leurs enfants ; de mademoiselle Lucile Saint-Amand, ses neveux, nièces, petit-neveu et petites-nièces ; de ses cousins et cousines ; de ses collègues ; de ses amis et de ses élèves.

Les obsèques eurent lieu le samedi 16 février, à 11 heures, aux frais

---

1. Voir les pages 400 à 406 de *la Vie de Pasteur* par René Vallery-Radot.

2. Cl. Bernard mourut d'une pyélo-néphrite suppurée.

3. Lire à la fin du volume la note intitulée : Bernard et la foi chrétienne.

4. Entre tous les articles nécrologiques parus dans les journaux de la région, nous signalerons celui du Dr J. Robert, 20 février 1878, *Journal de Villefranche.*

de l'Etat, les Chambres ayant voté un crédit de 10.000 francs sur la demande de Gambetta pour celui qui « laissait une traînée lumineuse dans le monde scientifique et dont il saluait l'entrée dans l'immortalité ». L'église paroissiale Saint-Séverin, étant trop petite, la cérémonie religieuse eut lieu à Saint-Sulpice. Le vestibule et la cour de la maison mortuaire, rue des Ecoles, 40, avaient été transformés en une magnifique chapelle ardente. Le catafalque était littéralement couvert de fleurs et de couronnes immenses déposées par les élèves de l'Ecole de pharmacie, les étudiants en médecine et une délégation de la Société philotechnique franco-américaine.

A onze heures, le cortège se mit en marche, précédé de gardes municipaux à cheval. Venaient ensuite les deux voitures du clergé, un détachement du 85e de ligne, tambours en tête ; le char funèbre tout argenté et traîné par quatre chevaux ; un maître des cérémonies portant sur un coussin de velours les décorations de l'illustre défunt ; la famille, les députations de l'Académie de médecine et de l'Académie française, précédées de leurs huissiers ; des médecins et pharmaciens militaires du Val-de-Grâce ; de membres de la Société de biologie ; du Muséum, des surveillants du Jardin des Plantes, un grand nombre de sénateurs, de députés, etc.

L'absoute fut donnée par M. l'abbé Méritan, curé de Saint-Sulpice. Le maréchal de Mac-Mahon était représenté au service funèbre par le lieutenant-colonel La Maurel.

Au cimetière du Père-Lachaise des discours furent prononcés par M. Bardoux, ministre de l'Instruction publique ; Mézières, de l'Académie française ; Labaulaye, sénateur et professeur au Collège de France ; Dumas, membre de l'Académie des Sciences.

Pour répondre au désir des compatriotes de Claude Bernard, le conseil municipal de Saint-Julien, présidé par le maire, M. Camille Roche de la Rigodière, demanda à un artiste de valeur, le sculpteur Arthur de Gravillon[1], la statue du physiologiste. De Gravillon mena son œuvre à

---

1. « Le 7 février 1899 mourait à l'âge de soixante-onze ans, dans la villa Saint-Pierre ancienne propriété de Mᵐᵉ Lacène, sa parente (morte à l'âge de cent-quatre ans), M. Arthur de Gravillon, dont la figure originale était aussi connue des Lyonnais que des habitants d'Ecully. Fils d'un garde du corps de Charles X, petit-fils par sa mère de Camille Jordan, il avait été élevé chez les Dominicains d'Oullins et avait songé d'abord à embrasser l'état religieux. Détourné de ce projet par le P. Lacordaire il fit son droit, fut attaché au parquet du procureur général de Lyon, puis nommé substitut à Gex. Là, une satire de sa composition, intitulée *Dévotes*, pleine d'allusions trans-

bonne fin. La tête pensive de Claude Bernard est remarquablement trai-
tée. Son buste se dégage d'un fût de colonne autour duquel un éphèbe
développe une guirlande de lauriers.

La partie fontaine du monument se compose d'un emmarchement
qui pourtourne l'ensemble, d'une vasque, d'un socle avec vase à pampres de vigne d'où s'échappe l'eau ; puis d'un entourage sur les côtés et
derrière le socle, dont le soubassement contient de la terre végétale et
dont le haut forme une balustrade rustique à jour. Les quatre angles de
cet entourage sont formés de piliers.

La fontaine Bernárd fut posée le 24 juin 1885. L'Etat avait donné le
bloc de marbre statuaire de saint Béat qui avait deux mètres cubes
six cent quarante-six centimètres cubes. La valeur en était de 2.200
francs. M. G. André fut l'architecte du monument. Le vase à pampre fut
exécuté sous ses ordres par l'ouvrier Compagnon sculpteur.

Pour le monument, le conseil municipal avait voté une somme de
500 francs ; le conseil général du Rhône, 800 francs. Les souscriptions
privées donnèrent le chiffre de 1.882 francs. Le total de la dépense fut
évalué à 10.830 francs. M. Arthur Gravillon fit gracieusement abandon
à la commune de ses honoraires d'artiste. Aussi le conseil municipal,
après lui avoir voté des remerciements et félicitations, fit des démarches
pour lui faire obtenir la croix de la Légion d'honneur et fut assez heureux
pour faire aboutir ce désir inspiré par la reconnaissance [1].

---

parentes et par laquelle il révélait un esprit fantaisiste et frondeur, ne tarda pas à le
mettre en si mauvaise posture qu'il fut déplacé. Il répondit par sa démission et alla
à Paris étudier les beaux-arts et les lettres. Mais à Paris il préférait sa ville natale.

Redevenu Lyonnais il partagea son temps entre la sculpture et la composition de
petits opuscules écrits d'une plume alerte, véritables pamphlets en miniature. Citons
parmi ces dernières productions : *J'aime les morts; Le mal des choses; Sur une pointe
d'aiguille; Les Cloches d'Ecully,* etc; puis, dans un autre ordre d'idées, un drame
lyrique, *Saül,* et diverses brochures relatives à des fouilles faites à Fourvière, à Aix,
aux Baux, etc.

En tant qu'artiste M. de Gravillon a donné cours à l'exubérence d'une imagination
parfois étrange dans une longue série d'œuvres dont les principales sont : Peau d'âne
qui se trouve au Musée de Lyon et peut être considérée comme son chef d'œuvre; le
Semeur, la statue de Divitiac, à Autun, le monument de Claude Bernard à Saint-
Julien; le Sacré-Cœur de l'église d'Ecully, etc. *Ecully* par J. Vaesen et Joseph Vintri-
gnier, pages 320 et 321.

1. Le cimetière de Saint-Julien garde la dépouille mortelle des plus proches parents de Bernard ; de son père Jean-François Bernard, décédé le 9 mai 1847, à l'âge de
soixante-deux ans; de sa mère Jeanne Saunier, morte le 6 juillet 1867, à l'âge de
soixante dix-huit ans; de sa sœur Antoinette Caroline Bernard, femme Cantin, morte
le 3 février 1892 à l'âge de soixante-trois ans ; de son beau-frère Jean-Baptiste Cantin
décédé le 11 septembre 1896 à l'âge de soixante-dix-sept ans. Originaire de Pouilly-le-
Monial Jean Baptiste Cantin avait épousé Antoinette Caroline Bernard, le 12 mai 1846.

La société de biologie dont Claude Bernard a été l'un des fondateurs ayant pris l'initiative d'une souscription publique destinée à élever un monument à Claude Bernard, le conseil municipal de Paris vota à cette fin une somme de 1.000 francs. La Faculté de Lyon émit un vote semblable. En mars 1879, la souscription atteignait le chiffre de 25.000 francs. Les sociétés savantes de l'étranger, telles que la Société physiologique de Londres et l'Institut physiologique de Berlin envoyèrent une belle offrande. Les médecins de Russie donnèrent 6.000 francs. La statue que la piété des amis, des disciples et des admirateurs de Cl. Bernard a fait ériger sur le grand escalier extérieur du Collège de France est une œuvre due au ciseau de Guillaume, membre de l'Institut. Elle fut inaugurée en 1886. Elle est dressée non loin de celle du Dante, le célèbre poète italien, qui vint passer à Paris quelques-unes de ses sombres années vers 1300.

Parmi ceux qui formèrent, pour ainsi dire, la famille scientifique de Bernard et l'entourèrent de leur respectueux attachement, il faut citer messieurs Mathias Duval, Paul Bert, d'Arsonval, Jousset de Bellesme, Dastre, Armand Moreau, Augustin Galopin, Roger de la Coudraie, G. Malloizel, A. Ferrand, Raphael Dubois, Paul Regnard, Raphael Blanchard, Albert Hénocque, Jolyet, Lépine, Pozzi, Charles Richet, T. Defresne, docteur Bonnefoy. Des hommes illustres, tels que J.-B. Dumas, Chevreul, Pasteur, H. Sainte-Claire Deville, Berthelot entretenaient aussi avec lui des relations d'amitié. Pasteur vint le voir à Saint-Julien.

Nous croirions laisser dans l'ombre quelque chose du portrait de Bernard si nous omettions les traits suivants qui marquent le sang-froid et la modestie du grand chercheur. A l'Ecole vétérinaire d'Alfort, le professeur Rayer venait de découvrir que la plus terrible maladie du cheval, la morve, se transmet facilement à l'homme qui le soigne. Claude Bernard voulut étudier la nature de ce mal hideux. Dans une convulsion suprême, le cheval expérimenté lui déchira profondément le dessus de la main. « Lavez-vous vite, lui dit Rayer. — Non, ne vous lavez pas, lui cria Magendie, vous allez hâter l'absorption du virus ». Il y eut une seconde d'hésitation et d'effroyable anxiété. — Tant pis, je me lave, reprenait Claude Bernard en mettant la main sous le robinet de la fontaine, c'est plus propre ! ».

Un jour, se promenant avec Victor Cousin dans la cour de l'antique Sorbonne, la conversation roulait sur l'état de nos connaissances physiologistes, en rapport avec les graves problèmes de la vie étudiée dans son essence, sur les relations insaisissables du cerveau et de la pensée, de la matière et de l'esprit. Questionné par le philosophe sur ces points si délicats, le savant restait prudemment sur la réserve ou la négative. « Mais vous ne savez donc rien à fond, s'écria Victor Cousin, impatienté. — Si je savais quelque chose à fond, répondit Claude Bernard, je saurais tout » [1].

Le 12 juillet 1913 marquait le centenaire de notre savant compatriote. Quelques journalistes de Paris et de Lyon notèrent l'événement, la plupart en des articles assez concis, quelques-uns plus longuement. Parmi ces derniers je relève cette phrase d'Octave Béliard. « Il fut du petit nombre de ceux qui, en passant dans le temps et dans l'espace, disent un mot si décisif que ce mot, eux partis, continue à vivre, à croître comme une semence, à féconder jusqu'à l'infini la pensée des hommes ».

A Saint-Julien, sur la demande des filles de notre compatriote, mesdemoiselles Tony et Marie Claude Bernard, un service religieux fut célébré le samedi 12 juillet. Des branches de laurier parsemaient la tenture de l'abside centrale de l'église et retombaient le long des colonnes du chœur, symbolisant les belles victoires du noble chercheur auquel la patrie avait fait des funérailles jusque-là réservées aux héros des champs de bataille.

La famille était représentée dans le chœur par mademoiselle Tony Claude Bernard, fille aînée du glorieux défunt, ainsi que par les familles Marduel, de Pouilly-le-Monial ; Vircy, de Crèches, près Mâcon ; Neyra de Villefranche ; Mathelin, de Saint-Georges-de-Reneins.

Au premier rang, dans la nef principale, messieurs Antoine Roche de la Rigodière, maire de Saint-Julien ; Chazot, adjoint, et la plupart des conseillers municipaux. Du côté opposé, dans la même nef, les familles des vignerons de Chatenay : Pulliat, Saint-Didier, Carrichon. Dans les stalles, monsieur le chanoine Dubost, curé de Notre-Dame des Marais, qui donna l'absoute ; monsieur de Olano, curé de Saint-Pierre, et une

---

1. Voir en ce qui concerne les œuvres, les portraits, les monuments de Claude Bernard les pages 289 à 294 du *Bulletin de la Société des sciences et des arts du Beaujolais*, Juillet-Septembre 1908.

douzaine de prêtres du canton. On remarquait dans l'assistance madame la générale Isnard, messieurs Paul des Garets, de Carnazet, etc.

La messe fut célébrée par un parent du défunt, monsieur l'abbé Neyra, aumônier de l'hôpital Desgenettes, à Lyon.

A l'élévation, deux membres de la chorale paroissiale, Raymond Mandy et Joseph Blanc, interprétèrent avec habileté un *Panis Angelicus* de Franck. M. l'abbé Troncy, vicaire de Denicé, tenait l'harmonium.

Après l'Evangile, je lus le panégyrique suivant :

« Chers parents et compatriotes de Claude Bernard,

« Edison, le physicien d'Amérique, auquel nous devons le phonographe et tant d'autres belles découvertes, invité à signer sur le registre de la Tour Eiffel, lors de l'Exposition de 1889, écrivit : « Gloire à Dieu, le « premier des ingénieurs ! ».

« En ce jour qui marque le centième anniversaire de la naissance du glorieux enfant de Saint-Julien pour lequel devaient s'ouvrir successivement les portes de l'Académie de médecine, du Collège de France, de l'Académie des sciences, du Sénat, c'est à Dieu aussi, au Dieu des lumières, dont le génie humain le plus beau n'est qu'un faible rayon, que nous présenterons l'hommage de nos prières et de nos actions de grâces en souvenir de celui qui a été un ouvrier de haute valeur dans l'effort que l'homme ne cesse de livrer pour arracher à la nature quelques-uns de ses secrets, et mieux lutter contre les forces de la maladie et de la mort.

« Messieurs, le nom de Claude Bernard triomphe sur tout le Beaujolais, sur l'immense région que l'œil peut découvrir du haut de la colline sur laquelle est assise son humble maison natale — et pour trouver dans le domaine scientifique une limite au rayonnement de ce nom, il faut aller au nord jusqu'à Dôle, patrie de Pasteur, et au sud jusqu'à Lyon qui s'honore des noms de Jussieu et d'Ampère.

« Jadis, les sires de Beaujeu, seigneurs de notre terroir, ont bien mérité de la patrie en menant rude guerre contre le Turc ou l'Anglais. De cette gloire des armes, notre village pourrait revendiquer sa belle moisson, en montrant la lignée trois fois séculaire de vaillants capitaines sortis de Colombier et présents partout à l'appel du danger. Mais le nom de Claude Bernard brille plus haut, au-dessus des nuages empourprés qui couvrent les champs de bataille, dans le ciel d'azur où sont les demeures paisibles de la science, *templa serena*.

« Jusqu'alors, le Beaujolais comptait deux noms dans l'ordre médical : Gaspard Riche et Chervin. Riche, né à Chamelet le 20 août 1762, docteur à la Faculté de Montpellier, élève, comme Claude Bernard, du collège de Thoissey, avait donné de belles espérances aux amis des sciences naturelles ; mais la mort l'arrêta, à la fleur de l'âge, à trente-cinq ans, au lendemain d'une longue expédition entreprise pour retrouver le célèbre navigateur La Pérouse.

« Chervin, né à Saint-Laurent-d'Oingt le 6 octobre 1783, mort à Bourbonne-les-Bains le 14 août 1843, devint membre de l'Académie de médecine et laissa d'importants travaux sur la fièvre jaune qu'il avait observée dans ses pérégrinations en Amérique.

« Tous deux, Riche et Chervin, ont transmis un nom estimé parmi leurs concitoyens, mais dont l'éclat s'est déjà bien affaibli, et je craindrais, si nous n'avions de gloires régionales plus éprouvées, que l'on appliquât encore à notre Beaujolais la parole ironique attribuée à Voltaire : « L'Académie de Villefranche est une honnête fille ; elle n'a jamais fait « parler d'elle ».

« Mais Claude Bernard est venu et a mis sur notre village un rayon de gloire qui brillera, en dépit des années, tant que les recherches et les découvertes de la science seront en honneur parmi les hommes. Elles furent, en effet, une révélation aussi belle que durable, ces publications qui, depuis 1843 jusqu'à 1878, n'eurent presque pas d'arrêt, sur le suc gastrique, la corde du tympan, le nerf pneumo-gastrique, le nerf spinal, les nerfs crâniens, les poisons végétaux, l'action des diverses glandes digestives, surtout ces deux travaux merveilleux relatifs à la fonction glycogénique du foie et aux nerfs vaso-moteurs qui intéressent la circulation du sang.

« On disait de lui, tant il avait de sagacité, d'intuition comme expérimentateur, qu'il avait des yeux autour de la tête. Aussi quelle émotion dans la France scientifique, en octobre 1865, lorsque Bernard fut frappé d'une légère atteinte de choléra qui détermina une entérite très grave. Napoléon III fait prendre de ses nouvelles ; Pasteur exprime ses alarmes de la façon la plus touchante et la plus élogieuse — Pasteur dont la renommée, dit M. Dastre, s'étendra sans doute plus loin dans l'espace et dans le temps parce qu'il a accompli une révolution dont les conséquences et les applications sont peut-être illimitées, mais qui, dans les régions élevées de l'invention créatrice et de la pensée, reconnaissait en Claude Bernard un esprit de la même trempe que le sien, et, il faut l'ajouter, un caractère de savant aussi noble et aussi pur.

« Lorsque le représentant du gouvernement — c'était Gambetta — demanda que les funérailles de notre compatriote se fissent aux frais de l'Etat, il put dire, aux applaudissements unanimes : « Certes, la France « scientifique peut montrer à l'univers bien des talents, bien des lumiè- « res, mais il est permis de dire que la lumière qui vient de s'éteindre ne « sera pas remplacée. M. Claude Bernard, en effet, était non seulement « pour le monde scientifique français, mais pour la science générale, « universelle, l'inspirateur reconnu, le guide le plus assuré de la recherche « scientifique ».

« Le jugement plus autorisé du secrétaire perpétuel de l'Académie des sciences fait aujourd'hui écho à ces paroles : « L'édifice est debout, « intact, dit M. Van Tieghem. L'œuvre de Claude Bernard demeure vi- « vante tout entière et vivra éternellement, dans toute sa grandeur et « toute sa beauté ».

« Aux mérites du savant s'ajoutaient les dons naturels les plus heu- reux : une beauté sévère et majestueuse, un regard clair et bienveillant. Dans une distribution de prix faite aux écoles de Villefranche, le diman- che 30 août 1868, M. Joannès Terme [1], qui était alors, à la fois, maire de Denicé, conseiller général du canton et député de l'arrondissement de Villefranche, parlant aux écoliers de la persévérance dans le travail, après leur avoir cité l'exemple du général Drouot, d'après la belle oraison funèbre de Lacordaire, ajoutait : « Tout près d'ici, à Saint-Julien, un « homme dont le monde admire les œuvres et honore le caractère, qui a « marqué sa place d'une manière ineffaçable dans la science et les lettres, « vient chaque année demander à son pays natal le repos qu'exige sa « santé. Cet homme illsutre est le fils de ses œuvres... De tous les pays du « monde, on vient entendre ses leçons, écouter ses doctrines, profiter de « ses découvertes. Pour un esprit moins élevé que de motifs d'orgueil !

---

1. Jean-Marie dit Joannès Terme, 1823-1888, fut député de l'arrondissement de Villefranche, 1863-1870, maire de Saint-Just d'Avray, 1852, maire de Denicé. 1865-1888. Son père était Jean-François Terme, 1791-1847, docteur en médecine, maire de Lyon de 1840 à 1847, député du Rhône (arrondissement de Villefranche) président du conseil des Hospices de Lyon et de l'Académie de Lyon, etc., chevalier de la Légion d'honneur.

« Eh bien ! il n'est pas d'homme plus simple et plus sympathique. J'ai
« l'honneur de le voir quelquefois, trop rarement à mon gré, et je ne sors
« jamais de chez lui sans que j'aie gagné quelque chose à sa conversation
« attachante... ». Ces paroles ne sont-elles pas le commentaire du jugement de Pasteur : « Je cherche dans Claude Bernard le côté faible et je ne
« le trouve pas ».

« Au point de vue religieux, notre compatriote avait reçu de son
excellente mère, puis du curé de Saint-Julien, M. Bedoin, et enfin des
prêtres qui dirigeaient alors le collège de Villefranche, une formation
chrétienne, dont on trouve le témoignage dans cette tragédie *Arthur de
Bretagne*, écrite à l'âge de vingt ans, et qui renferme de beaux passages
sur la prière, la confiance en Dieu. Il y a même, au cinquième acte, un
cantique à la Sainte Vierge :

« Salut, astre des mers, etc... ».

« Mais, dans la suite, il faut bien le dire, le fruit ne tint pas toutes les
promesses de la fleur, et la croyance catholique ne peut se réclamer de
Bernard au même titre que de Pasteur, son glorieux rival.

« Alors que monsieur l'abbé Faurax, mort curé de Sainte-Blan-
dine, à Lyon, était vicaire à Saint-Julien, dans une visite faite à
Claude Bernard, en 1876, il lui posa cette question — avec une franchise
qu'expliquent et sa jeunesse et son intrépidité naturelle et la bienveillance de son hôte — « Docteur, êtes-vous toujours chrétien ? ». Claude
Bernard, avec ce mélange de simplicité et de finesse qui était le fond de
sa nature : « Pas autant que je le voudrais, mon ami ; mais ne me blâmez
« pas trop : si vous voyiez le milieu dans lequel je vis, vous m'auriez vite
« excusé ! ».

« — Me sera-t-il permis d'exprimer un regret, a écrit le Père Didon.
« En voyant ce type de savant aux dimensions si larges et si harmonieu-
« ses, il semble que les clartés supérieures ne jettent qu'un reflet affaibli
« sur ce front que le génie des découvertes inspire. La statue est belle, il y
« manque le nimbe ».

« Et cependant, messieurs, je crois pouvoir dire que Bernard a
gardé toujours un attachement vrai à la foi chrétienne, — et cela je ne le
dis pas seulement parce qu'il venait volontiers à l'église si quelque circonstance particulière l'y invitait (sa place était dans la nef de la Sainte
Vierge, en face de la chaire), mais parce qu'au soir même de son existence
quand les honneurs officiels s'offrent à lui de toutes parts, il garde une

ferme indépendance à l'égard des pouvoirs qui se font hostiles à l'Eglise, s'exprime sur la liberté religieuse avec une délicatesse exquise, et, le moment venu, reçoit volontairement le bienfait des Sacrements.

« Personne, que je sache, n'a contesté l'exactitude de la conversation que notre savant eut avec le Père Didon, deux jours avant sa fin et que l'éminent dominicain a rapportée dans un article paru dans la *Revue de France* en 1878. « J'ai revu Cl. Bernard l'avant-veille de sa mort. Son « esprit avait encore sa lucidité et même cette légère excitation qui donne « à ceux qui vont mourir la fièvre lente qui les consume. Il me fit asseoir « près de son lit. Nous causâmes longtemps. Son âme s'ouvrait à moi « avec une cordialité dont je resterai toujours ému. Je lui parlai de la « science, et se ressouvenant d'une parole que je lui avais dite dans un « entretien précédent, il me la rappela en disant : « Mon Père, combien « j'eusse été peiné si ma science avait pu en quoi que ce soit gêner ou « combattre votre foi : Ce n'a jamais été mon intention de porter à la « religion la moindre atteinte ».

« Je lui dis : « Votre science n'éloigne pas de Dieu, elle y mène, j'en ai « fait l'expérience personnelle ». Je lui rappelai à ce propos un mot sublime qui, dans une des dernières leçons du Collège de France, me frappa. Parlant des conditions déterminées qui donnent naissance aux phénomènes, il disait : « Ces conditions ne sont pas des causes ; il n'y a qu'une « Cause, c'est la Cause première ».

« La Cause première, repris-je, la science est obligée de la reconnaî- « tre, à tout instant, sans pouvoir la saisir ; et à ce titre, la science est « éminemment religieuse.

« — Oui, mon Père, vous le dites bien : le positivisme et le matéria- « lisme qui le nient sont, à mes yeux, des doctrines insensées et insoute- « nables ».

« Je louai son livre immortel de l'*Introduction à la Médecine expéri- mentale*... Je le remerciai de tout ce qu'il avait fait pour le progrès de la vérité et je lui dis que cette Cause première inaccessible à la science lui en tiendrait compte. Il me répondit avec une modestie et une émotion qui me toucha au plus profond du cœur :

« — J'ai bien souffert en ma vie, physiquement et moralement ; j'ai « bien lutté, mais je ne veux rien dire de tout cela, j'aurais l'air de me « faire valoir ; et puis je n'ai fait que ce que j'ai pu... je n'ai accompli que « mon devoir... ».

« Nous nous séparâmes en nous disant au revoir. Il me tendit une main affectueuse. Son âme était tournée vers Dieu. Il avait l'air d'un soldat blessé à mort quittant à regret le champ de bataille ».

« La veille de sa mort, ajoute le Père Didon, Claude Bernard vit le prêtre, répondit en pleines connaissances à ses questions, demanda pardon à Dieu avant de quitter la terre, reçut les dernières onctions, et il mourut comme sa vieille mère, qui l'avait tant aimé, espérait qu'il dût mourir ».

En résumé, Claude Bernard se présente dans l'histoire avec une belle et noble figure, au moral comme au physique.

L'homme a fait honneur à l'humanité par l'élévation et la droiture de son caractère, la sévère direction donnée à sa vie. On peut proposer en exemple sa modestie, sa bonté délicate, son ardeur au travail, sa ténacité — malgré les difficultés du chemin et les découragements passagers — à poursuivre le but jusqu'à ce que l'effort fût couronné par le succès. Il a connu et vécu ces sentiments de piété filiale qui jaillissaient, en ces termes, du cœur de son ami Louis Pasteur : « O mon père ! ô ma mère ! ô mes chers disparus ! c'est à vous que je dois tout... Regarder en haut, apprendre au delà, chercher à m'élever toujours, voilà ce que vous m'avez enseigné ».

Quant au savant dont la sagacité, l'intuition pratique étaient merveilleuses, nous renfermerons tout son éloge dans ces deux lignes du secrétaire perpétuel de l'Académie des sciences, M. Van Tieghem : « Après trente-cinq années, l'œuvre de Claude Bernard demeure vivante tout entière et vivra éternellement dans toute sa grandeur et dans toute sa beauté ».

Messieurs, je termine par un vœu. Que Dieu donne à la France des fils qui la servent et l'honorent comme Claude Bernard, se montrent riches des mêmes vertus, piété filiale, droiture de caractère, dignité de vie, et remportent à sa suite de nouvelles victoires scientifiques pour le bien de l'humanité !

Le centenaire du grand physiologiste et biologiste fut célébré à Paris le 30 décembre 1913, dans l'amphithéâtre du Collège de France où Bernard avait professé. Dans l'enceinte d'honneur était assis, au premier rang, le président de la République, qu'entouraient MM. Deschanel, Ribot, Doumer, Liard, Appell. Sur l'estrade, derrière la table verte où le maître s'était assis tant de fois, présidait M. Viviani qui avait auprès de lui MM. Croiset, d'Arsonval, Dastre, Bergson, Henneguy, Bayet. On remarquait aussi dans l'assistance les docteurs Roux, Chantemesse, etc.

MM. Croiset, Viviani, Dastre, Henri Bergson, d'Arsonval prirent successivement la parole.

M. Maurice Croiset, administrateur du Collège de France, parla, le premier, pour remercier les hôtes illustres qui, en s'associant à cette fête, lui prêtaient une signification nationale : « Les centenaires, ajouta-t-il, sont en quelque sorte des points d'arrêt et d'observation qui s'offrent à nous dans le cours du temps et qui nous permettent de nous souvenir et de comparer... Claude Bernard est du nombre de ceux qui ont droit à ces retours périodiques de l'attention, parce qu'il est de ceux dont les idées se sont développées et se développent de jour en jour. Presque toutes les découvertes récentes, dans les sciences qui relèvent de lui, font mieux comprendre la profondeur de ses vues ».

M. Henri Bergson, professeur de philosophie moderne au Collège de France, exposa l'influence de Bernard sur l'esprit de son temps. « Du dix-neuvième siècle datent les sciences de laboratoire, celles qui suivent l'expérience dans toutes ses sinuosités sans jamais un seul instant perdre contact avec elle... La pensée constante de Claude Bernard, dans son *Introduction*, a été de nous montrer comment le fait et l'idée collaborent à la méthode expérimentale... La nature éveille notre curiosité ; nous lui posons des questions : ses réponses donnent le plus souvent à l'entretien une tournure imprévue, provoquent des questions nouvelles auxquelles elle réplique en suggérant de nouvelles idées, et ainsi de suite indéfiniment... ».

M. Dastre, membre de l'Institut, professeur de physiologie à la Sorbonne, se préoccupa surtout de montrer l'influence de Cl. Bernard sur les études physiologiques.

M. Henneguy, professeur d'embryogénie, comparée au Collège de France, montra que Bernard était aussi un biologiste dans la large acception du mot.

M. d'Arsonval, qui fut l'élève puis le préparateur de Cl. Bernard[1], parla au nom des anciens disciples du maître. Il conclut en ces termes :

---

1. Paul Bert était l'élève préféré de Cl. Bernard, D'Arsonval, son préparateur, Dastre, son disciple, Armand Moreau, son ami.

« Claude Bernard n'aimait ni la pompe ni la louange... Le fondateur du Collège de France le voulait surtout bâti en hommes : nul mieux que Claude Bernard n'a réalisé ce vœu. Les successeurs de François Ier, prenant cette expression au pied de la lettre, ont en effet peut-être trop ménagé la pierre, comme vous pouvez le voir encore aujourd'hui. Mais vous êtes dans le laboratoire de Claude Bernard. Cette salle, trop petite pour contenir ses admirateurs, est imposante par les découvertes dont elle fut le théâtre. Le vase le plus grossier conserve longtemps la trace d'un parfum précieux : de même le génie de Cl. Bernard aura projeté sur ces murs un rayonnement et une émanation peut-être non encore dissipés, et sous l'égide desquels se placent pieusement ses successeurs ».

M. René Viviani, ministre de l'instruction publique, rendit, à son tour, hommage à la mémoire du savant.

Lyon ne le cède pas à Paris dans les honneurs décernés à l'illustre enfant de Saint-Julien. Un des plus beaux quais de la ville porte le nom de Claude Bernard et en 1894 un monument a été érigé au physiologiste dans la grande cour d'honneur de la Faculté de médecine. En 1913, l'Académie de Lyon mit son éloge au concours des Jeux Floraux. Plusieurs travaux de valeur parmi lesquels celui de M. Gérard Monod [1] eussent, dans les conditions ordinaires, mérité l'églantine d'or. Mais les concurrents avaient compté sans un champion avec qui la lutte n'était plus à armes égales, le professeur de physiologie de la Faculté de Lyon, M. le docteur J.-P. Morat, ancien élève de Bernard, qui, entrant dans la lice, y apportait nécessairement une connaissance supérieure de l'homme et de l'œuvre. Aussi cueillit-il la fleur de la comtesse Mathilde, d'autant que, de l'avis général, son éloge était un des meilleurs qu'on ait vus, la pensée de Claude Bernard s'y trouvant mise en pleine lumière [2].

Le travail de M. le docteur J.-P. Morat a été publié dans la *Revue de Paris* du 1er janvier 1914, sous le titre : « le Centenaire de Claude Bernard ».

De l'étude sur notre savant par les docteurs L. Thyss-Monod et G. Monod, nous détachons quelques pages, celle tout d'abord de l'arrivée

1. Neveu de l'illustre Adolphe Monod, M. Gérard Monod a eu pour collaborateur sa femme, Mme Thyss-Monod, dans cette étude dont la première partie a paru dans *la Revue du Mois*, 10 février 1914.

2. Voir pour les dernières notes de Bernard sur la fermentation les pages 400 à 406 de *la Vie de Pasteur*, par René Vallery-Radot.

au village de Saint-Julien, qui forme un tableau pris sur le vif, « Quand on vient de Villefranche en montant vers Beaujeu, le pays traversé est si nu qu'on découvre avec surprise, au tournant de la route, ce bosquet et la svelte flèche d'une église petite, simple et jolie, et toute rose. Le sol est rose aussi, de ce sable de porphyre, de cette arène précieuse que les vignerons, chaque année, remontent à dos d'homme sur la pente des vignes où les pluies l'entraînent, car c'est d'elle, semble-t-il, que le vin tire son bouquet parfumé.

Le perron de l'église, le presbytère blanc à galerie de bois, la mairie-école où court une treille, de modestes maisons aux volets mi-clos, la grille du château qu'ombragent deux platanes séculaires, immenses, circonscrivent une place carrée. Au centre, une fontaine jaillit dans un bassin de pierre, ceinte à demi d'une balustrade sculptée, de ligne sobre et juste. Une colonne la surmonte ; un adolescent drapé d'une tunique légère élève une guirlande de feuillage vers le buste d'un homme. Un nom, deux dates : Claude Bernard, 1813-1878.

« La tête se penche en avant dans l'attitude habituelle de méditation que reproduisent tous les portraits. Les joues un peu tombantes et les favoris courts élargissent le bas du visage où le menton droit ne fait pas de saillie ; le front s'élève, droit aussi, très pur, plein de lumière, dégagé par le rejet en arrière des cheveux presque longs ; l'angle de la face est si ouvert qu'elle semblerait plate, si elle n'était creusée, ravinée par les traits d'ailleurs réguliers ; au-dessus des orbites profondes, les arcades sourcilières dessinent fortement la volonté tenace, la pensée concentrée. Mais le statuaire ne traduit pas le regard : c'était celui d'un chercheur, les yeux vifs, alertes, prêts à saisir au passage le phénomène fugace de la nature qu'ils scrutent : « Il en a tout autour de la tête », disait Paul Bert ; la bonté les tempérait, et même la candeur : « Œil timide lorsqu'il s'arrê-« tait sur l'homme, perçant, assuré, fixé lorsqu'il observait la matière », écrit le Père Didon qui fut son élève ; parfois une tristesse secrète et réprimée les voilait ; souvent aussi le sentiment du caractère sacré de la science, poursuivie dans ce laboratoire qu'il appelait son sanctuaire, imprimait à son visage une majestueuse gravité : « Pensif, triste, absor-« bé, il poursuit son idée, ne se permettant pas un sourire ».

« L'appréciation sur l'œuvre du savant est aussi à retenir. « Si, « comme, l'a remarqué Renan, des deux grandes parties de la médecine, « l'art de guérir et la connaissance du sujet à guérir, la seconde eut toutes

« ses préférences, et s'il fut aussi peu médecin que possible, il a ouvert la
« voie à la médecine d'aujourd'hui ». Il est remarquable, en effet,
qu'ayant eu constamment en vue l'application médicale de ses recherches il n'ait fait faire à la médecine de son temps que des progrès insigni-
fiants en face de ceux qu'il faisait faire à la physiologie. Son effort pour
réunir celle-ci à l'anatomie partait de cette idée juste que la science de
l'être vivant est une, et que la connaissance de la fonction éclaire la
connaissance de l'organe. Mais il a moins bien vu qu'à son tour l'étude
des lésions pathologiques des organes éclaire la connaissance de leurs
fonctions et il ne semble pas avoir pressenti le parti qu'allait en tirer,
après des découvertes telles que celle de la dégénérescence wallérienne,
toute l'école neurologiste moderne.

« L'étude des transformations du glucose, par exemple, à laquelle il
s'est toujours attaché, devait le mener à des vues sur la pathogénie du
diabète ; mais elles sont aujourd'hui en grande partie contredites. Peut-
être est-il tombé ici sous le coup des critiques qu'il formulait contre
l'idée préconçue. Il a tellement considéré la formation du sucre dans le
foie, qu'il avait trouvée et qu'il voulait prouver, qu'il a moins bien poursuivi sa destruction dans l'organisme. Il n'a pas vu que les troubles de
cette destruction sont, plus encore qu'une suractivité de la formation, la
cause du diabète. Il n'a pas vu non plus que le sucre ne se forme pas tout
entier dans le foie, qu'il existe dans le sang sous une forme virtuelle que
certaines conditions permettent de révéler. Il croyait que le diabète
produit artificiellement par la piqûre du plancher du quatrième ventri-
cule est identique au diabète pathogénique... ».

Enfin, nous emprunterons la conclusion de cette étude au manuscrit
des mêmes auteurs. « Claude Bernard n'a jamais perdu de vue le vrai but
de la science qui est de servir l'humanité en dépensant pour elle le don
divin de la raison : *Appetunt enim paucissimi scientiam ut donum ratio
nis divinitus datum in usus humani generis impendant* ».

CHAPITRE CINQUIÈME

Notes prises dans les archives de Montmelas, les registres de
la paroisse et de la commune de Saint-Julien.

Justice de Montmelas

Tout détail sur le fief et la justice de Montmelas ne peut qu'éclairer
l'histoire des localités voisines. Dès le xe siècle, Montmelas apparaît
comme douaire et apanage des sires de Beaujeu. Un arrêt du Parlement
pour les corvées et chasses, rendu en faveur des habitants du mandement
et chatellenie de Montmelas contre Edouard, seigneur de Beaujeu et
seigneur dudit Montmelas (du 23 août 1398), nous apprend qu'Edouard
résidait alors au château de Pouilly (sur la commune actuelle de Denicé)
et que défense lui est faite de chasser, sauf dans les bois et garennes qui
lui appartiennent personnellement, lièvres, renards, chevreuils, lapins,
perdrix, comme aussi sangliers et cerfs dans l'étendue des bois de la
chatellenie et de la terre de Beaujeu.

Au xve siècle, Montmelas fait partie, comme tout le Beaujolais, du
domaine des ducs de Bourbon. Il tombe ensuite aux mains de Philibert
de Crozet (1515), puis de Philibert de Beaujeu Linières (1524). Manoir et
seigneurie se transmirent à Louis de Gonzague, duc de Nivernais, dont la
femme, Henriette de Clèves, céda en 1550 le donjon et tous les droits qui

en dépendent à Jean Arod, seigneur de Serfavre. Celui-ci ne quitta pas sa résidence familiale pour jouir de sa nouvelle acquisition et ce ne fut qu'au milieu du XVIIIe siècle que ses descendants vinrent se fixer à Mont-melas [1].

Parmi les anciens procès criminels, il en est un qui fut motivé par un attentat commis contre Antoine Agnot, sieur de Montgiraud, fils de Jean Agnod, seigneur de Champrenard, sur Blacé.

Les Agnot de Champrenard portaient *de gueule, à deux épées à l'antique, passées en sautoir, d'or, chargées en cœur d'un écu de sable à la fasce d'argent, brochant.*

Cette famille, originaire de Biscaye et fixée en Beaujolais, conserva la justice moyenne et basse de Salles, de 1480 à 1590. Elle possédait les châteaux de Champrenard (Blacé) et de Montchervet (Saint-Georges-de-Reneins). « Champrenard apparaît dans l'histoire beaujolaise vers le milieu du XIIIe siècle ; la famille de Marchampt qui a sa sépulture à l'église de Salles et exerce les fonctions de haute justice du pays, y avait sa résidence. Aux Marchampt succèdent les Marzé, puis les Gleteins, au début du XVe siècle. Le fief passe ensuite (1430) à Montchervet, en 1450, à Lucarre ; 1480, à Agnot ; 1590, à Rambaud ; puis, en 1740, au marquis d'Espinay qui le conserva jusqu'en 1810. Depuis ce temps, M. Repos, M. Bréchignac en 1891, M. Adrien en 1896, M. Cottet-Adrien en 1907 en ont été successivement les propriétaires [2].

Les seigneurs de Champrenard étaient justiciers de Salles. « Le château de Champrenard consiste en château et maison-forte avec tour, ancienne chapelle, pigeonnier, pavillon et fossés sur lesquels il y avait autrefois pont-levis ; il est composé de logement pour le maître, caves, cuviers et logement de trois vignerons ; le jardin est entouré de murailles, dans la chapelle dudit château le prébendier de Saint-Claude est tenu d'aller dire la messe. Dépend encore de la terre de Laye-Espinay, à cause de Champrenard, un banc et oratoire dans le chœur de l'église paroissiale de Blacé, ainsi qu'une chapelle en occident du chœur et au midi de ladite église avec prébende, droit de banc et de sépulture en icelle et comme ayant été anciennement seigneurs haut justiciers du clocher, ils. ont

---

1. L'ancienne église de Cogny démolie vers 1865 contenait le banc seigneurial et le tombeau des membres de la famille d'Arod.

2. Voir *Salles en Beaujolais*, par M. Eugène Méhu, page 268, note.

conservé et leur appartiennent les droits honorifiques et un banc (nef, côté droit) [1] ».

Pour en revenir à la tentative de meurtre commise contre Antoine Agnot, elle eut lieu le samedi saint 14 avril 1616, à 10 ou 11 heures du soir. Deux domestiques d'Antoine Agnot, Fleury Michelon et Claude Feroier (Ferroyer) se glissèrent dans la chambre de leur maître. Michelon saisit Antoine Agnot au gosier pour l'empêcher de crier, tandis que son complice lui prenait le bras et lui donnait seize coups de poignard, dont neuf firent des blessures au dos, au bras, au côté gauche. Le blessé fut protégé par un manteau appelé « caban de gros feutre » qu'il portait aux champs, à cheval, en temps de pluie. Croyant avoir tué leur victime, les bandits prirent les habits de soie que leur maître avait placés sur la table pour le lendemain qui était jour de Pâques, « son chapeau de castor, ses colets, bas de soye, manteau de taffetas et autres habits ». Ils brisèrent ensuite un coffre d'où ils emportèrent quatre paires d'habits, « l'un de satin cramoisi, l'autre de taffetas armoisin changeant, le tiers [troisième] de chamoy, galonné d'or, et le quatrième d'escarlate ».

Un ouvrage publié à Lyon en 1618 [2] nous indique la marche suivie dans le procès et le supplice de Fleury Michelon qui probablement tua son complice pour rester seul en possession des objets volés. Il fut mené sur la place de la Peschière ou Pêcherie (entre la rue Paul-Bert et la rue de la Sous-Préfecture) dans le voisinage de l'Hôtel-Dieu de Villefranche [3]. Là on lui appliqua la question ordinaire et extraordinaire. Puis on lui rompit bras, cuisses, jambes et reins et on le mit sur la roue. Son corps fut enfin porté aux fourches patibulaires sur le chemin de Lyon. Le maître exécuteur de la haute justice était Jean Maréchal.

II. *Registres paroissiaux.*

Dans les archives de quelques mairies on trouve des registres paroissiaux dont les premiers actes remontent vers l'an 1570, c'est-à-dire à

---

1. Seigneurie de Laye à Saint-Georges-de-Reneins. Aveu et dénombrement de la terre et seigneurie de Laye, par Jean d'Espinay de Laye, du 22 janvier 1767.

2. Les procès civils et criminels contenant la méthodique liaison du droict et de la practique judiciaire civile et criminelle par Claude Le Brun de la Rochelle, jurisconsulte beaujolais — Un exemplaire se trouve à la bibliothèque de Villefranche sous le n° 718. Enquête sur le drame de Champ renard, réponses de l'accusé, p. 112, rapport du chirurgien, etc.

3. Le Morgon coulait là à découvert garni de « bachots ou bachuts » termes qui désignaient les barques où l'on gardait les poissons vivants.

l'origine de cette institution. A Saint-Julien, le plus ancien registre[1] date du 3 juin 1629. Le premier acte consigné est le baptême d'Antoine de la Chassagne dont le parrain est noble Antoine Agnot, seigneur de Champrenard et Montgiraud, la marraine Marguerite Dupuy.

Le 10 mai 1630, Nicolas Gay, docteur en théologie, curé de Villefranche, est parrain de Claudine Burdin. Parmi les signataires on voit le curé d'Arnas, Benoît Blondel.

L'an 1632, plusieurs actes sont signés de Claude Guillard, curé de Blacé, d'autres d'Aurion, prêtre. Le curé de Saint-Julien, Mignard, était sans doute empêché par la maladie, à ce moment, d'accomplir son ministère.

Sur l'acte du 12 février 1645, on voit le nom de Pierre Symon, sieur de la Rigaudière.

Le 23 avril 1652, baptême de Benoît Choignard, fils de Pierre Choignard, notaire, et de Jeanne la Blanche.

Le registre mortuaire de Saint-Julien commence seulement le 9 mai 1659.

Le 12 février 1670, baptême de Jeanne, fille de Noël Valous et de Françoise La Tour, demeurant chez madame de Bourg *(sic)*. Parrain, dom Philibert de Foudras, prieur et seigneur de Salles ; marraine, dame Jeanne Desgurs, femme de M. Veuillaud, bourgeois de Villefranche. Louis Dagallier, curé d'Arbuissonnas, a tenu l'enfant sur les fonts baptismaux à la demande du seigneur de Salles.

« Ledit jour, 21 mai 1670, a este benite la seconde cloche de cette paroisse, les noms du parrain et de la marraine sont escript dessus ».

Le 17 août 1670, mariage de François de Bussillet, escuyer, sieur de Baronnat, avec Antoinette Chollet, d'Anse. « Est à notter que pendant lad. bénédiction nuptialle trois enfans desd. s^rs epoux sont demeurés sous la chappe, scavoir Marianne, Anne et Balthazard, lesquels lesd. espoux ont dict et declarez estre leurs véritables enfans soubs les promesses toutefois qu'ils s'estoient faictes de se prendre en mariage, laquelle prétention ils n'ont peu mettre à exécution pour lors, attendu que quelques hayneux avoient détourné m^re François de Bussillet, père dudit.

---

1. in-quarto, 175 feuillets.

sʳ epoux, d'y donner son consentement, si bien que pour ne point cho-quer l'authorité de feu monsʳ sond. père par le grand respect qu'il lui portoit, il a différé jusques à présent de requérir lad. bénédiction nup-tiale ».

Le 31 juillet 1671, baptême de Gabrielle, fille de Jean François Bussillet, écuyer, sieur de Baronnat, et de dame Antoinette Chollet. Elle a été *nommée* sur les fonts baptismaux par Son Excellence Monsei-gneur dom Louys Amédée de Savoye, et par haulte et puissante dame Gabrielle Charrier, veuve de Jean Baptiste de Bourg, escuyer.

Le 27 février 1673, baptême de Philippe, fils de Noël Valoux et de Françoise Latour, jardiniers de madame de Bourg. Parrain, Philippe Gerson, bourgeois, maître de la poste de Villefranche ; marraine, demoi-selle Judith Christine Guyon, femme de Jacques de Gayand, écuyer, sieur de la Roche.

Le 12 août 1674, François Simon, fils de feu Mʳᵉ Jean François de Bussillet écuyer, sieur de Baronnat et de dame Antoinette Chollet a été *nommé* sur les fonts baptismaux de l'église de Saint-Julien et y a reçu les saintes huiles et cérémonies accoutumées, ayant été ondoyé le 16 mars de l'année dernière. Son parrain a été Mʳᵉ Ponthus François de Foudras écuyer, seigneur de Foudras, et sa marraine dame Simonne du Beck de la Cour Boyé, religieuse bénédictine au couvent de Salles.

Le 23 juillet 1677, baptême de Gabrielle, fille de Noé Valoux et de Françoise Latour. Parrain, Jacques Gabriel de Gayand ; marraine, Gabrielle Charrier, veuve de Jean-Baptiste de Bourg, écuyer, seigneur de Trezette et de la Rigaudière.

Le 15 août 1677, baptême de Christine Crozet. Le parrain est sieur Arnaud Choignard, bourgeois de Lyon et piqueur au second vol pour milan dans la grande fauconnerie du roi ; marraine, Christine Guyon, femme de Jacques de Gayand, écuyer, seigneur de la Roche.

Le 21 septembre 1677, baptême de Gabrielle, fille de Nicolas Authe-nin, cordonnier de Villefranche. Parrain, Charles Minet, écuyer, seigneur de Verpré, Maizé [1], etc. ; marraine, dame Gabrielle du Lieu, épouse de très haut et très puissant seigneur marquis de Varennes.

Le 26 novembre 1686, baptême de Louise Gabrielle Marion. Par-rain, Catherin de Gayand ; marraine, Louise de Lhopital.

---

1. Dans un acte du 11 septembre 1677, Charles Minet est indiqué comme seigneur de Mese et Fleuri.

Le 29 février 1688, baptême d'Alexandrine Crépier, fille de Claude Crépier et de Charlotte Aber, vignerons du comté de Varenne. L'enfant est présenté aux fonts baptismaux par M. Philibert de Bussière, chanoine de la Collégiale de Beaujeu pour et au nom de messire Alexandre Denagu de Varenne, comte de Lyon, prévôt de l'église de Saint-Pierre de Mâcon. Marraine, demoiselle de Varenne, fille aînée de M. Alexandre Joseph Denagu, marquis de Varenne, « mestre de camp de cavallerie », et de dame Gabrielle du Lieu.

Le 11 novembre 1687, enterrement d'Antoinette Chollet, veuve de feu François de Bussillet, écuyer et seigneur de Baronnat.

Le 9 août 1690, inhumation d'un valet de M. des Garets, seigneur d'Ars et Colombier, appelé Joseph, nommé communément dans le château de *Fribourg* « à cause qu'il estoit du canton de Fribour en Suisse âgé de quarante ans ».

Le 24 octobre 1704, dame Jeanne Garnier des Garets est enterrée dans la chapelle Notre-Dame et dans le tombeau de ses ancêtres dans l'église paroissiale Saint-Julien.

Vers la fin septembre 1738, bénédiction d'une cloche par M. Riberolle, curé.

Le 29 novembre 1758, mariage en l'église Saint-Julien de messire Pierre-Joseph de Leydet, chevalier, seigneur marquis de Sigoyer, lieutenant de vaisseau du roi, demeurant à Sisteron, fils de défunt messire Pierre de Leydet, chevalier, seigneur marquis de Sigoyer, baron de Roumoulle et de vivante dame Suzanne Marie de Vivier, marquise de Sigoyer, baronne de Roumoulle — avec Françoise Marie du Lieu, demeurant à Lyon, paroisse Saint-Martin d'Ainay, fille de défunt Claude Eléonor du Lieu, chevalier, seigneur de Chenevoux, Bussière et autres places, et de défunte Jeanne Marie de Saconin de Pravieu. Assistent au mariage Jacques Tobie de Bourk, chevalier, seigneur de la Rigodière, et messire Laurent Pianelli de Mascranni[1] de la Valette, chevalier baron de Maubec, seigneur de Charly, Lavalette et autres places.

Le 2 mai 1760, enterrement de dame Agathe Doni, épouse de Jacques Tobie, comte de Bourk, âgée de quarante ans. (Présents aux funé-

---

1. Originaires des Grisons, établis à Lyon vers 1580, les Mascrani possédaient de vastes terrains autour et au-dessus de l'endroit où est maintenant la gare Saint-Paul. La maison qui porte aujourd'hui le n° 3 du chemin de Montauban était leur résidence.

railles, Meynier, curé de Vaux ; Manzon, curé de Denicé, Novalin, curé de Montmelas).

Le 16 janvier 1768, mariage de Benoît Jacquet, fils de Jean-Baptiste Jacquet, négociant de Villefranche, et de Dame Eléonore Gueydon, avec Marie Benoîte Désarbres, fille de défunt Louis Désarbres, négociant de Villefranche et de dame Marianne Bernard, habitant Saint-Julien. (Sur le registre signature d'Arod, chevalier de Montmelas).

Le 23 octobre 1770, au mariage de Jean-Marie Patoret et de Laurence Meurin, signent Jean Maritz, chevalier de l'ordre de Saint-Michel, Charles Henri Maritz de la Barollière, Pierre Ancelin, fondeur de la paroisse de Couzun ou Cousan, diocèse d'Angoumois, Louis Pierre Brocard, directeur des forges en Espagne, originaire de la paroisse Saint-Sulpice à Paris ; Pierre Bernard Schmid, secrétaire de M. Maritz, de la paroisse Saint-Pierre-le-Vieux, à Strasbourg.

Le 17 juin 1771, au baptême de Jean Damiron, fils de François Damiron, vigneron, et de Benoîte Desgoujat, le parrain est Jean Maritz, chevalier de l'ordre de Saint-Michel, inspecteur général des fonderies de France, maréchal de camp en Espagne, seigneur de la Rigodière et autres places, et la marraine dame Judith Deonna, épouse de messire Jean Maritz. (Signe au registre Pierre Ancelin, fondeur de la paroisse de Causan, diocèse d'Angoumois).

Le 4 août 1813, mariage de Joseph Robin Duvernay, fils mineur de Joseph Robin Duvernay, décédé, avocat à Saint-Marcellin, et de défunte Marie-Françoise Baurin, — avec Françoise Angélique du Peloux, fille mineure autorisée par M. Claude Joseph du Peloux, ancien officier décoré, propriétaire et maire demeurant à Saint-Julien, et de dame Marie Jeanne Maritz. Les signatures portent les noms de : Louis de Boysseulh, capitaine de la Légion d'honneur, 4e corps ; Gaspard d'Arod de Montmelas, Marie Eléonor Garnier des Garets, Louis Marie Lemau de Talancé, Louis de Carnazet, Sidonie de Carnazet, Duport de Millanois, Millauvis, J. de Belleroche, Louise Duvernay Fellot, Achille et Louise Montgolfier, Deroche de Longchamp, Rose et Eleonice Duport.

Le 25 décembre 1822, baptême de Laurence Antoinette Bernard, fille de Jean François Bernard et de Jeanne Saulnier. Parrain : Jean-François Saunier, de Blacé ; marraine, Laurence Rey, femme Saunier. (Cette enfant mourut le 24 janvier 1827).

Claude Bernard eut une autre sœur baptisée le 31 janvier 1829, née le 28 du même mois. Elle reçut le nom d'Antoinette Caroline, sa marraine étant Antoinette Caroline Saunier, sa tante. Claude Bernard fut le parrain et signa l'acte de baptême. Caroline Bernard épousa M. Quentin. Elle est la seconde personne qui ait été enterrée dans le nouveau cimetière de Saint-Julien.

L'an 1835 et le dix-neuf février, M. Clapisson, curé, donne la sépulture ecclésiastique à Louise Agnès de Carnazet, fille de sieur Jean Marie Louis de Carnazet, propriétaire à Saint-Julien, et de dame Stéphanie Sidoine Marthe d'Arod, « décédée hier, munie des sacrements de l'Eglise, âgée d'environ vingt-deux ans, inhumée dans le tombeau de ses ancêtres à Montmelas en présence de messieurs Truchot, Félix des Garets, Ludovic de Talencé, Gustave de Belleroche ».

L'an 1835 et le 1er juin, enterrement de Sœur Marie Ambroisienne, de l'ordre de Saint-Joseph, née Lafond, âgée de 25 ans, en présence de la Sœur Saint-Clair, supérieure de la petite communauté de Saint-Julien, de Sœurs Thérèse et Théotime, de la communauté de Saint-Etienne la Varenne ; de Sœur Marie Epiphane de la communauté de Denicé.

Le 12 mars 1838, enterrement de Louis Philippe Blondeau, propriétaire, âgé d'environ 78 ans.

Le 5 septembre 1841, enterrement de Pierre Marie Albert Chastelain de Belleroche, âgé d'environ cinq mois.

Le 20 janvier 1845, M. Clapisson donne la sépulture ecclésiastique à Jean Claude Gigean, propriétaire à Saint-Julien, adjoint au maire, âgé d'environ soixante-quatre ans. (Avec Jean Claude Gigean disparaissait de Saint-Julien le nom d'une famille qui habitait le village depuis plusieurs siècles. Claudine Gigean, fille du défunt, avait épousé en 1834, Prosper Comte, propriétaire à Limas [1].

Le 6 avril 1845, baptême par M. Clapisson de Esther Henriette Antoinette Louise de Carnazet, fille légitime de M. Blaise Henri de Carnazet, propriétaire, demeurant au château de Colombier, et de Marie Thérèse Claudine Tirenge de Corcelles. Le parrain est Louis, comte de Carnazet, propriétaire, au château de Colombier ; la marraine madame Antoinette Henriette de Revol, aïeule maternelle, représentée par madame Stéphanie Sidonie Marthe d'Arod de Carnazet.

---

1. La veuve de Juste Saunier, Catherine Gigean mourut le 18 mars 1854.

Le 12 mars 1847, M. Lachat, curé de Saint-Julien, accompagna au cimetière de Montmelas le corps du comte Louis Jean Marie de Carnazet, âgé de 72 ans, époux de Sidonie Marthe d'Arod de Montmelas.

Le 29 octobre 1849, baptême d'Henri Paul Joseph de Carnazet, né le 23 au château de Colombier, fils légitime de M. Blaise François Henri de Carnazet, et de madame Marie Thérèse Claudine Tircuy de Corcelles. Parrain, Henry Tircuy de Corcelles ; marraine, Pauline Marie Madeleine de Raousset.

Une note insérée par monsieur le curé Lachat dans le Registre paroissial nous apprend que le 21 novembre 1850, entre minuit et deux heures, des voleurs s'introduisirent dans l'église par la sacristie, dérobèrent l'argent des troncs, 50 francs, la boîte des saintes huiles, le ciboire dans le tabernacle et profanèrent les saintes Espèces qui ne purent être retrouvées. « *Les scélérats !* » ajoute le pieux curé dans son indignation légitime.

Pendant le premier semestre de 1852, M. Lachat étant malade, le service paroissial fut assuré par un prêtre nommé Vialleton.

Le 15 mars 1852, enterrement de Blaise Henri de Carnazet, décédé l'avant-veille, âgé de 41 ans, époux de Marie Thérèse Claudine de Corcelles. Le corps fut accompagné à Montmelas où eut lieu l'inhumation, en présence de messieurs Butty, curé de Saint-Sorlin et Montmelas ; Chavane, curé de Denicé ; Junier, curé de Rivolet ; Louis des Garets, Vialleton.

L'an 1871 et le 7 novembre, inhumation du corps de Monsieur le chanoine des Garets, décédé le 4, âgé de 74 ans, — en présence de monsieur le chanoine de Serres, du chapitre de la Primatiale de Saint-Jean, et des prêtres du canton de Villefranche, — dans le caveau de sa famille.

L'an 1873, et le 25 mars, inhumation du corps de monsieur Robert Isnard, décédé le 23 mars, à l'âge de 85 ans.

L'an 1878 et le 25 novembre, baptême de Charlotte Marie Thérèse Yvonne de Carnazet. Le parrain, monsieur de la Chapelle, grand-père de l'enfant ; la marraine, madame veuve Henri de Corcelles.

L'an 1887 et le 13 février, baptême de Léonie Marie Thérèse de Carnazet. Parrain, François Léonel, vicomte de la Chapelle, château de Saulxure, oncle ; marraine, madame Léonie, comtesse de Tournon, cousine, représentée par mademoiselle Mathilde de la Chapelle.

Extraits des Délibérations du Conseil municipal de Saint-Julien.

En 1808, le maire est monsieur Félix des Garets.

Le 21 août 1809, plusieurs conseillers transmettent la demande des habitants pour que l'église qui appartient encore à plusieurs particuliers soit érigée en chapelle paroissiale. La succursale de Saint-Julien étant unie à celle de Blacé, de nombreux inconvénients en résultent, surtout pour les habitants des hameaux éloignés.

9 mai 1813. Lecture de l'arrêté du préfet qui nomme maire monsieur du Peloux, et adjoint Guillaume Gagnieur. « Au moment de n'être plus maire de cette commune, dit monsieur des Garets, c'est un besoin pour moi de vous exprimer combien j'ai trouvé de plaisir à remplir cette place, et avec quels regrets je la quitte. Pendant cinq ans vous m'avez donné mille témoignages de confiance. Lorsque j'ai eu le bonheur de concevoir quelque chose d'utile pour la commune, votre zèle et votre bonne volonté en ont hâté l'exécution. Nos délibérations ont été celles d'une famille sage et unie, et dans toutes les circonstances vous avez donné les preuves de l'excellent esprit qui vous anime.

Si quelque chose peut adoucir mes regrets en quittant Saint-Julien, c'est de voir monsieur du Peloux remplir la place de maire. La commune ne peut que se féliciter de ce choix qui lui assure la meilleure administration. C'est encore l'espoir de revenir un jour cultiver le réciproque et héréditaire attachement qui a existé de tout temps entre les habitants de Saint-Julien et ma famille. Permettez, messieurs, que ces sentiments que j'éprouve bien vivement soient consignés sur votre registre ».

Le conseil municipal vote des remerciements à monsieur des Garets pour son administration.

Monsieur du Peloux ayant prêté serment en ces termes : « Je jure obéissance aux constitutions de l'Empire et fidélité à l'empereur », est installé en fonction de maire.

Le 16 janvier 1814, la garde nationale est constituée avec Eléonor des Garets, commandant ; Joseph Désiré Robin Duvernay, lieutenant ; Riberolle et Isnard, sergents ; Jean Claude Gigean et André Gagnieur, caporaux.

En 1814, les Autrichiens victorieux placent notre contrée sous le régime militaire et, le 29 mars, le maire fait la déclaration suivante : « En exécution de l'arrêté de monsieur le commandant de la place de Villefranche, j'ai transcrit le serment ci-après dont j'ai remis copie conforme à messieurs les membres du conseil municipal de Villefranche le 24 mars 1814 :

« Moi soussigné maire de la commune de Saint-Julien, canton de « Villefranche, je jure de ne rien entreprendre qui puisse troubler le repos « public ou être nuisible aux armées des hautes puissances alliées.

« Je jure en même temps d'administrer ou faire administrer fidèle- « ment par les employés sous mes ordres au profit des hautes puissances « alliées tous les revenus publics quelconques, ceux des domaines de Sa « Majesté l'Empereur, ainsi que tous les fonds, rentes ou deniers publics, « sous quelque dénomination qu'ils existent qui sont perçus par le gou- « vernement français.

« Je jure également d'exécuter et de faire exactement et fidèlement « exécuter tous les ordres des généraux en chef ou de leurs substitués qui « auront pour but la subsistance des troupes des hautes puissances alliées « ou des mesures de police qui seraient jugées nécessaires.

« Le maire, Du Peloux ».

Il y eut, de fait, à Saint-Julien, diverses réquisitions dont le total s'éleva pour 1814 à 1.700 francs et pour 1815 (du 20 août au 15 décembre), à 7.991 fr. 15.

Le 15 avril 1814, le conseil acclame la proclamation de Louis XVIII. On crie : « Vivent les Bourbons ! Vive Louis XVIII ! », et on ajoute — (ce qui est particulièrement choquant à deux pas du champ de bataille de Saint-Georges-Arnas où les cadavres des Français étaient à peine refroidis) — : « Grâces soient rendues à toutes les puissances alliées ! ».

Mais voilà qu'avec le débarquement de l'île d'Elbe est apparu le chapeau du petit Caporal et alors... nouveaux sentiments ou plutôt nouveau langage.

Jean Duchamp est nommé maire le 31 mai 1815. Il a pour adjoint François Bernard, père du célèbre physiologiste. Tous jurent obéissance aux constitutions de l'empire et fidélité à l'empereur.

Le 7 juillet 1815, Jean Duchamp, maire de la commune, assisté de sieur François Bernard, adjoint, et des conseillers Léonard Martin, Guillaume Gagnieur, Antoine Béroujon, Benoît Gigean, Thomas Lyonnet, Claude Riberolle, Jean Claude Gigean, Laurent Perroud et Juste Saunier, lecture est donnée d'une circulaire préfectorale requérant la commune de Saint-Julien de fournir le 9 du courant, à Lyon, place de Bellecour, 2 bœufs, 2 vaches, 75 quintaux de foin. Le conseil reconnaît l'impossibilité de fournir 2 bœufs attendu qu'il n'en existe dans toute la commune que quatre de travail et vieux ; décide qu'il sera fourni 4 vaches et 75 quintaux de foin. Les vaches seront prises chez messieurs Duvernay Robin, Félix des Garets, La Barmondière, Robert Isnard. Le foin est évalué à raison de 2 francs le quintal.

Monsieur Eléonor Garnier des Garets est nommé maire de la commune de Saint-Julien en remplacement de monsieur Du Peloux, démissionnaire, et installé le 26 février 1816 par monsieur de Talancé, maire de Denicé.

En 1816, après entente avec Blacé, le nommé Perrachon est choisi pour garde. Son traitement est de 300 francs dont 167 fournis par la commune de Blacé et 133 par celle de Saint-Julien.

La création d'un nouveau cimetière ayant été décidée, le conseil demande que la construction en soit terminée le 1er mai 1826.

Le 6 juillet 1831, Roche de la Rigodière, capitaine commandant de la garde nationale de Saint-Julien ; Jean Claude Gigean, 1er lieutenant ; Lombard de Quincieux, 2e lieutenant ; Simon Benoit, 1er sous-lieutenant ; et Large Jean Claude, 2e sous-lieutenant, prêtent serment.

M. Robert Isnard, dès le 14 mai 1831, remplit les fonctions de maire. Il en a le titre au 2 janvier 1832.

Le 10 mai 1833, invité à donner son avis sur les bases qui doivent servir à la formation de bataillons ruraux du canton de Villefranche, le conseil demande que les quatre communes de Blacé, Saint-Julien, Salles et Arbuissonnas, entre lesquelles a toujours régné la plus parfaite harmonie, forment la circonscription d'un bataillon dont le point central serait Blacé. Relativement à la commune de Vaux qu'il est question de réunir à la même circonscription ; attendu que dans toutes les occasions qui se sont présentées il s'est manifesté une sorte d'antipathie entre la jeunesse de cette commune et celle de Saint-Julien qui pourrait amener des mésintelligences dangereuses dans les réunions, etc. ; attendu qu'en effet sa position géographique et son territoire d'une grande étendue[1], sa

---

1. Le territoire de la commune du Perréon faisait partie de Vaux.

nombreuse population et même l'esprit public et les mœurs de ses habitants ne lui ont jamais permis de s'agglomérer avec d'autres communes de ce canton, le conseil pense qu'il ne serait ni utile ni prudent de le réunir à la circonscription ci-dessus ».

Le 18 août 1833, le traitement de l'instituteur est fixé à 250 francs.

Le 1er novembre 1833, le sieur Denis Bonnet, natif de Chaponost, canton de Saint-Genis-Laval, âgé de 25 ans, élève de l'école normale, est agréé comme instituteur.

« L'an dix huit cent vingt-trois, le vingt du mois de septembre, à neuf heures du matin, Par devant Nous Eléonor Desgarets Chevalier de l'Ordre royal militaire de S. Louis, Maire et Officier de l'Etat-Civil de la Commune de S. Julien, Canton de Villefranche, département du Rhône, est comparu Monsieur Robert Isnard âgé de trente-six ans, propriétaire et domicilié audit Saint-Julien lequel nous a présenté un enfant du sexe masculin né d'hier à l'heure de midi, de lui déclarant Et d'Anne Richard son épouse, et auquel il a déclaré vouloir donner le prénom de Jean Baptiste Marie Félix. Les dittes déclaration et présentation faites en présence de Guillaume Gagnieur âgé de soixante quatorze ans Et Jean Claude Gigean âgé de quarante trois ans tous deux propriétaires et domiciliers audit S. Julien, Et ont les père Et témoins signé avec Nous le présent acte de naissance après qu'il leur en a été fait lecture ».

Ont signé : J. C. Gigean, G. Gagnieur, E. Desgarets, Isnard.

« L'an dix huit cent vingt six. Et le dix du mois de mai à trois heures du soir, Par devant Nous, Eléonor Desgarets Chevalier de l'Ordre Royal militaire de S. Louis, Maire et Officier de l'Etat Civil de la Commune de S. Julien, Département du Rhône, Canton de Villefranche, Et comparu : Monsieur Jean Marie Roche de la Rigodière propriétaire en cette Commune, lequel nous a présenté un enfant du sexe masculin né d'hier à huit heures du soir de lui déclarant, Et de Dame Marie Chabert sa légitime épouse Et auquel il a déclaré vouloir donner le prénom de Claude Cammil. Cette Déclaration et présentation faite en présence de Jean Claude Gigean âgé de quarante six ans, Et Claude Large âgé de quarante neuf ans tous les deux propriétaires domiciliers audit S. Julien, Et ont les père et témoins signé avec Nous le présent acte de naissance après que lecture leur en a été faite ».

Ont signé : J. C. Gigean, Cl. Large, J. M. Roche, E. Desgarets.

Vers 1830, sur le territoire communal de Place-Blanche, on ouvre une exploitation de gravier et de sable en faveur des habitants de la commune.

Dans la période de 1830-35, il est plusieurs fois question de réparations pour les chemins de la Croix-Neuve, de Port-Rivière, de la Croix-du-Bois et d'Espagne. Cependant le passage à piéton sur la rivière, à l'entrée du bourg, n'était assuré que par une seule pierre fort étroite qui n'avait pas même la longueur nécessaire, ce qui occasionnait de fréquents accidents. Fort incommode pour le passage des charrettes ou des tombereaux, cet endroit était presque impraticable pour le transport des corps au cimetière qui avoisinait le chemin. Aussi le conseil reconnaissant qu'un simple changement de pierre serait une modification insuffisante et inefficace émet le vœu que la commune soit autorisée à s'imposer extraordinairement pour couvrir la dépense d'un pont de pierres dont le devis est de 527 fr. 50. Malheureusement l'attitude de la commune d'Arnas paralysait le bon vouloir des conseillers de Saint-Julien, car Arnas ne voulait faire aucune réparation sur son territoire au chemin tendant de Saint-Julien à Villefranche. A quoi bon alors faciliter à Saint-Julien le transit avec cette ville, si, ailleurs, la communication restait impossible ? Aussi ayant à disposer d'une somme de 91 francs, le conseil l'affecte, en 1836, à une passerelle sur le Marverand dans le chemin du Déau.

En 1837, le conseil renouvelle pour la cinquième fois depuis 1830 sa protestation contre la négligence et l'inaction d'Arnas qui ne veut ni élargir, ni réparer, ni entretenir le chemin qui, par Place-Blanche, Joute-Crot, le bourg d'Ouilly et la Chartonnière, conduit à Villefranche.

La même année, le conseil décide la nomination d'un garde champêtre cantonnier au traitement de 300 francs (133 comme garde champêtre et 167 comme cantonnier).

En 1838, le conseil se compose de Robert Isnard, maire ; Simon Glabat, Gagneur, Jean Vapillon, Meunier, Large, Étienne Ray, Claude Large, Gigean Jean Claude et Peillon.

Le 11 mai 1838, le conseil décide qu'une maison d'école servant aussi de mairie sera construite sur l'emplacement de l'ancien cimetière en face de l'église et que cette construction sera commencée en 1841. Le prix du devis est de 5.557 francs ; il sera abaissé à 4.200 francs. On compte que selon l'usage le gouvernement et le département accorderont le tiers de la dépense nécessaire.

Le 11 mai 1838, à propos de la part contributive dans la restauration de la ligne vicinale de Saint-Julien à Villefranche, il est encore question « de la résistance aveugle de la commune d'Arnas. Les offres les plus désintéressées, les plus conciliantes ont été repoussées ». On attendra l'intervention de l'administration supérieure.

Dans la même séance, on demande l'élargissement du chemin n° 3 qui intéresse Saint-Julien et Montmelas et la continuation du chemin n° 5 vers le hameau d'Espagne.

Le 12 juin 1838 le maire Isnard représente que la somme votée pour la construction d'une maison d'école est insuffisante pour qu'on puisse faire quelque chose de convenable. L'assemblée des conseillers et des plus imposés arrête à l'unanimité : « Qu'une maison d'école comprenant salle de mairie et logement de garde champêtre sera construite sur l'emplacement de l'ancien cimetière en face de l'église, d'après les plans et devis dont le prix est fixé à 6.357 francs, savoir 600 francs pour la valeur du sol, de la maison et d'un jardin y attenant, et 5.757 francs pour coût de la construction qui sera commencée en 1840. La commune s'imposera jusqu'à concurrence de la somme de 3.628 francs, comptant que l'Etat et le département donneront le surplus.

Le 12 juin 1838, l'assemblée municipale arrête à l'unanimité que le passage à piétons sur la rivière qui traverse le chemin vicinal n° 1, près le bourg, sera reconstruit en 1839 en doublant sa longueur et sa largeur. Ce passage était trop étroit, mal disposé, occasionnant souvent des accidents aux voituriers qui ne pouvaient s'en servir et étaient obligés de se mettre à l'eau pour diriger leurs charrettes.

Le 29 mai 1838, le préfet fixe enfin la part contributive des communes de Blacé, Saint-Julien, Arnas et Ouilly, pour les réparations et l'entretien du chemin de Saint-Julien à Ouilly.

En 1839, on afferme encore la place de l'ancien cimetière et la récolte des noyers qui y sont plantés.

Une contestation de limites entre la municipalité et le vicomte de Glavenard [1], ancien officier de cavalerie, habitant le château de Longsard, nous apprend combien cet endroit était encore boisé, car, entre autres biens, le vicomte possédait sur le territoire de Saint-Julien « un

---

1. M⁰ˢ de Glavenard le 5 juin 1847, débarquait du bateau à vapeur au port de Beauregard, commune de Béligny lorsqu'il fut frappé de mort subite, au milieu des embrassements de ses enfants.

bois taillis contenant trois hectares, un bois de haute futaie essence chêne contenant un hectare, au lieu de Malveran, un bois taillis essence chêne appelé Bois Buisson, d'un hectare ; sur le territoire d'Arnas, un bois taillis, essence chêne, parsemé de baliveaux situé au lieu dit Forêt contenant 14 hectares ; un autre bois taillis, essence chêne situé au lieu des Abreuvoirs, contenant deux hectares ».

En 1839, on décide que la passerelle sur le Marverand, à l'entrée du bourg, aura 8 mètres de long sur 1 m. 60 de large, et une pile au milieu.

Les inondations du mois de novembre 1840 causent de grands ravages ; le Marverand déborde trois fois, envahit le bourg, l'église, et fait, du terrain projeté pour l'école, une vraie mare. — Une quête à domicile pour les victimes des inondations de la Loire en 1840 produit la somme de 667 fr. 50.

2 mai 1841. Le conseil s'assemble sous la présidence de M. Simon, adjoint, qui lit un rapport du maire. Ce sont nouvelles doléances sur ce chemin fatidique n° 1, de Saint-Julien à Villefranche. « Les communes d'Arnas et d'Ouilly se montrent de plus en plus rebelles à leurs obligations naturelles, à celles que leur imposent la loi et les arrêtés de l'autorité supérieure. Arnas n'a pas daigné mettre une pierre ; Ouilly a fait des réparations plus dérisoires qu'utiles. J'ai réclamé souvent, mais, je vous l'avoue, sans fruit. L'autorité supérieure est dominée par une répugnance incompréhensible à en venir aux moyens coercitifs. Des quatre communes qui doivent participer à la réparation du chemin [Blacé en faisait part], Saint-Julien est la seule qui depuis trois ans y travaille ».

Dès le mois d'août 1841, M. Roche de la Rigodière, conseiller municipal, fait fonction, par intérim, de maire, d'adjoint et de secrétaire. M. Isnard reprend ses fonctions de maire à la fin de la même année.

1842, 19 juin. M. Isnard expose que la dépense générale pour parvenir à la construction de la maison d'école s'élèvera à 7.727 francs. Sur cette somme, l'Etat a déjà donné 2.600 francs. (Les travaux s'exécutèrent en 1843).

4 avril 1844. Il est constaté à nouveau que sur le chemin de Saint-Julien à Villefranche, au lieu dit Les Abreuvoirs, aussitôt que les pluies sont abondantes, le passage des piétons est intercepté, tellement que le facteur est obligé de se mettre à l'eau jusqu'à la ceinture pour faire son service. Il faudrait donc un double aqueduc pour dégager le chemin. Arnas n'a voté que 50 francs pour l'exécution de cet ouvrage. Monsieur

le Préfet doit reconnaître par là combien étaient justes les plaintes qu'a fait entendre depuis vingt ans le conseil de Saint-Julien contre le mauvais vouloir et l'esprit d'égoïsme de celle d'Arnas, et doit voir la nécessité de prendre des mesures pour la forcer à remplir ses obligations ».

En 1846, une transaction intervient qui met fin au différend entre le maire de Saint-Julien et monsieur de Glavenad sur une question de limites et de bornage du chemin n° 8 dit de Bourlaquin [1] à la Grange de Longsard.

En octobre 1346, Robert Isnard étant toujours maire, Bernard François est nommé adjoint.

Le 16 mai 1847, le conseil observe que depuis 1837 il a dépensé plus de 10.000 francs pour le chemin de Saint-Julien à Villefranche, et cela en pure perte, puisque le chemin est resté impraticable sur Arnas. Le maire répond qu'il a fait tout ce qu'il était humainement possible de faire auprès de l'autorité supérieure pour vaincre les résistances rencontrées, mais rien n'y a fait. Offre d'un cantonnier payé par Saint-Julien, rapport des voyers, avis des sous-préfets, tout a été inutile. Il n'y a qu'un moyen de changer cet état de choses, c'est d'obtenir que le chemin soit déclaré de grande communication et placé ainsi entre les mains de l'administration supérieure. (A toutes les sollicitations Arnas répondait : « Nous n'avons pas d'argent »).

En 1852, monsieur Camille Roche de la Rigodière [2] fut nommé maire. Nous devons à sa mémoire une mention spéciale, d'autant que notre village offre cette particularité d'être depuis trois quarts de siècle administré par la même famille de père en fils.

Ce fut une figure intéressante que celle de Camille Roche qui, en dépit des changements de régime, resta inébranlablement, jusqu'à sa mort, l'élu de ses concitoyens. Associé à leur vie, adapté à leurs mœurs, identifié à leurs intérêts, eux et lui se comprenaient et jamais le moindre nuage n'obscurcit leur demi-siècle de relations cordiales.

Dans ce milieu de vignerons beaujolais, joyeux d'esprit et robustes de corps, l'élite de nos populations rurales, tous savaient apprécier

---

1. Il y avait jadis une croix dite de Bourlaquin à l'intersection du chemin de Gramont et du chemin de Bourlaquin qui descend vers la rivière Marveyrand et va jusqu'à Longsard.

2. Son père M. Jean Roche de la Rigodière avait été mêlé à plusieurs reprises, à la gestion des affaires municipales.

son caractère égal et toujours bienveillant, sa bonhomie malicieuse. Tous connaissaient son inaltérable équité et la justesse de ses avis. Quand il leur donnait un conseil, ils le tenaient pour profitable et lorsqu'il s'agissait de défendre les intérêts communs, ils étaient sûrs que sa sollicitude avertie ne les laisserait point péricliter.

Son arrivée au printemps (il passait l'hiver à Lyon) était joie au pays. On attendait le maire pour résoudre toutes les questions. A chacun il parlait familièrement, cordialement. Ami de l'ordre, quand les vendanges amenaient de la ville des bandes plus tumultueuses qu'ardentes au travail, il savait faire respecter les personnes et les biens.

Si éloigné qu'il fut de la mise en scène, il prit un jour la plume dans une des crises politiques les plus graves où la France ait passé et publia une lettre [1] d'une justesse si frappante et d'un bon sens si spirituel qu'elle fut reproduite partout, et que pendant quinze jours — le temps que durent en France les émotions — elle mit son nom en vedette dans les quatre coins du pays.

Lorsque mourut Claude Bernard, il ne négligea rien pour l'honneur de sa mémoire dans le pays natal. Il sut intéresser à sa cause parents, amis, compatriotes, artistes, si bien qu'un beau jour le village eut la statue de son grand homme sans qu'elle lui eût rien coûté.

En l'année 1850, les habitants souscrivirent 183 fr. 90 au profit des victimes de l'armée d'Italie et envoyèrent 29 kilos de charpie et de linge à pansement.

En 1852, Antoine Vapillon est nommé adjoint.

Le 16 octobre 1859, le conseil approuve le projet de la construction d'un pont vers le Moulin, du coût de 2.300 francs environ.

En septembre 1861, M. Amédée Monterrat, ayant contesté à la commune la propriété et l'usage du sentier à talon établi le long de la rive gauche du Marverand, le maire, M. Camille Roche de la Rigodière, combat ses objections par de nombreux arguments. Un arrêt du tribunal de Villefranche du 1er août 1862 ayant donné gain de cause à monsieur Monterrad, le conseil émet, le 17 novembre, 1862 de nouveaux considérants sur cette affaire et demande à interjeter appel, s'il y a lieu.

Le 13 octobre 1867, le maire propose au conseil d'approuver une

---

1. *Journal de Villefranche*, mercredi 11 juillet 1877. *Le manifeste d'un rural.*

transaction définitive passée le 25 mai entre lui et M. Monterrad au sujet du sentier public, traversant le pré de ce dernier, qu'un jugement du tribunal civil de Villefranche à la date du 11 août 1864 a définitivement déclaré propriété communale, sans s'occuper de la largeur à lui attribuer. Aux termes de ce traité, monsieur le maire, afin de donner à ce sentier une largeur plus régulière et en rapport avec son importance, a acheté de Monsieur Monterrad cinquante centimètres dans toute la longueur du sentier qui est de 163 mètres, surface 81 m. 50, à raison de 2 francs le mème carré. Cette acquisition a donné au sentier une largeur de 1 m. 50, et cet espace a été définitivement fixé par l'établissement de douze bornes formant la limite du côté nord. M. Monterrad pourra pratiquer sous le sentier des canaux transversaux sans nuire en rien au nivellement et à la chaussée dudit sentier. Il entretiendra, en bon état, sauf les dégâts de force majeure occasionnés par le ruisseau, les berges de la rivière dont il demeure propriétaire.

Dans la même séance, Monsieur le maire a rappelé une demande faite par la commune le 31 août 1864 au conseil de préfecture tendant à obtenir l'autorisation conformément à la loi du 18 juillet 1837 d'intenter une action judiciaire aux demoiselles Blondeau et au sieur Morin pour l'usurpation faite par eux d'un chemin dit des Movaries ou des Pauvres qui existe sur son territoire. Le conseil, considérant que le chemin dont il s'agit figure sur le plan cadastral de la commune et porte le n° 23 sur le tableau de classement qui le fait figurer parmi ceux d'utilité privée seulement, mais cependant indispensables à l'exploitation des récoltes et ne pouvant être supprimé, — n'a eu qu'une voix pour protester énergiquement contre cette usurpation qu'il est temps de faire cesser si l'on veut arrêter la prescription et conserver la propriété de la commune.

Le 27 octobre 1867 le conseil approuve l'acte sous seing privé du 20 mai 1866 par lequel M. Roche de la Rigodière, maire, a vendu à la commune pour la translation du cimetière, au prix de 1.800 francs la bicherée beaujolaise (dix ares cinq centiares) un tènement de terrain au lieu des Patissières, d'une contenance de vingt et un ares douze centiares payables dans quatre ans.

Au 15 novembre 1868, le conseil réclame la vicinalité des chemins ruraux 12 et 16, dits du Jonchy et des Fournelles.

16 février 1869. Le maire présente un projet de rectification du chemin vicinal n° 6, du Déau aux Côtes, qui était presque impraticable. Pour le transport de 500 litres aux Germains, il fallait 4 vaches ou 2 che-

vaux, le chemin ayant seize pour cent de pente et seulement trois mètres de large.

Le 20 décembre la municipalité décide que l'école des filles sera transformée en école publique.

En 1889, acquisition de la maison Arnaud aux Varennes au prix de 13.000 francs pour école de filles.

A la suite du décès de M. Camille Roche de la Rigodière, en mai 1891, M. Antoine Roche de la Rigodière, son fils, aîné est nommé maire de Saint-Julien.

Le 2 juillet 1891, la foudre détruit la flèche de l'église et le beffroi. La société d'assurances « La Mutuelle de Rouen » verse 6.322 francs pour indemnité des dégâts. Le travail de réfection de l'édifice fut confié, pour la charpente, à Jean Servant. Un paratonnerre du prix de 300 francs fut fixé au clocher.

Le 11 décembre 1892, le conseil, pour avoir droit à une gare au lieu d'une simple halte sur la ligne ferrée qui était projetée entre Villefranche et Monsol, vote une somme de 3.000 francs qui sera empruntée au Crédit Foncier.

20 juillet 1900. Laïcisation de l'école des filles. Avant cette mesure, une personne de grand mérite, mademoiselle Coiffet (en religion sœur Clotilde) avait passé de longues années à donner l'instruction élémentaire aux petites filles, tout en consacrant ses heures libres à la visite et au soin des malades.

En 1902, installation du téléphone dans l'habitation du buraliste Campana.

En 1903, ouverture d'une école libre de filles dans une maison, aux Varennes, ayant appartenu à mademoiselle Emilie Isnard.

M. Henri Monnet est depuis 1906 à la tête de l'école de garçons où il a eu pour devanciers messieurs Montagne (1868-1905), Bonnet (1833-1868), M. Rambaud, instituteur dès l'année 1808.

Madame Henri Monnet est directrice de l'école publique de filles.

En 1908, création d'une halte au Chambely, sur la voie ferrée de Villefranche-Monsol. Vers la même date, installation d'une succursale de la Caisse d'épargne dans le local de la mairie ; établissement d'une bascule près la gare.

Le 14 juillet 1909, l'éclairage électrique est inauguré dans la commune et le Jeudi-Saint 1913 dans l'église.

CHAPITRE SIXIÈME

NOTES PRISES PENDANT LA GUERRE DE 1914-1919.

Samedi 1ᵉʳ août, 9 heures soir.

La gravité des circonstances que nous traversons m'excite à en marquer le souvenir qui, plus tard, pourra avoir quelque intérêt pour les habitants de Saint-Julien. Depuis huit jours la note ou plutôt la sommation brutale de l'Autriche à la Serbie avait jeté l'alarme dans l'Europe. L'émotion allait croissant de jour en jour et le mardi 28 juillet on apprenait la déclaration de guerre de l'Autriche à la Serbie. Etant donné que cette mesure infligeait une blessure profonde à la Russie, protectrice de la Serbie, et qui a avec elle communauté de race, d'intérêts et de traditions, on envisagea de suite la possibilité d'une guerre européenne, la France, la Russie et la Serbie d'un côté, l'Allemagne, l'Autriche et probablement l'Italie de l'autre. On espérait que l'Angleterre prendrait parti contre l'Allemagne.

Le mercredi 29 juillet, avec M. Bon et sa mère, de Gramont, et mon voisin M. Jean Montagne, j'allais faire une promenade en voiture autour de Brouilly. Nous saluâmes l'abbé Fayolle, curé de Charentay, neveu d'un de mes prédécesseurs les plus vénérés. Au passage, nous admirions les églises de Saint-Lager et de Cercié pour leur bonne tenue, leur caractère d'élégance. Nous revenons par Saint-Etienne-la-Varenne. Tous les esprits, toutes les conversations sont à la guerre dont on sent la menace passer sur l'Europe.

Le *vendredi* 31 *juillet*, je vais à Couzon-au-Mont-d'Or et déjeune chez monsieur le chanoine Rousset, directeur de l'œuvre Saint-Léonard. Nous passons un moment dans le jardin qui s'étage sur la colline avec son auxiliaire, monsieur l'abbé Paquet, qui doit être mobilisé au premier jour. Monsieur Paquet est plein de confiance ; il me fait l'éloge du fusil Lebel.

Cependant les trains défilent rapides sous nos yeux. Nous voudrions percer le mystère de demain. Au retour, à Villefranche, on me dit combien la pensée de la guerre consterne les gens. Le commerce est paralysé ; les voyageurs de commerce ne font plus d'affaires. Dans les banques on retire son argent ou partie de son argent. Dans l'après-midi l'ordre est donné de réquisitionner voitures et chevaux.

Le *samedi* 1er *août*, huit heures et demie du matin, je me dispose à aller à Denicé. Du balcon de ma chambre j'aperçois Etienne Rochette, en vêtement de dimanche. Il se rend à Villefranche. Il m'apprend que le facteur a distribué déjà plusieurs convocations à des gradés, ou à des soldats appelés à la frontière. Des hommes de quarante-six ans sont appelés à la garde des voies ferrées ou des ouvrages de guerre.

A Denicé des ordres semblables mettent aussi l'émoi dans les esprits. A mon retour, je rencontre un père de famille de quarante-cinq ans dont les enfants sont perchés sur une voiture de paille, et un peu plus loin sa femme en pleurs. L'homme est appelé à Ternand comme garde-voie. Il m'est facile de rassurer ces pauvres gens, malgré le dommage que leur imposera un éloignement du foyer qui durera ce que Dieu sait. Vers cinq heures moins quart du soir le fils Laplanche, du Fond de Blacé, que je rencontre à Saint-Julien, m'annonce, le visage ému, mais le cœur ferme, le caractère résolu, — la mobilisation générale qui va le porter à la frontière. Peu après je salue monsieur Sourd, très décidé d'allure et qui me dit que sa mère supporte vaillamment le premier choc de la grande épreuve. En sortant du presbytère pour aller voir l'ordre de mobilisation que l'on dit affiché chez Campana, le buraliste, je vois monsieur Pahu qui m'indique que la mobilisation doit être annoncée à son de cloche. Je vais à la mairie m'informer. Le maire, deux gendarmes de Villefranche sont dans la salle avec monsieur Monnet, instituteur, secrétaire, qui ajoute quelques mots à l'imprimé de l'affiche.

Quelques groupes commencent à se former ici et là. Je vois Etienne Rochette et Morel au coin de l'épicerie Soleillant, méditatifs. Et voici Joseph Dumontet, le plus jeune des marguillers de France, 13 ans, qui monte au clocher et jette dans notre vallon les notes qui portent à tous la terrible nouvelle : la France est en danger et appelle ses enfants.

En quelques heures, quel bouleversement dans la vie ! La journée est belle et serait, en temps ordinaire, une joie pour le cœur du vigneron. Il ne lui sera que plus dur demain et après-demain de quitter ces coteaux où il lui espérait cueillir, le mois prochain, le fruit de son travail. Il faut tout quitter. Que Dieu les protège, veille sur leurs familles !

Dimanche 2 août, 8 heures soir. Grande inquiétude dans les esprits. A la première messe, je fais remarquer que mobilisation et guerre sont choses distinctes. Notre mobilisation qui s'exécute dans un ordre parfait peut faire réfléchir l'Allemagne. ..Gardons-nous d'assombrir un ciel déjà bien chargé... Plusieurs femmes pleurent.

Mais déjà la situation est tranchée. Après la messe, je lis la déclaration de guerre faite hier soir, 1er août, à 7 heures, au ministre des affaires étrangères de Russie par l'ambassadeur d'Allemagne. Cet acte va produire fatalement le conflit avec la France, alliée de la Russie. Aussi, à la messe suivante, j'invite au double devoir que trace la circonstance, prière et dévouement réciproque. Je salue avec respect les mères qui envoient leurs enfants sous les drapeaux et gardent dans le sacrifice une vaillance admirable.

Claude Pulliat est à Arnas, dans la ferme Raclet. Il est sergent de la section employée à la garde et protection d'un pont du chemin de fer.

Au milieu du jour, il faisait une chaleur d'orage pénible à supporter. Le soir, le ciel se couvre de nuages.

Les journaux disent que l'Angleterre nous promet son appui complet.

Lundi 3 août, 9 heures soir. Les journaux publient la nouvelle téléphonée hier soir à quatre heures et demie par le ministre de la guerre Messimy au maire de Lyon : « Le sol français aurait été violé sur trois points différents par les troupes allemandes : vers Longwy ; près de Lunéville ; à Cirey, près Belfort ».

On dit que quarante-quatre de nos hommes sont partis ce matin.

Que de souffrances s'annoncent! Mais derrière l'émotion de douleur on sent la volonté courageuse, vaillante de la Française.

La journée a été chaude, puis le ciel s'est couvert de nuages et la pluie tombe au moment où j'écris ces lignes. Raymond Mandy part dans les Vosges. On dit que les Français s'avancent du côté de Mulhouse.

Mardi 4 août. Ciel baigné de nuages. Averses presque continuelles. Dans le grand silence qui règne au village le jour a la tristesse de ceux de novembre. Combien de cœurs sont dans une anxiété poignante !

A la gare, au train du matin, pas de journal. Je n'ai pas eu de courrier depuis le 1er août. Dans la journée on me communique des nouvelles réconfortantes ; l'Italie aurait déclaré sa neutralité, l'Angleterre promis son appui. L'Allemagne semble vouloir nous attaquer par le nord, violant la neutralité de la Belgique qui proteste.

Mercredi 5 août. On sait que la guerre est officiellement déclarée entre la France et l'Allemagne. Un croiseur allemand a lancé des obus sur Bône et Philippeville.

Jeudi 6 août, 8 heures soir. C'est le quarante-quatrième anniversaire de la terrible bataille de Worth-Frœschviller. Je pense à la visite que je fis en 1905 aux principaux points du champ de bataille. Ne verrai-je pas avant de mourir un beau monument de victoire française sur ce sol où la chapelle commémorative de nos soldats semble cacher sa tristesse dans un bosquet d'arbres de cimetière, tandis que triomphent de toutes parts au soleil une trentaine de monuments allemands ?

La guerre est déclarée entre l'Angleterre et l'Allemagne. La Belgique résiste énergiquement aux envahisseurs qui bombardent Liège.

La nuit passée un orage très violent s'est abattu sur la contrée accompagné de pluies abondantes, de coups de tonnerre. Aujourd'hui le temps a été frais et beau.

Vendredi 7 août, 8 heures soir. Les Belges attaqués devant Liège opposent une vigoureuse résistance. Après Liège, les Allemands trouveront Namur, qui sera une seconde barrière sur leur chemin. Peut-être avant d'arriver là rencontreront-ils nos soldats.

Un décret interdit aux bouchers de tuer veaux, moutons, chèvres. Un autre prohibe la circulation des autos, véhicules, etc., comme aussi des piétons, de six heures du soir à six heures du matin.

On a dû organiser aujourd'hui la garde communale. Le ciel était nuageux, mais la journée est restée belle.

Samedi 8 août, 9 heures soir. Les Allemands ont demandé aux Belges un armistice de 24 heures pour enterrer leurs morts. On dit qu'ils auraient eu de 15 à 20.000 hommes tués ou blessés dans l'attaque de Liège. Comme nous devons de la reconnaissance à cette vaillante nation pour n'avoir pas laissé libre passage aux Allemands et avoir préféré une lutte terrible au déshonneur d'une violation permise de leur territoire.

La nuit tombée, le silence est absolu sur la route de Villefranche. Ni voiture, ni piéton. Belle journée.

Dimanche 9 août, 9 heures soir. Le temps a été splendide. Après la seconde messe Jean Montagne m'apporte la nouvelle d'une victoire remportée à Altkirch et à la suite de laquelle nos troupes sont entrées à Mulhouse. Les Anglais commencent à débarquer sur la côte française pour se porter en Belgique.

Lundi 10 août, 10 heures soir. Très belle journée, soleil chaud. La prise de Mulhouse est confirmée. Bonheur des Alsaciens, fête enthousiaste à nos soldats. Cette nouvelle est une grande joie pour tout cœur français. Nos frères séparés de la mère patrie reviennent à nous dans le foyer où on leur fera la place la plus douce.

Mercredi 12 août, 9 heures soir. Hier et aujourd'hui, belles et chaudes journées. On attend avec anxiété le résultat de la grande bataille qui doit se livrer autour de Liège. Une dépêche d'allure ambiguë laisse entendre que les Français ont abandonné Mulhouse pour se rapprocher de Belfort. Pauvres Mulhousins, pourvu qu'ils n'expient pas sous les balles prussiennes le rapide bonheur d'avoir salué le drapeau français pendant quelques heures.

Jeudi et vendredi, 13 et 14 août. Tout le monde a le cœur vers la frontière, mais on ne sait rien encore. Chaudes journées.

Samedi, fête de l'Assomption, 9 heures et demie soir. — Le communiqué essaye de distraire les esprits par le récit d'escarmouches sans importance par comparaison avec le résultat que doit donner le choc des deux masses ennemies en Belgique.

Le matin température lourde, et au milieu du jour, pluie ; l'après-midi, temps frais, nuageux, pas de pluie.

Nombreuses communions à la première messe. Je développe l'idée : *Regnum Galliæ, regnum Mariæ* (le Royaume de France est le Royaume de Marie). Je montre les motifs chrétiens d'espérer la victoire.

Dimanche 16 août. Ciel très nuageux ; un peu de pluie dans la journée. On ne sait toujours rien de la bataille gigantesque qui se prépare ou qui est engagée, avec des moyens de destruction sans comparaison avec ceux d'autrefois.

Un fils de Charpin, d'Odenas, aurait été blessé.

Le tzar Nicolas promet à la Pologne son autonomie.

Lundi 16 août, 9 heures et demie soir. Le matin, ciel très bas, nuageux ; légère pluie vers deux heures et demie, puis belle soirée. Je suis allé à Denicé où j'ai vu le cortège se former pour l'enterrement du boulanger, Parisse, 40 ans. Monsieur le curé Cadet et Monsieur l'abbé Fabry, vicaire, font leur service de garde communal.

Un fils du boucher de Denicé, Freynet, a écrit à ses parents son premier fait d'armes. Son détachement cerne un poste de douane où se trouvent plusieurs soldats allemands. La porte brisée, Freynet entre le premier, essuie une décharge qui ne l'atteint pas, tue un ennemi d'un coup de fusil, en assomme un second d'un coup de crosse. Les autres se rendent sans difficulté. Freynet est vivement complimenté par son chef, pour son énergie et sa décision.

Plusieurs trains de blessés ont passé à Villefranche, dirigés vers le midi.

Des Sénégalais passent par Lozanne, criant par la portière des wagons : *Moi couper tête à Guillaume.*

Mardi 18 *août.* Temps frais assez beau.

L'ultimatum du Japon à l'Allemagne ; un croiseur autrichien coulé par notre flotte de la Méditerranée, — tels sont les deux événements annoncés par le journal. La mobilisation est achevée. Peu de lettres viennent de la frontière, et ces heures de mystère et de silence sont cruelles à l'esprit et au cœur des mères.

Jeudi 20 août, 9 heures et demie soir. Je suis allé à Villefranche avec un sauf conduit que je n'ai pas eu d'ailleurs l'occasion de présenter. D'énormes autos ont passé dans la ville, l'après-midi, courant vers le nord. En ville bien des magasins sont fermés. Temps un peu lourd ; le soir, ciel d'orage, coups de tonnerre du côté de Vaux.

Samedi 22, 11 *heures soir*. Mulhouse a été repris après un violent combat livré à Dornach. Nous aurions pris 24 canons aux Allemands. — Beau jour d'automne.

Dimanche 23 *août*, 10 *heures soir*. Il est certain qu'une grande bataille est engagée en Belgique. Que l'issue nous en soit favorable !

A Lyon il y a déjà de nombreux blessés. Revenant ce soir d'une visite à la mère Revin, je passe par le Mondar. Le temps est superbe. La campagne qui s'étend sous mes yeux jusqu'au fond de la Bresse a un aspect riant sous le soleil ; les coteaux beaujolais, chargés de leur richesse, sont en fête. Des enfants jouent dans la prairie. Et là-haut vers le nord où mes yeux voudraient percer l'horizon, c'est le carnage, c'est l'holocauste des victimes humaines.

Lundi 24 *août*, 9 *heures soir*. La journée est chaude, avec vent du midi. Elle se passe dans l'attente pénible du résultat de la bataille de Charleroi.

Mardi 25 *août*, 10 *heures soir*. Hier soir à 8 heures un ordre de la place de Lyon rappelle immédiatement les auxiliaires de l'artillerie, du génie, etc. C'est ainsi que Vermorel, Pelletier, Augagneur, Farget et d'autres qui avaient été renvoyés dimanche passé dans leurs foyers ont dû aujourd'hui quitter à nouveau Saint-Julien.

Les nouvelles sont mauvaises. A la suite de la bataille de Charleroi, Français et Anglais se replient. Dans ces tristesses du jour qui fatiguent tant d'esprits, je ne perds rien de ma foi au triomphe final.

Temps couvert, légèrement pluvieux.

Mercredi 26 *août*, 9 *heures du soir*. Sur la bataille de Charleroi, le communiqué dit : « Nos pertes sont importantes ». Que renferment ces mots ? Les esprits en sont attristés. Voilà la guerre qui s'annonce longue, difficile et déjà très douloureuse pour les populations envahies au nord et à l'est de France. Le génie militaire fait exécuter des terrassements à Lyon, met les forts en état de défense.

Vendredi 28 *août*, 9 *heures soir*. Hier et aujourd'hui, ciel bas, nuageux. Pas de nouvelles précises. Denicé a déjà trois blessés : Limandas, Descroix, Freynet.

Samedi 29 *août*, 8 *heures soir*. La journée a été belle et chaude, quoique parfois nuageuse. Les journaux enregistrent de multiples décès au champ d'honneur. Je remarque celui du capitaine d'artillerie Marnas, frère de notre zélé vicaire général.

Lu dans les *Feuilles de route* de Déroulède ce passage concernant la prière d'une petite Champenoise, âgée de 12 ans, pendant la guerre de 1870 : « Elle se dresse, le visage tourné vers un crucifix pendu à la muraille, les bras levés, les mains tendues et récite cette prière : *Envoyez-les ici, Seigneur, envoyez-les périr aux champs catalauniques* ».

Dimanche 30 août. C'est la fête patronale de saint Julien, mais il n'est joie ni à l'église, ni sur la place publique. On échange ses impressions sur les dernières nouvelles apportées par le journal ou quelque lettre. La flotte anglaise a coulé vers Héligoland trois croiseurs allemands. Nos marins embouteillent à Cattaro une escadre autrichienne.

Mardi 1er septembre. Les Allemands sont à la Fère, à mi-chemin entre la frontière et Paris, La lutte fait rage et je crois que d'ici huit jours les choses prendront une nouvelle tournure et qu'à leur tour les Allemands seront ramenés vivement en arrière.

Le temps est splendide. Le fils Berchoux aîné, blessé à la jambe, est soigné dans une ambulance du Puy-de-Dôme. Les journaux publient des protestations indignées contre les crimes commis par les Allemands dans les provinces qu'ils occupent.

Jeudi 3 septembre, 2 heures et demie soir. Hier, j'ai vu passer à la gare de Villefranche des soldats d'infanterie de marine. Les jours précédents d'autres trains emportaient vers le nord des marins, des soldats anglais revenant des Indes. Quel branle-bas ! Et par suite, que de calamités. Rencontré le curé de Liergues, monsieur Arnaud, qui me dit qu'un de ses paroissiens, le capitaine Laroche, a été tué par l'éclat d'un obus dont un autre fragment a brisé le bras de son frère, sergent-major dans le même régiment.

Le 2 septembre, on entendait la canonnade vers Compiègne, à 60 kilomètres de Paris.

Les ministres et les chambres se sont transportés à Bordeaux.

Malgré l'avance des Allemands de ce côté, la victoire des Russes en Galicie maintient un bon moral.

Vendredi 4 septembre, 9 heures soir. L'archevêque de Bologne, monseigneur Della Chiesa, a été élu pape et a pris le nom de Benoît XV.

Samedi 5 septembre. Temps un peu nuageux. Pas de nouvelles de l'armée du nord qui barre sans doute l'approche de Paris aux Allemands. Les Russes ont pris Lemberg, capitale de la Galicie.

Lundi 7 septembre, 9 heures et demie soir. Temps splendide. On se bat dans la région de Paris. L'espoir est plus vivace que jamais dans les cœurs français. Elle fait du bien à l'âme cette vaillance obstinée de nos soldats. Que de fois j'ai pensé à la grande bataille. Quelle en sera la fortune ? On voudrait percer les ténèbres, supprimer la distance, survoler en aviateur le champ de bataille. Que la volonté de Dieu soit favorable à la France !

Mardi 8 septembre, 9 heures soir. A l'occasion de la fête de la Nativité, environ 70 communions. Malgré le temps incertain, il y a eu du monde au pèlerinage de Notre-Dame de Brouilly. Vers 7 heures soir un peu de pluie. On attend avec un peu d'impatience, mais aussi avec confiance, le résultat du choc des belligérants. Que de ferventes prières ont dû monter, aujourd'hui, de Brouilly, comme de tous les sanctuaires de France pour le salut de notre cher pays !

Jeudi 10 septembre, 11 heures matin. Hier, ciel nuageux avec averses. Ce matin, épais brouillard qui se dissipe vers 8 heures. La décision de la bataille acharnée qui dure depuis trois ou quatre jours n'est pas encore nettement indiquée : « Nous progressons péniblement », dit le communiqué. Mais j'espère que demain le langage sera plus affirmatif et aura le son joyeux d'un clairon de victoire.

8 heures soir. Je suis allé l'après-midi rendre visite à mon confrère d'Arnas, monsieur Veyret. Il y a un soldat blessé de sa paroisse. Le soir, vers 6 heures, on me dit que le buraliste Campana lit une dépêche annonçant que nous avons repoussé l'ennemi à trente kilomètres de distance. C'est donc la victoire, la victoire attendue ! Demain, malgré le deuil qui s'étend sur de nombreux foyers, ce sera grande joie, si la nouvelle est confirmée.

12 septembre, samedi, 11 heures matin. Les nouvelles sont réellement bonnes. Dans la Champagne, les alliés progressent et ont déjà gagné 50 kilomètres dans une action développée sur plusieurs centaines de kilomètres et dont Vitry-le-François est un point important.

10 heures soir. On dit que Cinquin, régisseur de M. Rambert Couprie, aurait été blessé mortellement. Tout ce qu'on apprend montre la fureur des combattants. Dans le train de Mâcon à'Villefranche, un turco blessé montrait une douzaine d'oreilles dans sa musette : *Moi, porter à mon femme.* On ne put lui faire quitter ce macabre souvenir.

14 septembre, lundi, 8 heures soir. Hier et aujourd'hui, beau temps, quoique ciel couvert.

Aujourd'hui j'ai eu une douloureuse surprise en apprenant qu'un de mes anciens élèves du catéchisme de Saint-Paul de Lyon, Jean Grenier, avait été tué dans le combat du 23-24 août à Sainte-Marie-les-Mines. Jean était sous-lieutenant de réserve. Un de ses frères, Jules, est caporal au 5e régiment de génie, ; un autre Louis, maréchal de logis au 4e dragons.

J'ai gardé un si bon souvenir de ces jeunes gens, d'une éducation parfaite, modèles de franchise, de loyauté, restés bons chrétiens dans les milieux d'opinions mêlées, que cette mort m'a causé une tristesse profonde. J'envie la couronne de ce beau jeune homme tombé pour la patrie, et avec, dans le cœur, l'amour de Dieu le plus fidèle.

18 septembre, vendredi, 9 heures matin. Hier, la mère Rochette a reçu des nouvelles de son plus jeune fils, Antoine, soldat au 140e. Il confirme la nouvelle de la mort de monsieur de Vernizy, son capitaine, qui, en octobre dernier, épousait mademoiselle Louchet, Le capitaine qui avait succédé à monsieur de Vernizy a été tué le 7 septembre.

Parmi les braves tombés au champ d'honneur, on cite l'abbé Buscoz, adjudant au 97e d'infanterie. Il venait d'être promu sous-lieutenant sur le champ de bataille pour deux actions d'éclat. Il mourut en héros, en s'élançant à l'assaut avec ses hommes auxquels il criait : « Je suis prêtre, je ne crains pas la mort ; en avant, tous !.. ».

Les vendanges se font dans de bonnes conditions.

Samedi 19 septembre, 9 heures soir. Le capitaine Paget, frère de l'institutrice de mesdemoiselles Mandy, a été blessé mortellement le 8 septembre.

Madame Drevon, de la Demi-Lune, grand'mère de Jean Grenier, m'écrit : « Jean avait passé son hiver en bonnes œuvres, se donnant une peine infinie pour mener à bien ce dont il était chargé. Dans sa dernière lettre, du 19 août, il écrivait : « Je suis ennuyé, je suis trop « jeune, pas 25 ans, pour mener 70 hommes au combat ; je ne me con-

« solerais jamais si je venais à en perdre un par ma faute ». La pensée de Lacordaire me revient : « Il est des heures où le soldat devient une « hostie ». Qu'il y en a ces jours-ci d'hosties immolées au salut du pays ! Jean Grenier est une des plus belles.

22 septembre, mardi, 9 heures et demie soir. Madame Boccard s'est rendue à Epinal auprès de son fils Jean, soigné pour une perforation intestinale. Quoiqu'on dise la blessure sans gravité, madame Boccard fait bien d'aller voir ce qu'il en est exactement.

Le bombardement de Reims et de sa cathédrale, chef-d'œuvre de l'art chrétien, irrite à bon droit tous les Français, tous les esprits civilisés.

Samedi 26 septembre, 8 heures et demie soir. Le beau temps a persisté et a permis de finir rapidement les vendanges. On a donné de 2 à 3 francs aux coupeurs.

Dimanche 27 septembre, 9 heures soir. Aujourd'hui une trentaine de blessés dirigés sur une ambulance de Beaujeu ont passé à la gare de Saint-Julien, venant de Villefranche. Les habitants du bourg se sont empressés d'aller leur offrir bon vin, pâtisseries, fruits, lait. Quelques-uns paraissaient vivement souffrir. Ils ont bien cordialement remercié les habitants de leur générosité cordiale.

Le temps reste beau.

Mardi 29 septembre. Le soir, vers 7 heures et quart, le tocsin a sonné. Le feu avait pris au hameau des Tâches dans une maison appartenant à Claude Morel, ancien conseiller municipal de Saint-Julien, et ayant son domicile principal à Denicé. Le bâtiment était occupé par la femme Poyet et ses cinq enfants, — le père de famille étant mobilisé. De plus, à l'occasion des vendanges, Claude Morel et sa femme étaient venus passer quelques jours dans leur propriété et le sinistre les a surpris dans le sommeil. Le feu a pris à l'étable, on ne sait comment. Les pompiers de Blacé et d'Arnas ont combattu l'incendie qu'activait le vent du nord. La famille Norgelet, voisine des sinistrés, a recueilli la mère Poyet et sa jeune famille.

J'avais passé un moment de l'après-midi à l'ambulance de Mongré. Le premier blessé que je salue est un réserviste de Lunéville qui, dans un service de patrouille le long d'une voie ferrée, reçut au ventre un coup de fusil tiré par un espion dissimulé dans un buisson. Plus tard, ce soldat fut atteint au genou par un éclat d'obus. Le brave réserviste ignore où sont sa femme et son enfant.

Un chasseur qui a fait la campagne du Maroc et vient d'être blessé en France fait le plus bel éloge des goumiers comme éclaireurs. Je serre la main d'un jeune engagé volontaire et lui dis les vers de Déroulède qui le font sourire : « C'était un enfant, dix-sept ans à peine. De beaux cheveux blonds, de grands yeux bleus... ».

Dans cette visite, je suis heureux d'être guidé par madame Antoine Roche de la Rigodière, femme du maire de Saint-Julien, qui s'est mise, en bonne Française, en infirmière dévouée, au soin de nos chers blessés. Je compte avec fierté deux autres paroissiennes, madame Mandy qui dirige l'hôpital, et madame Boccard, à Mongré, qui apportent le même cœur, le même dévouement aux victimes de la guerre.

Tous ces soldats, cordialement émus des attentions qu'on a pour eux — soins, bonnes paroles, gâteaux — manifestent leur reconnaissance en « merci » joyeux. Quelques-uns, brutalement meurtris par les obus, ont un visage contracté par une violente souffrance. L'un d'eux qui gisait sur le champ de bataille, a été lardé de coups de baïonnette, puis frappé aux chevilles à coups de crosse. Ce matin on a dû lui faire l'amputation d'un pied.

Monsieur l'abbé Vermorel, mon confrère de Blacé, m'a montré une carte-lettre qui lui donne des détails sur la mort en Allemagne d'un de ses paroissiens. Je la reproduis :

« Weingarten (Wurtemberg), 18 septembre 1914,

« Monsieur le Curé,

« Je viens vous prier de faire part à la famille Merville d'une nouvelle trop douloureuse pour lui être communiquée directement. Ephrem est mort dans ce lazaret mercredi matin à 9 heures et demie, des suites de la blessure reçue à Sainte-Marie, près de Fraize-Saint-Dié, le 31 août. Il a eu le pied gauche au trois quart enlevé au-dessus de la cheville par un obus qui a éclaté devant lui. Il m'a raconté qu'il est resté ensuite trois jours tout seul dans un bois sans être pansé. Le 3e jour comme deux artilleurs allemands passaient non loin de lui, il les a appelés au secours. Les Allemands l'ont pansé. Il est arrivé ici le 4 septembre. Son pied a été placé dans un appareil. Le premier pansement a été particulièrement douloureux : « Oh ! coupez-moi le pied », s'est-il écrié dans sa douleur. Les médecins voulaient à tout prix lui sauver le pied. Mais le 15 le tétanos s'est déclaré. Et le 16 on a tenté le remède suprême, l'amputation du membre malade. On lui a donc amputé la jambe au genou. L'opération était presque finie quand le cœur s'est arrêté. Un moment après le malade avait cessé de vivre. Au champ de bataille il avait reçu les derniers sacrements et un quart d'heure avant l'opération il s'était encore confessé. J'ai soigné le malade depuis son arrivée ici et il m'a toujours édifié par sa patience, sa grande résignation à la volonté du bon Dieu à qui il offrait ses souffrances. Pendant les pansements il répétait souvent : « O mon Dieu, ô mon Dieu, ayez pitié de moi ! O mon Dieu, qu'il « faut souffrir ! ». Personne n'aurait cru qu'il succomberait pendant l'opération et les médecins croyaient qu'il aurait après l'opération encore à supporter le martyre du tétanos au moins pendant 8 jours. Il a plu au bon Dieu de le rappeler à lui plus tôt en abrégeant son purgatoire en ce monde. Le sergent H. Menut, de Blacé, pourra vous donner des détails plus amples au sujet du cher défunt. L'enterrement a eu lieu ce matin dans le cimetière de Wingarten. En vous priant, monsieur le curé, de transmettre à la famille éplorée mes plus sincères condoléances, avec l'assurance de mes prières pour le défunt, je reste votre tout dévoué en Notre Seigneur. — P. Wilhelm Riether, des Augustins de l'Assomption, aumônier-infirmier. Mon adresse en Suisse est : Professeur au Collège Saint-Charles à Locarno, lac Majeur (Suisse) ».

En marge de la carte-lettre quelques mots du fils Menut : « J'ai été blessé tout dernièrement et fait prisonnier. Ma blessure va aussi bien que possible. A bientôt, j'espère, le plaisir de vous voir. Henri Menut ».

Une courte note dans l'enveloppe indiquait la voie par laquelle était venue la lettre : « Cette carte a été apportée en France par une infirmière et remise à l'état-major de la place de Paris. Je m'empresse de vous la faire parvenir ». (Signature illisible).

Dimanche 5 octobre. Antoine Rochette a été blessé. Il est soigné à Alençon.

Je note ce passage d'une allocution de Frédéric Masson : « Normand et Basque, Flamand et Breton, Lorrain et Gascon, n'importe, c'est la France. Tout entière elle fait front dans l'unanimité de sa volonté, dans sa résolution de vaincre ou de mourir. C'est pourquoi ceux-ci sont morts. Gloire à eux, gloire aux héros inconnus auxquels nous devrons la délivrance ! Lorsque les jours seront accomplis et que l'Europe civilisée aura triomphé des barbares, et qu'elle se reposera dans la paix et dans la liberté, alors vers ceux qui auront donné leur sang pour notre salut, nos pensées s'élèveront avec une reconnaissance infinie. Bénis soient-ils ceux auxquels nous aurons dû de rester des Français ! ».

L'espionnage joue un grand rôle dans la conduite de la guerre par les Allemands. Parmi leurs procédés on signale ceux-ci : la transmission de signaux au moyen de feux colorés durant la nuit et de nuages de fumée durant le jour ; — la notation faite dans les gares, des troupes, avec leur nombre et leur qualité, qui embarquent ou débarquent.

On dit qu'à Montfaucon, d'Argonne, canton de Montmédy, le maire, vendu aux Allemands, faisait du haut des collines des signaux aux ennemis et sa trahison empêcha qu'on ne fît prisonnier dans la commune le kronprinz et son état-major. On trouva, avec de nombreux cadeaux, 15.000 francs en or allemand, chez ce triste personnage qui fut fusillé.

Les 35 premières listes des pertes prussiennes accusent un total de 90.000 tués et 200.000 blessés. A ces pertes doivent être ajoutées les listes bavaroises, saxonnes et wurtembergeoises.

Mardi 7 octobre, 10 heures matin. Hier, beau temps. Un groupe de blessés a passé à notre gare, à trois heures soir, dirigés sur Chenelette où ils achèveront leur convalescence.

Raymond Mandy a reçu une balle qui lui a traversé la cuisse, et dans le trajet a dû contusionner un nerf. Il est soigné à Montpellier où on lui fait du massage et des applications de courant électrique.

On voit dans les hôpitaux des cas de guérison remarquables. Ainsi un tireur couché reçoit une balle au-dessus et en dehors de l'œil. Elle le contourne sans l'abîmer, puis traverse le palais et ressort par la mâchoire inférieure. En quinze jours le blessé est guéri.

Aujourd'hui je suis allé à l'ambulance de l'Ecole supérieure de Villefranche. Quelques hospitalisés sont grièvement blessés, mais la plupart sont plus légèrement atteints et, grâce aux soins dévoués qui leur sont donnés, se tirent d'affaire. Toujours, de la part de ces braves, langage réconfortant, plein d'assurance dans la victoire finale. Ce soir, le ciel est pluvieux.

Jeudi 8 octobre, 9 heures soir. On dit que M. Jean Boccard, l'aîné des trois frères soldats, a été tué sur le champ de bataille, et qu'il est inhumé dans un village à cinq kilomètres de Saint-Dié.

La mère Ressier a appris que son fils Pierre était prisonnier à Stuttgard, enWurtemberg. Le colonel de Talancé qui avait pris sa retraite à Denicé, il y a une dizaine d'années, a été emporté en quelques jours par une pneumonie.

Le journal annonce la prise d'Anvers par les Allemands. On ne s'explique pas la prise si rapide de cette forteresse qui pouvait, ce semble, recevoir par mer tous les secours que réclamait la situation. Plus tard on comprendra. Mais cette nouvelle efface les impressions meilleures qu'apportaient les jours précédents. Nos ennemis vont trouver là de grosses ressources.

Le capitaine Wirth, frère de l'institutrice du château de Montmelas, a été tué.

Vendredi, 16 *octobre.* Le temps était nuageux et pluvieux ces jours-ci. Ce soir, depuis cinq heures, l'averse est incessante.

On se bat fort sur les bords de la Lys, mais on ne sait au juste quelle est la situation. La rentrée du tribunal de Reims a eu lieu sous la canonnade. Le procureur de la République, monsieur Louis Bossu, a prononcé, à cette occasion, un réquisitoire magistral contre les pillards, les incendiaires et les assassins du kaiser : « Au moment, a-t-il dit, où une ville ouverte râle, bouleversée par les obus, détruite par les bombes incendiaires, mutilée dans ses monuments les plus chers et les plus sacrés, frappée dans ses habitants, femmes, enfants, vieillards, innocentes victimes de la guerre sauvage qui lui est faite, il est nécessaire de rappeler à tous qu'au-dessus de la force brutale, au-dessus de *l'ultima rotio* du canon qui tonne encore à nos portes à l'instant même où nous parlons, il existe l'idée intangible de la justice et du droit qui eux, auront un jour, leur revanche, et, je l'espère, dans un avenir prochain ».

Le gouvernement belge a dû se transporter au Havre. On applique et très justement, à l'héroïque Belgique, les vers dédiés par Victor Hugo à Paris :

> Ton sort est beau ! Ta passion te met
> Au milieu du genre humain sur un sommet.
> Personne ne pourra t'approcher sans entendre
> Sortir de ton supplice auguste une voix tendre,
> Car tu souffres pour tous et tu saignes pour tous,
> Les peuples devant toi feront cercle à genoux.

Dimanche soir, 18 octobre. Le temps reste couvert, parfois pluvieux. Claude Charles Laplanche, du Fond de Blacé, a été blessé mortellement le 2 septembre au cours d'une reconnaissance. Il est inhumé à Chipal (Vosges). Il était dans sa vingt-troisième année, maréchal de logis au 11ᵉ chasseurs à cheval.

Une grande bataille se livre dans la région Armentières-Ypres. Saint-Etienne-la-Varenne compte déjà six de ses enfants tués dans cette grande guerre.

Louis Dumontet, après avoir bataillé en Alsace, est maintenant dans les Vosges.

Vendredi 23 octobre. Aujourd'hui ciel couvert, hier beau temps. J'étais hier à Lyon et j'ai assisté, à Saint-Paul, au service anniversaire de mon ancien collègue, devenu curé de la paroisse après le chanoine Boiron.

J'ai assisté au chapelet, à Fourvière, à deux heures et quart. Des soldats, plusieurs avec béquilles ou bâton, déambulent autour de la basilique puis font une visite au sanctuaire.

J'apprends que, dans la paroisse de Saint-Paul, les fils Janin, Cœur Védrenne sont blessés ; Goron est prisonnier en Westphalie.

Le capitaine de Buttet a écrit à la mère de M. Jean Boccard : « Le sergent Boccard est mort dans mes bras. Nous étions en reconnaissance ; lui, mon sous-lieutenant, mon sergent-major et moi-même pour une nouvelle position que devait occuper la compagnie. Un obus est tombé sur nous quatre... et je suis revenu tout seul.

« Il me reste, Madame, en pleurant avec vous votre fils (bien que pleurer ne nous soit pas permis), à vous dire combien ses chefs et ses camarades l'appréciaient et quel vide il a fait parmi nous. Je l'avais nommé chef de section : c'était donc que j'avais reconnu sa valeur et à maintes reprises je l'ai envoyé remplir seul une mission avec ses hommes, étant sûr qu'elle serait bien remplie. C'est une belle mort que la sienne. La séparation est cruelle, mais vous pouvez, madame, être fière de votre fils. Le bon Dieu doit ouvrir toute grande sa porte aux soldats, et tous nous attendons la mort sans peur ».

Fête de la Toussaint, 8 heures soir. Aujourd'hui temps doux le matin, quelques gouttes de pluie le soir. Elle a été deux fois mélancolique, la procession au cimetière en cette année où tous les assistants avaient le cœur oppressé de la grande épreuve qui passe sur l'Europe. Et la guerre se généralise encore. Hier, le journal nous apprenait que plusieurs navires russes et français avaient été bombardés par les Turcs dans la mer Noire. C'est ainsi que la Turquie entre dans la lutte aux côtés de ses amis et protecteurs, les Allemands et les Autrichiens.

Vendredi 13 novembre. La température s'est refroidie depuis quelques jours. Hier surtout le vent du nord soufflait, de gros nuages noirs couvraient Montmelas. La campagne a l'image de l'hiver. Etienne Rochette prend un congé de six jours pour les semailles. Il était allé faire des réquisitions de chevaux jusque dans la région de Soissons où grondait la canonnade.

Dimanche 15 novembre. Alternatives de soleil et de bruine. Jean Bidon, d'Espagne, est prisonnier à Hammeln-sur-Weser, dans le Hanovre.

Dimanche 22 novembre, 9 heures soir. Depuis quelques jours nous avons toutes les tristesses de la mauvaise saison ; jeudi et vendredi bise rigoureuse par un ciel clair ; hier, au réveil, on constate un épais manteau de neige sur le sol. Ce soir, de la pluie. Toutes ces misères ne sont rien pour nous qui nous protégeons près du feu contre ces intempéries, mais que de souffrances pour nos soldats !

Louis Dumontet a failli être tué par un obus qui a éclaté près de lui. Entendant venir le projectile, il s'est jeté dans une tranchée pleine d'eau où il a été couvert de la terre explosée. Malgré la réserve du communiqué, il semble que les Russes ont été repoussés dans la bataille entre la Wartha et la Vistule.

Jeudi 3 décembre. Depuis deux ou trois jours nous avons un temps clair avec vent du midi. Aujourd'hui le ciel s'est chargé. Le soir, revenant d'assister au service de quarantaine du colonel de Talancé, à Denicé, j'ai passé au Jonchy et j'ai admiré à quatre heures du soir un magnifique ciel or et pourpre sur lequel les arbres de la clairière du parc de Montmelas détachaient leur silhouette pittoresque.

Vendredi 4 décembre, 9 heures soir. Le ciel est resté chargé aujourd'hui ; le soir j'entends gronder le vent qui nous amènera probablement la pluie.

Un des soldats de Montmelas, Lacombe, a été fait prisonnier.

Les obus de nos barbares ennemis ont tué à Reims une vingtaine d'incurables et en ont blessé vingt-huit dans un hôpital. Dans la même ville, quatre officiers sortaient d'un restaurant ; un obus éclate. L'un d'eux a la tête emportée, deux autres sont tués aussi sur le coup, le quatrième a les deux jambes coupées et ne survit que quelques heures. Les quatre cadavres ont été transportés dans la maison des sœurs Saint-Vincent de Paul, dont la supérieure est madame des Garets, sœur du général. Quelles horreurs sème une guerre et cela tous les jours, et on peut dire toutes les heures, sur un point ou l'autre !

Ce soir, vers six heures et demie, j'entends de ma chambre, au passage de quelqu'un dans le chemin, une voix de gémissements, de sanglots. Serait-ce un accident ? Ne serait-ce pas quelque mauvaise nouvelle apportée par le facteur ? Trois quarts d'heure après, je reçois par une lettre de monsieur Couprie l'annonce douloureuse de la mort de son fils Claude, docteur en droit, avocat à la cour d'appel de Paris, sergent de réserve au 252e de ligne, tombé au champ d'honneur le 28 novembre 1914 à Seicheprey (Meurthe-et-Moselle) et inhumé dans le cimetière de Mandres aux Quatre-Tours. Il avait trente-cinq ans.

Mardi 8 *décembre.* Hier, l'après-midi, la ligne des Alpes se dégageait dans toute sa beauté, le mont Blanc dominait majestueusement la chaîne argentée.

Ce matin l'horizon est aussi très clair, très étendu.

Les journaux ont publié des extraits du *Livre jaune* sur les origines de la guerre. Les documents diplomatiques prouvent la responsabilité du gouvernement de Berlin dans le conflit qui s'est produit. L'Allemagne a voulu la guerre, et elle l'a voulu contre la France.

Dimanche 13 *décembre.* Le vent et la pluie se sont partagés la semaine qui vient de finir. Les nouvelles de la guerre sont mêlées. Les Russes ont évacué Lodz et le communiqué allemand parle de pertes énormes qu'ils auraient subies dans la bataille.

J'ai adressé mes souhaits patriotiques aux jeunes de la classe 1915 qui demain vont répondre à l'appel des armes.

Mercredi 16 *décembre.* Hier sont partis les jeunes soldats de la classe 1915 : Charles de Montgolfier à Grenoble, Saunier (François) au 5e colonial, à Lyon ; Brette à Annecy, Galland à Romans, etc. Sur la douzaine d'anciens réformés qui ont passé au conseil de révision à Villefranche, six ont été pris pour le service armé : Richard, Monternot, Picard, Matthias, Lardy...

Jeudi 17 *décembre*. Les Serbes ont repris Belgrade aux Autrichiens et poursuivent leur marche victorieuse.

D'une lettre de monseigneur Ginisty, évêque de Verdun, publiée par les journaux, j'extrais le passage suivant : « Les Allemands occupent la moitié de la Meuse, et nous ne savons rien des contrées envahies. Depuis un mois et demi ils sont là tenaces et terrés. On ne peut les refouler que lentement, on les maintient, on les use. Dans tous les cas ils ont subi chez nous deux grandes batailles qui leur ont infligé des pertes énormes. Plus tard, l'histoire parlera des formidables hécatombes de Boches qui ont eu lieu au passage de la Meuse, au-dessus de Verdun, au fort de Troyon, à la trouée de Spada, près de Saint-Mihiel, à Revigny, au-dessus de Bar-le-Duc, où je me trouvais pendant ces chaudes journées. Ils ont bien laissé dans le cimetière de la Meuse de 60 à 80.000 morts, tandis que nos pertes en tués sont de beaucoup plus faibles. Plus tard on établira ces statistiques effrayantes. A l'heure présente, on est à l'effort, à l'attaque, et on ne compte ni les morts ni les blessés.

« Jusqu'ici Verdun n'a pas souffert et semble fortement protégé.

« Nous vivons dans l'angoisse, mais aussi dans la confiance. Que Dieu nous vienne en aide ! ».

Monseigneur Ginisty termine par ces mots d'espérance : « C'est aujourd'hui la montée au Calvaire, demain ce sera la résurrection avec la victoire ! ».

Mardi 22 *décembre*. La brume est épaisse, froide, et semble préparer la neige.

J'ai vu dans le journal l'annonce du décès de deux de mes élèves de catéchisme à Saint-Paul de Lyon, Charles et André Mazoyer, fils d'un professeur de la Martinière. Natures fines, bien cultivées, tous deux vaillants au devoir portaient la promesse d'un avenir honorable, même brillant. Comme ils émergeaient par leur bonne tenue, leur modestie aimable, la sagesse de leur conduite, des groupes de garçons de la rue Lainerie et de l'Observance, avec lesquels il fallait batailler du commencement à la fin de la leçon pour obtenir un peu de discipline et d'attention ! Leurs parents allaient à la campagne à la Demi-Lune. Charles était licencié ès-sciences et avait vingt-cinq ans. Il est tombé au champ d'honneur le 20 septembre 1914. André avait vingt-deux ans et a été tué le 29 août 1914. Tous deux étaient caporaux au 60e d'infanterie.

Samedi 26 *décembre*. Ces jours passés, la température s'était abaissée. La bise soufflait pendant la veillée de Noël. Aujourd'hui le temps s'est remis au beau. La vente de petits drapeaux belges a été l'occasion d'une offrande de 158 francs pour la nation si grande de cœur, à qui nous devons tant de reconnaissance.

J'ai appris qu'André Mazoyer a été enterré dans le cimetière de Framerville (Somme), avec plusieurs de ses camarades, par les soins du curé de cette paroisse. Charles repose à Chevillecourt (Aisne) avec d'autres soldats, derrière une scierie.

De Saint-Rambert-sur-Loire, on m'écrit : « La ville a pris depuis huit jours une nouvelle physionomie. Samedi 19 décembre 600 soldats sont venus aménager les bâtiments construits jadis par les Frères de la Doctrine chrétienne, et cela afin d'y loger 1.200 prisonniers alsaciens. La population les a bien accueillis. Certains voulaient entrer en chantant la *Marseillaise*. On ne le leur a pas permis, mais ils se rattrapent à l'intérieur et chantent une partie de la journée. Ils sont très heureux de trouver là caloriféraire, éclairage électrique.

1915

1er *janvier, vendredi*. Un ciel froid, du vent. Le matin je présente aux paroissiens les vœux chrétiens et patriotiques qui sont dans le cœur de tout prêtre français.

Lundi 4 *janvier*. Temps humide, nuageux, assez doux. Les soldats des classes 1887 et 1888 sont renvoyés dans leurs foyers.

Jeudi 7 *janvier*. Je reviens d'Arnas où c'était la fête de l'Adoration perpétuelle. Dans cette église d'une tonalité si claire, la décoration a facilement quelque chose de gracieux. J'y ai remarqué de jolis bouquets de roses de Noël.

Dimanche 10 *janvier*. Antoine Rochette est ici en congé pour six jours. Il a été blessé au pied à Lyon.

Lundi 11 *janvier*. Le mauvais temps nous a infligé une triste journée. Le matin, averses ; le soir, le vent du nord-ouest nous amène des troupeaux de nuages noirs froids, qui mettent dans le ciel une image de mort. Pauvres soldats des tranchées, qu'ils sont mille fois dignes de pitié ! Et quelle guerre dont les récits dans vingt ans n'auront pas épuisé les horribles souvenirs !

Mardi soir, 12 *janvier*. Le temps reste mauvais. J'ai passé l'après-midi avec deux sergents du 6ᵉ colonial, tous deux blessés.

Une lettre de soldat, publiée dans le *Bulletin de Barcelonnette*, présente un des tristes tableaux de cette guerre. Elle est du 12 novembre. « Hier soir, reprise de garde, garde terrible et terrifiante, car devant nos tranchées, à cinquante mètres au plus, sont couchés près de 200 des nôtres, et voilà onze jours qu'ils y sont, victimes, on ne sait comment, d'un guet-apens ou de surprise pendant le sommeil. Il est impossible de se hasarder à aller enterrer ces cadavres en décomposition. Chaque fois qu'un des nôtres a essayé, muni du drapeau de la Croix-Rouge, ils l'ont fusillé. Ce sont des bandits... Nous ne pouvons pas nous empêcher, en surveillant l'ennemi par les créneaux de nos tranchées, de pencher un peu plus la tête et de voir l'ensemble de ce carnage. Près de nous, à droite, ils sont là une quarantaine en un tas, enlacés dans la mort. Il y en a tous les deux ou trois mètres, les uns tués sur le coup et la figure calme, d'autres font d'horribles grimaces, ceux-ci ont été vaincus par la douleur et une agonie de plusieurs jours, ou sont morts de faim. Parmi tous ces cadavres, il y en a auxquels manquent la veste, la capote, etc. Ils ont été dévalisés par ces vampires qui ne respectent rien, qui déshabillent les morts et parfois les blessés pour se revêtir de nos habits et nous tromper par ces moyens ».

Dimanche 17 *janvier*. L'après-midi, fortes bourrasques de neige. Nous avons eu un échec vers Soissons.

Desmolle a été blessé par une balle qui a percé la joue.

M. Minot, de Montmelas, qui avait perdu un fils âgé de vingt-sept ans environ dans les combats du bois de la Grurie, en a perdu un second plus jeune dans cette affreuse guerre. On éprouve une profonde sympathie pour cet homme très estimé et que frappe ce double malheur. Heureusement, c'est un bon chrétien que soutiennent les pensées et les espérances de la foi chrétienne.

Samedi 23 *janvier*. Le matin, légère chute de neige. Le père Lafond, notre cantonnier qui habite actuellement Bel-Air à Blacé, est inquiet sur le sort de son fils aîné qui est au 252e de ligne — régiment auquel appartenait M. Claude Couprie. Il n'a pas de lettres depuis dix-huit jours.

Jeudi 28 janvier. — Temps froid. Le fils Dubessy aurait été fait prisonnier à Soissons.

Samedi 30 janvier. J'ai assisté à la cérémonie du soir pour l'Adoration perpétuelle à Denicé. Sermon par Monsieur l'abbé Roussier, curé de Jarnioux ; parole forte, divisions heureuses du sujet. De beaux cantiques exécutés par des voix de soprani, sonneries de clairons, roulements de tambours, tout donnait de l'éclat à la fête.

Lundi 1er février. Ciel nuageux. Les conscrits de dix-huit ans, Laurent des Garets, Bize, Chagny ont passé aujourd'hui au conseil de révision de Villefranche. Tous bons pour le service.

Mercredi 13 février. Claude Desmolle a été blessé le 8 ou le 9 janvier vers Crouy, près Soissons. Son bataillon, 55e chasseurs à pied, a chargé vigoureusement à la baïonnette. On cite encore parmi les morts de Soissons : Lassalle, d'Arbuissonnas ; Tondu, de Saint-Georges-de-Reneins.

Nous avons chanté plusieurs dimanches, sur l'air du *Stabat mater dolorosa,* cette prière pour les soldats tombés au champ d'honneur :

> Marie, ô Mère des douleurs,
> Le cœur meurtri, les yeux en pleurs,
> Nous tombons à vos genoux.

> Ayez pitié de nos soldats
> Fauchés dans les derniers combats,
> Au ciel, recevez-les tous.

> Pour leurs foyers, pour leurs autels
> S'arrachant des bras maternels
> Ils sont partis en chantant.

> Mères et sœurs pleuraient tout bas,
> Ils ne se retournèrent pas
> Vers tous ceux qu'ils aimaient tant.

Ils étaient forts, jeunes et beaux,
Pleins de vie et d'espoir nouveaux
Riant à leur avenir.

La Patrie était en danger,
Sans un regret, le cœur léger,
Pour elle ils ont su mourir.

Ne regardez point leurs péchés,
Car dans la gloire ils sont couchés
Et vous aimez les héros.

A ces sublimes combattants,
A nos grands hommes de vingt ans,
Donnez l'éternel repos.

Jean VÉGÈRE.

Joseph Blanc est soigné dans un hôpital de Lézignan (Aude). Ses pieds gelés sont en meilleur état.

Dimanche 14 *février.* Les Russes auraient abandonné la ligne de bataille des lacs Mazurie pour se replier sur une seconde ligne.

J'ai lu, à la seconde messe, une lettre empruntée au *Bulletin paroissial de Denicé* et adressée à monsieur le curé Cadet par un de ses paroissiens.

« Somme, le 27 décembre 1914.

« Cher monsieur le curé,

« C'est un de vos jeunes paroissiens qui, du fond des tranchées où il se trouve en ce moment vous écrit pour vous apporter tous ses meilleurs souhaits de bonne et heureuse année.

« Certes, l'horizon où se lève l'année 1915 est encore bien sombre ; on entend le sinistre crépitement de la fusillade, le sourd mugissement du canon et les humains, dans un délire fou, s'entr'égorgent à la façon des fauves ; la haine a remplacé l'amour.

« Avant-hier, c’est-à-dire la nuit de Noël, je prenais la faction, à 100 mètres environ des tranchées allemandes. Une nuit idéale ; un ciel pur, parsemé d’étoiles, une douce clarté de lune estompant les arbres qui m’entouraient... pas un souffle, pas un bruit, si ce n’est, de temps à autre, un coup de feu tiré par les sentinelles ; et, dans cette nuit si douce, le fusil, placé à mon côté, les yeux fixés machinalement du côté de l’ennemi, je me suis laissé aller à la rêverie. Il me semblait entendre les chants joyeux des anges annonçant à l’univers l’heureuse nouvelle ; il me semblait entendre leurs si belles paroles : « Gloire à Dieu dans les cieux et « paix sur la terre aux hommes de bonne volonté ! » ; il me semblait que toutes les nations, dans une trêve bienheureuse, venaient s’agenouiller au berceau de l’Enfant-Dieu, qui leur recommandait de s’aimer les unes les autres. Et ma pensée était aussi au milieu de vous tous qui, assemblés dans notre charmante église, priiez avec tant d’amour et chantiez les suaves cantilènes, les joyeux noëls à cette heure si sainte de la naissance du Christ : alors, bercé par le doux rêve, mon cœur s’est ému.

« Je revoyais les anciennes années où, moi aussi, je chantais avec vous le *Te Deum* d’actions de grâces, où ma voix se mêlait aux autres pour acclamer le Rédempteur et, comme vous, j’ai prié dans cette nuit solennelle, j’ai prié pour que Dieu accorde bientôt au monde la paix si bienfaisante, pour que les foyers ne soient plus si tristes, pour que les mères retrouvent bientôt leurs fils, les épouses leurs époux, les enfants leurs pères.

« Et vous aussi, monsieur le curé, je sais que vous priez pour vos petits soldats ; priez pour eux afin qu’ils revoient nombreux le cher clocher natal et qu’ils se groupent tous autour de vous pour grossir le troupeau dont vous avez la garde. C’est mon meilleur souhait pour l’année 1915, qui, commencée dans le sang et la mitraille, finira, je l’espère, dans la paix et dans l’amour ».

Cette lettre, de sentiments très élevés et d’une belle tenue littéraire, a été écoutée avec un vif intérêt.

La jeunesse du kaiser Guillaume II justifie l’épithète de « mauvais fils » qui stigmatise son nom. Mauvais fils qui garde en présence des terribles souffrances de son père « une attitude endurcie » qui tient envers sa mère, dès les premiers jours du veuvage, « une conduite dénaturée ».

Le « mauvais fils », dit M. Lenotre dans un article du *Temps*. Ce mot courut l’Europe entière... et Guillaume put recueillir les échos de cette unanime réprobation. Le prince de Galles quitta Vienne pour ne pas s'y rencontrer avec lui ; la famille impériale de Russie traversa Berlin sans l'aviser de son passage et sans descendre de wagon, et le pape auquel le nouveau César allemand imposa brutalement sa visite, le jugea d'un mot sévère qui, n'en doutons pas, est une prophétie ; comme on demandait à Léon XIII quelle impression il rapportait de son entretien avec l'empereur : « C'est, dit-il, un jeune homme opiniâtre et vain dont le règne finira par des désastres ».

Le kaiser, qui cite la Bible à tout venant, doit savoir pourtant qu'elle commande d'honorer son père et sa mère et qu'elle dit que les mauvais fils seront châtiés.

Mardi 23 *février.* Aujourd'hui, bourrasques de neige. Que de pensers tristes montent de tous les points de la France vers les tranchées, vers la ligne de souffrances où nos soldats, la tête sous la neige, les pieds dans l'eau glacée, montent la garde pour la patrie... pour nous.

Vendredi 26 *février.* M. Laurent des Garets va commencer aujourd'hui au Grand-Camp sa vie militaire.

Madame la générale Isnard a loué une petite maison dans le bourg, voisine de l'épicerie Soleilland. Elle est attristée du nouveau deuil qui frappe la famille de Charpin-Feugerolles, d'Odenas, dans la mort de l'aîné des fils, Pierre, sous-lieutenant de réserve au 134e de ligne, tombé sur le champ de bataille le 17 février.

— Son frère, Raymond de Charpin-Feugerolles, sous-lieutenant d'infanterie, sorti de Saint-Cyr à la déclaration de guerre (promotion Montmirail), était, dès le début de la guerre, au cours de la marche sur Mulhouse, frappé d'une balle à la jambe. A peine guéri, il participait aux batailles de la Somme et de la Marne. Le 6 septembre, sur le plateau de Betz, il était grièvement atteint par un éclat d'obus. Il restait 24 heures sur le champ de bataille, était fait prisonnier par les Allemands, mais abandonné par eux au cours de leur retraite. Revenu au front après une brève convalescence, il était à la bataille de Soissons, placé à la tête de la 1re compagnie de son régiment. Le 14 janvier, avec trois sections seulement, il défendit le château de Saint-Paul, attaqué par tout un bataillon allemand, tenant la position pendant trois jours et était écrasé avec douze de ses hommes sous les décombres. (Extrait de l'*Echo de Paris* du 3 mars).

Aux annonces de décès du *Nouvelliste* du dimanche 21 février étaient les noms de Georges Minot, sergent au 55e bataillon de chasseurs à pied, proposé pour une citation à l'ordre du jour de l'armée, 24 ans, et d'Antoine Minot, engagé volontaire au 134e de ligne, 28 ans, tous deux tombés au champ d'honneur.

Mercredi 3 mars. On a appris la mort d'Antoine Lafond, fils aîné du cantonnier qui a longtemps habité le Creux à Saint-Julien et qui est maintenant à Blacé. Ce soldat, télémétreur au 252e, a été tué il y a huit jours d'un éclat d'obus. Dans ses lettres passait l'ardeur d'un beau patriotisme. A la déclaration de guerre, il habitait Paris. Un de ses frères est aux Dardanelles sur un contre-torpilleur.

Vendredi 5 mars. Depuis lundi, beau temps. On prête une oreille attentive au roulement continu des trains passant à Villefranche.

Lundi 8 mars. Le temps est redevenu mauvais, l'air est froid, le ciel nuageux.

Jeudi 11 mars. Nous avons eu trois jours de mauvais temps. Aujourd'hui, la bise est tombée, les montagnes gardent leur couche de neige. Dans la plaine, paysage de brume, caractère de tristesse et de sillence comme dans les mauvais jours de décembre.

Lu dans les *Annales* une belle évocation de l'Alsace d'après les ouvrages d'Erckmann-Chatrian. « Dans cette œuvre l'Alsace surgit avec ses champs, ses bois, ses collines verdissantes de houblons, ses hameaux blottis sous les feuilles, ses villes aux rues tortueuses, ses toits moussus, ses cigognes. Elle est là, restituée en ses multiples aspects, la grasse Alsace aux brasseries enfumées, aux ruines féodales, et l'Alsace aux allées de tilleuls, l'Alsace buveuse, l'Alsace rêveuse, l'Alsace qu'argente le soleil printanier, l'Alsace d'hiver, immobile sous la neige. En nul endroit du monde la vie n'est plus intime, plus tendre, plus resserrée, plus hospitalière, plus fortement rivée à sa source, plus fidèle au passé ».

Lundi 15 mars. Le beau temps est revenu. Dans un ciel clair, ensoleillé, la journée d'hier annonça le retour du printemps. Avant-hier, une quinzaine de soldats sont venus former un poste de télégraphie sans fil au lieu dit « le Chêne », sur le monticule de Blacé qui domine le Déau. Si quelque Zeppelin prenait fantaisie de venir survoler Lyon, sa visite annoncée, signalée lui vaudrait une chaude réception avec accompagnement de salves d'artillerie. Mais je pense qu'il n'y a là qu'un danger éloigné et que Paris reste plus exposé aux coups de la flotte aérienne.

Aujourd'hui, j'ai chanté le service pour le repos de l'âme d'Antoine Lafond, ce soldat d'un caractère si français — décidé, confiant, joyeux.

Mardi 16 *mars.* Belle journée.

Jeudi 18 *mars.* Ciel nuageux, mais la journée s'est passée sans pluie.

Le numéro des *Annales politiques et littéraires* du 28 février reproduit une poésie touchante et d'actualité, hélas ! d'un chanteur antimilitariste, Montéhus, converti par la guerre :

> Petit papa, je t'écris en cachette
> Car petit' mèr' pour l' moment n'est pas là ;
> Ell' pleur' toujours, elle a mal à la tête
> Chaq' fois qu'elle voit passer des p'tits soldats.
>   Quand reviens-tu, petit papa ?

> Petit papa, hier, c'était ta fête.
> Ah ! qu'il fut trist', je te jur', ce jour-là.
> Sur la ch'minée j'avais mis des fleurettes
> D'vant ton portrait maman s'agenouilla.
>   Quand reviens-tu, petit papa ?

> Maman t' faisait, pour que t'aies chaud dans la plaine,
> Un bon tricot, mais j' sais pas ce qu'elle a,
> Elle a laissé son crochet ét sa laine,
> J' peux pas l' finir, car, moi, je ne sais pas.
>   Quand reviens-tu, petit papa ?

> Dis -moi pourquoi que les autres gamines
> Ont l'air de m' plaindr' depuis qu' tu n'écris pas.
> Ell's chang'nt mon nom, ell's m'appell'nt orpheline,
> Une orphelin', que veut donc dir' cela ?
>   Quand reviens-tu, petit papa ?

> Si tu voyais c' qu' maman est sévère ;
> Elle a fait teindre en noir tout ce qu'elle a.

Elle a un voile qui traîn' jusque par terre.
Ecris-moi donc, pourquoi fait-elle tout ça ?
Quand reviens-tu, petit papa ?

Petit papa, envoie vit' de tes nouvelles ;
Si t'as pas de sous, ma tirelire est là.
Si tu savais notre peine cruelle,
Tu écrirais plus souvent que cela.
Reçois mon cœur, petit papa.

Dimanche de la Passion, 21 *mars,* 8 *heures du soir.* Mauvaise surprise apportée par le journal. Un cuirassé français, le *Bouvet,* deux cuirassés anglais, l'*Irrésistible* et l'*Océan,* ont été coulés par des mines flottantes aux Dardanelles. Presque tous les marins français, à part une soixantaine, ont péri. C'est un deuil nouveau, une nouvelle tristesse pour nos cœurs, mais la confiance générale n'est pas entamée.

Le temps est redevenu beau. Je suis allé vers le petit poste du « Chêne » à Blacé. Les soldats — une douzaine — appartiennent aux 5e et 6e colonial et sont cordialement accueillis.

Mardi 23 *mars.* Vent de l'est assez fort. De l'allée de tilleuls de Blacé je distinguais nettement les lignes des divers sommets du Mont-d'Or lyonnais et l'ourlet blanc de quelques géants des Alpes.

Prz'emyl s'est rendu. C'est un succès pour l'armée russe qui a fait prisonniers 9 généraux et près de 120.000 hommes.

Extrait d'une lettre de l'abbé Proal, du diocèse de Digne, infirmier au front : « A trois heures du matin, nous arrivons au Chipal, à gauche du Bonhomme. Le 2e de montagne y était installé en grand'garde, dégustant pour la première fois, depuis trois jours, une gamelle de soupe. Nous partons à la recherche des blessés. Bientôt, des gémissements et des râles nous avertissent de leur présence. Ils sont là par dizaines, par centaines, épars à l'orée du bois. Quelques-uns, blessés depuis trois jours sans que personne ait pu venir à leur secours puisque l'ennemi n'a été repoussé du bois en face que le jour même. Des charrettes à bœufs nous ont suivis de Chipal. Nous y transportons nos blessés et tandis que certains d'entre nous continuent de fouiller le terrain, d'autres se mettent en tête des charrettes et en route pour l'hôpital de Fraize. Me voilà, malgré mon inexpérience, bombardé conducteur d'une charrette sur laquelle geignent quatre soldats du 11e alpins. Mon attelage (deux jeunes bœufs) est aussi inexpérimenté que son conducteur. Cahin-caha, il s'en va par la route, tandis que, juché sur la charrette, je tiens sur mes genoux la tête à moitié fracassée d'un de mes pauvres blessés... Mais voici qu'à la montée du col conduisant à Fraize, mes bœufs... refusent tout à coup de marcher et se couchent tous les deux au beau milieu du chemin. Autour de nous, l'interminable forêt et point d'habitation. Et mes chers blessés qui se lamentent ! « Mais nous n'arriverons pas, mais je ne veux pas mourir « ici ! ». Je les embrasse tous les quatre pour les rassurer et leur promets de les porter plutôt sur mon dos que de les laisser mourir là. Puis je m'en vais au bord de la route couper quelques poignées d'herbe que je porte aux bœufs harassés et pendant qu'ils déjeunent je me mets à genoux et demande à Dieu de nous tirer de ce mauvais pas. Le repos et l'herbe fraîche semblent avoir donné un peu de vigueur à mes « coursiers ». Prenant alors ma voix des dimanches, je leur lance le fameux commandement alsacien que j'avais appris la veille et... nous voilà au sommet du col, sauvés par conséquent... Le lendemain, j'allais voir à l'hôpital de Fraize mes chers blessés. L'un d'eux était sur le point de mourir et lorsque ma main l'eut béni : « Depuis les adieux que j'ai faits aux miens, « dit-il, vous êtes le premier qui m'ayez embrassé. En ce moment, vous « représentez toute ma famille. Voulez-vous recevoir pour tous les chers « miens ma dernière caresse ? ». Et il mêla à mes larmes le sang de sa glorieuse balafre ».

Dimanche 28 mars. Journée pluvieuse. Un brouillard épais s'étend sur Montmelas. A la seconde messe, j'ai rappelé quelques souvenirs de mon voyage en Alsace, en particulier ceux concernant la cathédrale de Strasbourg, Obernai, patrie de monseigneur Freppel, Wissembourg.

Vendredi Saint, 2 avril. Hier et aujourd'hui, temps splendide.

Pâques, 4 avril. Le matin, vilain temps. J'ai envoyé mon salut et mes vœux avec les prières de la paroisse à nos soldats, surtout aux membres de la chorale qui, par l'exécution de messes en musique, à deux parties, donnaient à l'office du matin un caractère intéressant.

J'ai dit une messe basse à 7 heures, pendant laquelle Michel Lapierre et deux ou trois jeunes camarades ont chanté le *Credo*.

Mercredi 7 avril. Ciel nuageux. Antoine Rochette a écrit d'Alexandrie. Il doit être actuellement sur les côtes de la Turquie. Tony Aunier est dans la région de Baccarat. Le 23 mars, il a pris part à un combat important. Il a reçu une balle de shrapnell à la tête, derrière l'oreille. La blessure n'a pas été grave.

Vendredi 9 avril. Journée de pluie et de vent. Les conscrits de 18 ans sont partis joyeusement, la chanson sur les lèvres. Le soir, une bande de nuages noirs moutonne au-dessus de Saint-Cyr et de Montmelas.

Lundi 12 avril. Le temps est froid.

Jeudi 15 avril. Beau temps, ciel bleu. Déjà avant-hier j'ai aperçu les premières hirondelles. Les oiseaux printaniers ont pris possession des arbres de la rivière au bout de mon jardin et dans cette année d'horrible guerre chantent fidèlement la joie de vivre au milieu des campagnes où les cerisiers et les amandiers ont leur bouquet de fleurs blanches et roses.

François Chazot est dans un bataillon de chasseurs à pied, à quelques kilomètres au-dessous du mont Saint-Eloi.

M. Barthou a terminé ainsi une conférence : « Notre tâche aura été rude, mais le gain sera fort. La guerre nous aura fourni une grande et utile leçon. C'est des tranchées où voisinent le riche et le pauvre, le patron et l'ouvrier, c'est des champs de bataille où la mort est égale pour tous que nous viendra la véritable formule de pacification sociale.

« J'entends souvent parler des responsabilités d'hier et du pouvoir de demain. Allons donc ! Au nom des morts, au nom des blessés, au nom des familles meurtries, je réponds : demain, c'est la France, unie comme aujourd'hui, qui fera les affaires de la France. Après avoir été assez forte pour imposer le droit au dehors, elle le sera également pour imposer chez elle la justice et la concorde qui lui donneront dans le monde sa grande figure héroïque et rayonnante ».

Dimanche 18 avril. Nous avons une série de jours printaniers qui procureraient un tableau de bonheur, sans l'idée de la guerre qui revient comme une obsession. Une grande bataille se livre dans les Carpathes.

A Saint-Rambert-sur-Loire il y a bien 1.200 prisonniers alsaciens. D'aucuns vont travailler à Saint-Etienne, à la manufacture ; d'autres sont employés chez des particuliers, comme jardiniers, menuisiers, etc. Ils ont organisé une fanfare.

Dimanche 25 avril. Au nord d'Ypres les Allemands ont employé des gaz asphyxiants. Raymond Mandy est revenu jeudi passé de Montpellier. A l'aide de deux bâtons, il a pu venir de Place-Blanche au bourg.

Mercredi 28 *avril.* Autour d'Ypres, comme sur l'Hartmannsweiler-kopf, se livrent d'incessants combats, avec des alternatives d'avance et de recul, mais en somme nos ennemis ne passent pas et le temps travaille pour nous.

Il y a en Allemagne un million de prisonniers de guerre russes, belges, anglais, français dont la vie n'est que privations et souffrances, dont les repas sont faits souvent de betteraves cuites ou d'avoine bouillie.

Vendredi 30 *avril.* Un de nos croiseurs, le *Léon-Gambetta*, a été torpillé dans la nuit de lundi à mardi, au large d'Otrante, à l'entrée de l'Adriatique. Plus de 600 marins ont péri ; une centaine ont été sauvés par des pêcheurs italiens.

Lord Curzon, ex-vice-roi de l'Inde, a dit dans une réunion : « Nous devons faire des prévisions pour une guerre qui ne durera pas simplement pendant l'été et l'automne, mais toute l'année prochaine et peut-être au-delà ». Et nos gens qui croient que la fin est prochaine et qui disent : « On voit les heures que cette guerre soit finie ».

Vendredi 14 *mai.* On a appris avec beaucoup de peine à Denicé, dimanche dernier, la mort du marguiller Montessuy, tué en Alsace, par un éclat d'obus, alors qu'il était dans la tranchée. Il a souffert de 9 heures du matin à 5 heures du soir, appelant sa femme, ses deux enfants. Il avait 41 ans.

L'Italie semble aller vers la guerre, mais ne brusque pas sa décision.

Vendredi 21 *mai,* 6 *heures soir.* Le temps encore nuageux ce matin s'est mis au beau.

Monseigneur Bourchany, évêque auxiliaire, a donné la confirmation à Blacé, à 10 heures, à près de 300 enfants de Blacé, Saint-Julien, Salles, Montmelas, Arbuissonnas, le Perréon, Vaux. Tout s'est bien passé. C'est l'abbé Magnin, curé du Perréon, qui a prêché, et à la satisfaction géné-rale.

A mon retour, en traversant le bourg, on me donne une nouvelle qui m'inquiète et m'attriste vivement. La famille Chazot aurait reçu un carnet ensanglanté du fils, François, chasseur près d'Arras. Cet envoi qui présage un malheur aurait été fait par un de ses camarades. Puissent les alarmes que cause la réception de ce carnet ne pas être fondées sur une réalité douloureuse.

Un convoi de réfugiés a été réparti entre diverses localités du Beaujolais. Saint-Julien en a reçu 19 dont 9 sont logés dans la maison qui allait s'ouvrir comme bureau de poste dans l'été de 1914. Les autres sont à la Roche, dans une maison qui appartient à une famille Damiron, d'Arnas.

Samedi 22 *mai.* Belle et chaude journée. Le matin, je suis allé à Denicé où l'on a reçu hier 29 réfugiés qui ont été logés en cinq ou six endroits.

J'ai rendu visite à la famille Chazot qui est dans un accablement profond. Le carnet ensanglanté, les termes employés par un camarade de Villefranche : « Chazot est grièvement blessé », l'absence de lettres depuis le 9 mai, tout fait pressentir un malheur. Je n'avais que la force de dire ma sympathie pour ce bon jeune homme.

La Chambre des députés d'Italie, par 407 voix contre 74, a adopté jeudi le projet de loi donnant au gouvernement les pleins pouvoirs demandés par M. Salandra, en cas de guerre, et pendant la durée de la guerre.

Dimanche 30 *mai.* Depuis lundi, la mort de François Chazot est connue d'une façon certaine, hélas ! Le camarade caladois, nommé Savoye, qui avait annoncé que Chazot était grièvement blessé, aurait été tué lui-même.

Trois prisonniers allemands qui s'étaient évadés de Roanne et dont la présence à Montmelas avait été signalée ont été arrêtés vendredi dans le bois de Layc, entre Saint-Georges et Arnas.

Mercredi, étant à Lyon, j'ai visité quelques salles de blessés à l'Hôtel-Dieu. Le vieil hôpital lyonnais abrite actuellement 1.200 « grands blessés ». Que de visages fracassés, de pieds coupés ! Quel spectacle de pitié et de tristesse! J'ai rencontré l'abbé Neyrat, aumônier de l'hôpital Desgenettes où se trouvent 800 blessés, où une demi-douzaine de généraux ont déjà été soignés.

A la gare de Vaise, chasseurs d'Afrique, turcos, zouaves. Le costume militaire change et parfois laisse place à la fantaisie. Pendant la semaine le temps a été beau. Le vendredi soir une forte pluie est venue arroser le terrain.

Louis Barthou, ancien président du conseil, dans un discours au Havre, a proclamé le devoir pour la France d'aller, avec tous ses alliés, jusqu'au bout de la lutte qui lui a été « perfidement et violemment imposée ». Ce devoir se confond pour elle avec son existence et avec son honneur. Les morts se dresseraient debout, hors de la tombe déshonorée, si quelque lassitude ou quelque défaillance tendait de rendre inutiles la leçon et le prix de leur sacrifice. A mesure qu'on se penche sur les lignes des tranchées, on sent le cœur s'exalter dans la certitude de la victoire. Cette victoire sera durement, longuement, âprement achetée, au prix de nouveaux et douloureux sacrifices, mais le salut de la France, son avenir, sa sécurité et la restitution de ses provinces perdues ne valent-ils pas la persévérance, l'action, l'union vers le but commun, de toutes les forces vives et agissantes du pays ? Jamais grand peuple ne donna plus grand exemple. Sa cause est celle du droit violé, de la justice trompée, de la civilisation menacée par la barbarie, qui se sert de la science pour se faire plus odieusement sauvage. Une paix débile serait une honte ou un suicide. Il ne sera de paix honnête et durable que celle dont l'Allemagne acquittera la rançon, en sentant jeté sur elle le lien de fer qu'elle avait eu l'orgueilleuse folie d'imposer à l'Europe. Sur la dalle funéraire d'un chevalier inconnu du xv\ e siècle enterré à Namur, on lit une inscription qui doit être la devise des alliés : « Heure viendra qui tout payera ». Hâtons dans les arsenaux, les usines, les laboratoires, de tous nos efforts et de toute notre confiance, l'heure inéluctable où l'Allemagne payera les crimes dont elle doit compte à l'humanité tout entière.

Jeudi 8 juillet. Le matin j'ai fait la levée du corps, à Blacé, d'une femme Préhaut, habitant le Peillon, à trois quarts d'heure de l'église, à l'ouest, côté de la montagne. Le ciel était couvert, mais je n'ai pas eu de pluie. Quel bon air! Tout en priant pour la défunte, je ne pouvais, au retour, qu'admirer le panorama du Beaujolais dont Brouilly est le centre, plus loin la Bresse.

De ma chambre, le soir, à 3 h. 25, j'entends des cris : « Mon enfant qui est mort ! », poussés de la maison de la poste. Je me précipite et je vois une de nos réfugiées — la mère — folle de douleur que deux de ses compagnes essayaient d'empêcher d'aller vers le cadavre de son enfant, bébé de deux ans, que le train venant de Villefranche venait de broyer. La tête sectionnée net au-dessous du menton était à trois mètres du corps. L'accident a eu lieu à peu près à la hauteur du chevet de l'église. La tête exsangue n'exprimait aucune souffrance. Les constatations légales furent faites une heure après par les gendarmes de Villefranche. La courbe de la voie et la frondaison des acacias enlevaient au mécanicien la possibilité d'apercevoir l'enfant, Marcel Maupas.

Vendredi 9 juillet. A 5 heures soir j'ai conduit au cimetière le corps du petit Maupas. On m'a demandé à mettre un nœud de ruban blanc à la croix, selon l'usage pratiqué dans la région de Laon. Les réfugiés formaient le cortège avec une quinzaine d'enfants et une vingtaine de femmes de Saint-Julien.

Mercredi 14 juillet. Ce matin, temps noir, pluvieux. Dans le jour, le ciel se dégage et il fait beau.

Dans le *Gaulois* du mardi 13 juillet, j'ai vu la citation à l'ordre de l'armée de M. Laurent Vibert : « Sous-lieutenant au 22e d'infanterie, le 23 octobre, à l'attaque du bois Vermande-Villers, a pris sous le feu le commandement de sa compagnie dont le chef venait d'être blessé. Blessé lui-même, à deux reprises, il a conservé son commandement pendant toute la nuit et n'a voulu recevoir des soins que lorsque sa compagnie a été relevée ».

D'un discours d'Albert Sarraut, ministre de l'instruction publique, à des lycéens de Paris, je relève ce passage : « O morts de la Marne et de l'Yser, morts des Vosges et des Eparges, morts de l'Alsace et des Dardanelles, nous ne vous trahirons pas en laissant votre œuvre inachevée. La jeunesse française l'a juré, la main tendue sur ces milliers de tertres que font vos tombeaux sacrés à travers la campagne de la France, sur ces tombeaux qui sont pour elle les autels de la patrie.

Lundi 19 juillet. Le temps est redevenu beau. Hier, j'ai enterré le doyen des hommes de la commune, le père Ray, ancien boucher, emporté à quatre-vingt-six ans et demi par une courte maladie. Il avait le caractère gai, l'humeur agréable.

Jeudi 29 juillet. Hier a eu lieu l'enterrement de M. le comte Paul des Garets, mort d'une attaque à Bride en Savoie où il allait faire une saison. Il était arrivé le samedi à 2 heures du soir et à 7 heures le mal le foudroyait. Je n'ai eu depuis onze ans que d'aimables rapports avec ce paroissien d'une rondeur de caractère, d'une franchise de nature qui le rendaient sympathique à ceux qui le voyaient de près. L'invitation aux funérailles était faite de la part du vicomte Jean des Garets, maréchal des logis au 4e d'artillerie ; de M. Laurent des Garets, engagé volontaire au 54e d'artillerie ; du vicomte Albin d'Esparron, du comte François des Garets, de M. Bonnardel, commandeur de la Légion d'honneur ; de M. Houitte de Lachesnais ; de M. Miron d'Aussy, du 4e bataillon de chasseurs à pied ; de M. Reynaud d'Esparron, engagé volontaire au 11e hussards ; les fils, beau-frère, oncle, cousins et neveux.

Jeudi 5 août. Hier, belle journée de pèlerinage à Ars. Ciel nuageux, mais pas d'averses.

Le sermon du matin a été donné par un jeune jésuite, le Père Charmot. Action vigoureuse, geste abondant, parole très nourrie. Le sujet : « Le cœur du prêtre, source de vie ».

Le soir, monseigneur Monier, évêque de Belley, a prononcé une allocution inspirée par les événements, et qui a trouvé le chemin du cœur où elle portait consolation, espérance. J'ai vu un séminariste du diocèse qui a été nommé sous-lieutenant sur le champ de bataille. Il sert dans les zouaves. Une balle lui a traversé la poitrine mais il se remet de sa blessure. Il va être bientôt ordonné prêtre.

Lundi 9 août. Beau fixe, c'est-à-dire très chaud. Hélas ! peu de vignes profitent de ces rayons de soleil ; la plupart sont ravagées par le mildiou. Plusieurs d'ailleurs n'ont pas été traitées et sont deffeuillées, comme en hiver.

La prise de Varsovie a donné lieu à Berlin et à Vienne à des manifestations enthousiastes.

Jeudi 12 août. Nous traversons de chaudes journées. De Chatenay à la Croix-du-Bois, le vignoble est dans un état lamentable. Les vignes autour du moulin qui avaient une belle apparence il y a un mois dépérissent, les grains pourrissent et tombent.

La nuit, on entend le roulement continu des trains sur la ligne Villefranche Mâcon. Vendredi passé, j'ai appris la mort d'un soldat de Denicé, Claudius Descroix, tué par une explosion de mine. Ses parents ont été longtemps vignerons chez M. Roche d'Espagne. Claudius a fait sa première communion à Saint-Julien en 1907. Un autre fils Descroix est prisonnier en Allemagne.

Vendredi 20 août. Le temps est beau. Mercredi, j'ai fait à Blaceret la levée du corps du buraliste Vergnais, âgé de 51 ans. J'ai constaté qu'au pas de cérémonie il y a trois quarts d'heure de marche de Blaceret à l'église.

Les jeunes plantations de vignes ont des raisins là où le sol a été travaillé, mais dans l'ensemble les vieilles vignes n'ont pas de fruits.

Mardi 31 *août.* Les Allemands progressent en Russie. Cependant on travaille dur dans les ateliers de notre région lyonnaise où l'on fabrique des obus et des torpilles d'une puissance formidable. Le jour viendra bien où nos moyens d'action se feront sentir.

L'offensive allemande commencée en Russie le 2 mai par la rupture des lignes près de Gorlice aurait fait 1.100.000 prisonniers, d'après l'état-major. La Galicie, la Pologne, la Courlande et la Lithuanie ont été occupées.

Dimanche 12 *septembre.* Nous avons de beaux jours d'automne. Le vin s'est vendu 105 francs à la cuve. Il va encore enchérir.

M. Stéphane Boccard, venu en congé de convalescence, a pris part à l'assaut du Lingenkopf.

Lundi 27 *septembre.* En Champagne, nos troupes ont pénétré dans les lignes allemandes qu'elles ont prises sur une longueur de vingt-cinq kilomètres et une profondeur de un à quatre kilomètres. Nous avons fait 12.000 prisonniers. En Artois, nous avons aussi avancé. Ces succès sont un réconfort. Mais que de victimes. A quel prix sont-ils obtenus ?

Les dernières dépêches donnent le chiffre de 20.000 prisonniers.

Mercredi 6 *octobre.* Les Bulgares marchent décidément avec nos ennemis.

Hier soir, à 10 heures, j'ai été appelé aux Bruyères auprès du père Chanrion, fermier-vigneron de M. de Fleurieu, qui était mourant. Son fils Camille, qui était au front, en Alsace, depuis un an, a dû arriver à la Valbonne où se rassemblent des troupes qu'on enverra probablement en Serbie.

Dimanche 10 *octobre.* Journée brumeuse, le matin ; vers 10 heures le soleil chasse les brouillards qui enveloppaient Montmelas ; l'après-midi est chaud et beau. J'ai enterré aujourd'hui Louis Charrion. Le fils n'a pu assister aux obsèques du père. Peut-être son régiment est-il déjà parti de la Valbonne.

L'hostilité de la Bulgarie et l'effacement de la Grèce dramatisent encore une situation déjà émouvante. J'espère cependant que la Russie qui maintenant est pourvue d'abondantes munitions fera brèche dans le mur allemand. J'ai confiance dans la ténacité du lion britannique et plus encore dans l'élan bien inspiré de nos soldats dont les grands chefs Joffre, de Castelnau, Foch et Pétain ont fait déjà leurs preuves.

Mardi 19 *octobre*. Depuis deux jours le ciel s'embrume fortement. Nous avions eu auparavant de belles journées d'automne. Les événements des Balkans ont pris une tournure sévère pour nous. La Bulgarie a lié partie avec l'Allemagne et la Grèce s'enferme dans une neutralité qui est une trahison à l'égard de la Serbie, une ingratitude envers l'Angleterre et la France. La marche de Mackensen et les craintes qu'elle inspire, le nouvel effort imposé aux alliés, la pensée de nouvelles hécatombes attristent les esprits. On signale parmi les soldats envoyés en Orient Etienne Rochette, artilleur, parti de Marseille dès le 30 septembre ; Robin, vigneron aux Grandes-Terres ; Camille Charrion, Guérin,. des Côtes.

Déjà quelques engagements ont eu lieu et les Serbes sont magnifiques d'ardeur.

22 *octobre*. Belle journée d'automne. Dans sa lettre du 4 octobre, Joseph Plasse exprime naïvement quelques-unes des souffrances de nos poilus : « J'ai reçu votre lettre aux tranchées, pas dans un moment bien agréable. Je ne sais si cela durera ; pour le moment, ce n'est pas beau. Les hommes, ce n'est rien. Je vais à peu près bien pour le moment. Nous avons de la boue jusqu'au ventre. Et le froid, matin et soir, commence à nous saisir ».

Les Bulgares auraient coupé le chemin de fer qui relie Salonique à la Serbie et l'armée serbe serait menacée d'enveloppement.

Lundi 8 *novembre*. Depuis quelques jours ce ne sont, dans la campagne, que brouillards épais, malsains. Passant au Jonchy vers midi, j'entendais distinctement les cloches de Montmelas qui sonnaient un glas, sans qu'un vent d'ouest fût sensible. Le vent d'automne dépouille nos coteaux et sur nos chemins jette les feuilles rouge sang, jaune d'or, jaune brun.

Louis Dumontet est reparti. Il a pris part à la reprise de Mulhouse, aux combats du col des Journaux, et maintenant il s'enterre dans les tranchées du Ban-du-Sapt, dans les Vosges.

Lundi 15 *novembre*. La neige avant-hier a étendu sa nappe blanche sur les pentes de Montmelas. Aujourd'hui, elle l'a déployée jusqu'à Saint-

Julien, mais une pluie légère l'a fait fondre. Nicolas, du Jonchy, et Joseph Plasse sont en permission. Plasse m'a raconté comment il faillit perdre la vie à la suite de la chute d'une « marmite » allemande qui tomba à deux mètres de la tranchée où il était avec une escouade comptant douze militaires. Tous furent recouverts de la terre projetée par l'obus. Le lieutenant, l'adjudant, le sergent et trois soldats moururent étouffés ; les six autres furent retirés à moitié asphyxiés mais revinrent à la vie.

Les nouvelles du front oriental ne sont pas satisfaisantes. La Grèce semble prendre parti contre les alliés. Tout fait craindre que la Serbie ne soit déjà envahie par l'armée bulgaro-allemande. Il nous faudrait là-bas des forces quintuples de celles qui s'y trouvent.

Samedi 27 *novembre*. J'ai vu François Saunier qui paraît bien fatigué et aura besoin d'un long congé pour se remettre complètement.

Lundi 29 *novembre*. Le vent souffle depuis la nuit dernière. Hier matin, le froid était très vif. Il y avait 12 degrés dans le clos de la Rigodière.

Claude Berthinier, soldat au 2ᵉ zouaves, a été tué le 25 septembre dans l'assaut en Champagne. On a reçu la notification officielle du décès, samedi passé, 4 décembre. Claude Berthinier, comme Claude Descroix, étaient de mes enfants de la première communion de 1907.

Lundi 13 *décembre*. Hier, vers une heure et demie de l'après-midi, le vent d'ouest soufflait avec une vivacité extraordinaire. Le ciel s'est couvert de nuages et un orage violent, mais de courte durée, a secoué la campagne. Aujourd'hui, c'est le vent du nord qui a soufflé avec violence le matin, alors que je faisais l'enterrement d'une fillette de dix mois, Alice Bidon, décédée à Espagne.

Lundi 20 *décembre*. Le vent du nord rend le froid sensible. Avant-hier, on a reçu notification du décès de Jean-Claude Matillat, vigneron à la Ray. Il aurait été tué à Carency. A peine ce jeune homme avait-il fondé son foyer que la guerre est venue l'arracher à sa vie paisible de travailleur et le jeter dans la fournaise qui a déjà dévoré tant de vies. Je ne regarderai qu'avec tristesse l'habitation de cet honnête vigneron, maison isolée sur la pente de la colline. Qu'elle est douloureusement belle la vie de ces jeunes hommes, vie passée dans le labeur le plus obscur, ennoblie par le sacrifice le plus pur, par l'immolation au devoir !

Dimanche 26 *décembre.* Hier, belle fête de Noël ; près de 200 communions à minuit, nombreus assistancee à tous les offices. A l'occasion de Noël, Madame Roche de la Rigodière a eu la gracieuse pensée d'envoyer un colis aux quatre soldats prisonniers en Allemagne : Pierre Reyssier, Philippe Auguste, Jean Bidon et Claude Sapin.

Reyssier est à Musingen dans le Wurtemberg, Jean Bidon à Osnabruck, dans le Hanovre. Le temps est doux, le ciel nuageux.

1916

3 janvier. A l'occasion du premier de l'an, le *Times* écrit : « L'année qui vient de finir a été une année de rudes épreuves pour notre race, dans le monde entier. Malgré l'énorme sacrifice de sang et d'argent, malgré la bravoure intrépide et l'endurance opiniâtre de nos troupes, aucun triomphe important n'a couronné nos armes... Mais nous savons que nous ne sommes pas battus... Nous nous mettons courageusement à la tâche de vaincre et nous sentons que nous sommes sûrs de pouvoir l'accomplir d'une façon parfaite ».

Le colonel Barone, critique militaire italien, jette dans une conférence cette note de confiance : « La victoire viendra. La route est prête où doit se dérouler son cortège lointain. Entendez-vous son pas fidèle, puissant comme une charge et libre comme un vol ».

Temps doux avec petites averses.

M. Georges Cauprie a été fait prisonnier à l'Hartmannswillerkopf.

12 janvier. J'ai lu quelques lettres de Claudius Descroix, mon ancien élève de catéchisme, dont la famille est maintenant aux Bruyères de Denicé. Il était d'abord au 75e de ligne et venait d'être affecté au 414e lorsqu'il fut tué par une explosion de mine à Capy (Somme), le 30 juillet 1915.

« Quand tu iras aux Bruyères, écrit-il à sa sœur Pierrette, habitant Cogny, regarde si les rosiers que j'avais plantés commencent à pousser ». Et plus tard : « Tu es bien gentille d'avoir arrangé mes rosiers. Je pense les voir, grands et beaux à mon retour, si j'en ai le bonheur. Et tu sais, aujourd'hui je suis là, demain... enfin, c'est à la volonté de Dieu ».

Son caractère doux se plie sans mauvaise humeur aux misères de la vie de tranchée : « Nous sommes mieux couchés que dans les cantonnements. On a une petite chambre creusée sous la terre où l'on vit à trois.

Elle est chauffée par un petit poêle. On a du charbon et l'on se fait du chocolat.

« Nous faisons notre devoir. Cela doit déjà être une consolation. Maintenant, arrive ce qui arrivera. Je suis en train de me faire une bague avec un morceau de la cloche de l'église de Lihons qui a été fondue lors du bombardement des Boches. Les Boches ont fait des prisonniers qui avaient des bagues au doigt. Ils leur ont coupé les doigts et les ont envoyés dans nos lignes. Cela est aussi vrai que je te le dis ».

Jeudi 13 *janvier.* Temps assez doux, pluvieux ; le soir, un peu de vent d'ouest.

Jeudi 20 *janvier.* Ciel nuageux, temps froid le matin. Je suis allé à Denicé, à l'occasion des funérailles de madame Sandrin, du Vivian, âgée de 73 ans, parente de l'abbé Polloce, curé de Claveisolles. Nous avons accompagné le corps à la limite de la paroisse de Rivolet où se faisait l'inhumation. L'abbé Ferlay, vicaire de Saint-Martin-en-Haut, se trouvait à Denicé, où sa sœur est institutrice libre. Sur sa poitrine de soldat brancardier brillent déjà la croix de guerre avec palmes et la croix de Saint-Georges. Il n'en reste pas moins fort modeste. Monsieur le curé de Denicé a appris aujourd'hui que l'administration lui enlevait son vicaire pour le nommer à Valbenoite, paroisse de Saint-Etienne (Loire), où les quatre vicaires sont mobilisés.

21 *janvier.* Notre fête de l'adoration perpétuelle a été prêchée par M. Margery, curé de Montmelas. Sa parole pieuse trouve facilement le chemin des cœurs. On a appris la mort d'un père de famille du Savigny à Blacé, nommé Vivier. C'était un artilleur de belle prestance. Il a été tué par une torpille aérienne. Il avait 38 ans et laisse deux enfants. Montmelas compte aussi un décès de plus, celui du fils Descombes dont la maison paternelle avoisine le bourg. Il avait 25 ans environ, avait fait campagne depuis le début. La vie de tranchées a été funeste à son tempérament qu'elle a étiolé. Il est mort dans une ambulance. Le corps sera ramené à Montmelas.

Aujourd'hui le temps a été beau.

24 *janvier.* Le matin, épais brouillard ; le milieu du jour a eu la douceur du printemps. Reçu lettre du zouave Desgoutte. Madame Chazot, femme de notre adjoint, est morte ce matin à 9 heures. La mort de son fils lui avait donné le coup fatal. C'était une chrétienne d'une foi

admirable. On a appris la mort d'un nommé Métra, vigneron au Pirevert (sur Denicé), âgé de 38 ans, père de deux enfants. Dans la tranchée où il était, une « marmite » est tombée qui a tué huit soldats et en a blessé six. C'était le 22 décembre 1915. Métra était au nombre des blessés. Il s'ajoute aujourd'hui à celui des morts.

1er *février*. Reçu lettre de Bissinger, qui est à 25 kilomètres de Salonique. « On a été obligé, dit-il, de nous permettre quelques soins hygiéniques car les poux nous empêchaient de pouvoir travailler. Vous voyez dans quelle misérable situation nous étions. Un de mes camarades, de Saint-André-de-Corcy, a eu la jambe coupée à la suite de ses blessures.

Vendredi 4 février. Hier, visite de Joseph Blanc, du 5e colonial. Il a pris part à une série de combats vers la Chipotte. Un des moments les plus tragiques de sa vie militaire a été l'explosion d'une « marmite » dans une carrière où s'étaient dissimulés deux ou trois cents coloniaux. L'engin causa la mort de 22 soldats et en blessa 30. Tous les officiers furent atteints ; la plupart périrent. Ceux qui voulaient s'échapper de ce lieu d'horreur étaient fauchés par des obus ; la caverne avait été soigneusement repérée. Joseph Blanc, couvert de sang, contusionné, se présenta pour porter au colonel une note d'un officier blessé annonçant le malheur et demandant du secours. Salué le long de sa course par les projectiles, Blanc put cependant s'acquitter heureusement de sa mission.

Mercredi 9 février. J'ai appris la mort de M. Louis Boccard, sergent au 14e bataillon de chasseurs alpins, blessé le 4 septembre à Nompatelize et décédé des suites de ses blessures à l'Hôtel-Dieu de Lyon, hier mardi 8 février 1916, à l'âge de 25 ans. Une balle avait déchiré l'intestin. Une nouvelle opération chirurgicale eut lieu jeudi passé. Elle ne put sauver le blessé.

9 février. Le corps de M. Louis Boccard a été transporté de l'Hôtel-Dieu de Lyon dans notre église en auto que conduisait M. Emile Boccard. De nombreuses et belles couronnes attestent les sympathies qui escortent pieusement le souvenir du courageux sous-officier qui n'avait qu'un désir, repartir au front pour chasser l'ennemi.

Samedi 9 heures soir. Temps pluvieux, maussade. Hier ont eu lieu les obsèques de M. Louis Boccard. Une délégation de blessés est venue de l'ambulance de Mongré. A l'église, assistance nombreuse et recueillie.

Au cimetière, le maire ,M. Antoine Roche de la Rigodière, a fait l'éloge du vaillant alpin, fidèle à son double devoir envers la France et envers Dieu.

Mercredi 16 *février.* Hier vent violent, aujourd'hui temps doux. Hier est mort un de nos conseillers municipaux, Pierre Pulliat, vigneron-régisseur de mesdemoiselles Claude Bernard. C'était une bonne nature beaujolaise, serviable.

Lundi 21 *février.* Aujourd'hui, beau temps succédant à une série de journées détestables, faites de pluie et de vent. J'ai prêché ce soir l'Ado-ration perpétuelle à Lacenas.

Mardi 22 *février.* Le temps pluvieux de ce matin s'est refroidi dans le jour, et, à partir de deux heures, la neige est tombée assez abondante.

Jeudi 24 *février.* La neige est tombée à nouveau ce matin. Je suis allé dire bonjour à la mère Charrion, à Pré-Buisson. Le fils est à Salonique, après avoir couru les plus grands dangers dans la retraite de Serbie. La mère et sa vaillante belle-fille sont seules pour le travail d'une grande ferme.

L'air est froid, avec un ciel sombre annonçant peut-être une nouvelle chute de neige. Dans les champs, beaucoup de corbeaux, des bandes d'alouettes.

Le communiqué annonce qu'une grande bataille est engagée sur un front de 15 kilomètres vers Verdun. Les premières nouvelles semblent indiquer que la bataille a des chances diverses.

Vendredi 25 *février.* La bataille continue acharnée autour de Verdun. Les Allemands, au prix de pertes très élevées, ont gagné un peu de terrain au nord de Verdun.

Les trains ont roulé très nombreux, la nuit dernière. La neige est tombée jusqu'à dix heures matin. L'après-midi, elle fondait, remplacée par une boue épaisse.

Lundi 28 *février.* La bataille de Verdun remet dans les esprits la fièvre des premiers jours de la guerre. On suit le communiqué avec anxiété. J'espère que Verdun sera le rocher sur lequel se brisera l'armée allemande, ou plutôt sera le tombeau de plusieurs de ses corps d'armée. Mais, pour le moment, la tâche sanglante et glorieuse de nos braves n'est pas achevée et ceux qui ont confiance la plus solide dans l'issue de la guerre éprouvent quelques perplexités devant la fureur désespérée avec laquelle les Allemands mènent cet assaut.

Ce matin, le temps était clair, mais le vent du midi a rassemblé des nuages dans le ciel.

Mardi 29 *février*. J'ai assisté, à Notre-Dame-des-Marais, au service pour le repos de l'âme de nos soldats. L'Association des Dames françaises en avait pris l'initiative. M. de Olano, curé de Saint-Pierre, a chanté la messe, et l'abbé Sirech, aumônier du Lycée de Lyon, a fait l'oraison funèbre. Dans le chœur étaient les blessés vers lesquels allaient les regards émus de pitié et de reconnaissance. L'après-midi, avec M. de Olano, j'ai visité une salle d'ambulance de l'Ecole supérieure et causé avec une quinzaine de soldats évacués de Verdun. Leur moral est bon, réconfortant. Après un bombardement terrible qui avait bouleversé nos premières tranchées, brisé nos canons, les Allemands ont pu s'avancer. Des bataillons de chasseurs ont été à peu près anéantis. Les Boches, à la faveur de leur puissante artillerie, sortaient de leur tranchée et s'avançaient, le fusil sous le bras, la main gauche portant la provision de grenades.

Jeudi 2 mars. Le croiseur auxiliaire *Provence II* a été torpillé dans la Méditerranée. Il y a peut-être plus de mille victimes. On compte 879 rescapés. Le vaisseau portait à Salonique de nombreux soldats du 3e colonial.

Joseph Blanc, du 5e colonial, est près de Royes, dans la Somme.

Mercredi des Cendres, 8 mars. Depuis deux jours, le temps est clair, les nuits froides, le milieu de la journée vraiment printanier, avec un air pur, vivifiant.

François Saunier est au Jonchy, alité, avec une toux persistante.

La cessation de la chasse depuis deux ans a favorisé la multiplication du gibier. Les lièvres déambulent en liberté et posent leurs dents sur les blés en herbe. Les oiseaux mettent une vie extraordinaire dans la campagne.

Jeudi 9 mars. Ce matin, par un temps froid, M. Jean Montagne, fils de l'ancien instituteur communal, s'est rendu au fort de la Duchère où où lui fixera un poste d'infirmier.

Lundi 13 mars. Belle journée de *primavera*, de premier printemps.

Les Allemands prétendent avoir pris le fort de Vaux.

Mercredi 29 *mars.* Temps couvert et un peu froid. Hier, une lettre de Guillard signalait la mort de deux de ses camarades, près Verdun : l'un se nommerait Berthier, marchand de doublures à Villefranche, l'autre Cartellier, 21 ans, de Rivolet.

Jeudi 30 *mars.* Un des fils du docteur Bezançon a été tué à Verdun d'un éclat d'obus qui lui aurait coupé bras et jambe. Il aurait eu cinq heures d'agonie. Les Allemands ont pris Malancourt, mais s'épuisent dans ces attaques sur Verdun où leurs pertes sont le double des nôtres. Les hirondelles sont revenues. Nous avons des journées printanières. Et penser que le sang français coule à flots, que des millions d'hommes s'entr'égorgent depuis deux ans, et que nous avons la terrible perspective de journées de bataille de plus en plus violentes.

Jeudi 6 *avril.* Prêché à Montmelas l'Adoration perpétuelle. Assistance nombreuse, beaux chants, jolies fleurs de Nice sur l'autel. Le communiqué est bon. Les Allemands sont arrêtés dans leur offensive.

« La bête sauvage, dit un journal italien, veut être domptée, mais elle ne le sera ni aujourd'hui ni demain. Le printemps va fleurir, mais ses fleurs seront vermeilles. Vermeilles de sang, de passion et de haine. L'heure n'est pas venue du rameau d'olivier, de la candeur du lys. Il faut que l'Europe boive tout entier, jusqu'à la lie, le calice amer... La paix est lointaine parce que l'ennemi a encore la force de se jeter menaçant sur nos ligne. Elle est lointaine parce que nous voulons qu'elle soit durable... La paix viendra quand nous saurons la conquérir, quand nous saurons l'imposer ».

Mardi 11 *avril.* Avant-hier la bataille a recommencé terrible à Verdun. Après plusieurs assauts inefficaces, les Allemands se sont accrochés à nos premières tranchées du Mort-Homme.

Mardi 18 *avril.* Tamps pluvieux. Joseph Plasse, qui s'est battu vers le village et le fort de Vaux, est maintenant sorti de la fournaise. Philippe Micollier, qui avait vu la mort de près à l'assaut de Champagne, septembre 1915, a été soulevé de terre par l'explosion d'un obus qui, à côté de lui, a tué deux soldats.

Mardi 25 *avril.* La bataille de Verdun se poursuit.

Jeudi 27 *avril.* Le temps est splendide. Tout pousse à merveille.

Mais la pensée de la guerre décolore, ce semble, les choses elles-mêmes. C'était aujourd'hui la distribution des saintes huiles à Notre-Dame de Villefranche. J'ai appris qu'un frère de l'abbé Mathelin avait été carbonisé vers Altkirch, avec un autre soldat, par un obus incendiaire tombant dans la cabine téléphonique où il se trouvait.

Dimanche 7 mai. Prêché à Blacé, aux vêpres, la rénovation des vœux du baptême.

Jeudi passé, j'ai appris la mort de notre cardinal qui paraissait vigoureux comme un chêne. Il avait une mémoire sûre. Très instruit dans les sciences ecclésiastiques, il avait un zèle à la hauteur de ses lumières.

Lundi 15 mai. Prêché la semaine passée la retraite de communion solennelle à Arnas. Il n'y avait que deux garçons et deux filles pour la première communion. C'est avec plaisir que je faisais ce travail que j'aime. Quittant la route de Saint-Georges, je prenais le petit chemin qui descend vers le Marveyran. Les rossignols me faisaient fête. Tout le printemps chantait sa gloire. Les arbres, les prairies, les blés, tout réjouissait le regard. Mais dès que j'apercevais quelque maison, je songeais que le deuil ou l'angoisse en était l'hôte. Je reportais ma pensée à Verdun et aux champs de bataille de cette grande guerre. L'esprit s'assombrit, le cœur est inquiet.

30 mai. Le duel continue acharné autour de Verdun.

Mercredi 14 juin. Ce soir, on avance d'une heure l'aiguille de toutes les horloges.

Plasse m'écrit une lettre de vrai poilu. « Voilà cinquante jours qu'on est dans le désert complet. On ne voit pas une maison, pas un civil, on se figure être des fauves. En ce moment, on est en ligne, puis on descend dans des abris souterrains quand on est en réserve. Puis on remonte ; il y a de quoi devenir sauvage. J'ai été cité à l'ordre du bataillon, à propos d'un combat entre sept Boches et quatre d'entre nous. Ce dernier et un autre de mes camarades ont été blessés. Vous voyez que ce n'était pas drôle. Je vais à la soupe ». La soupe a fait oublier à ce brave garçon de Ranchal de me dire ce qu'il en était advenu des sept Boches.

Mercredi 5 juillet. J'étais ces jours passés à Lyon où j'ai assisté au service de quarantaine de notre cardinal. J'étais en face de la chaire et j'ai pu entendre quelques fragments du panégyrique prononcé par le cardinal de Cabrières. Mais, au bout de dix minutes, la voix du prélat, très âgé, était si faible, que la bonne moitié des fidèles ne pouvait rien entendre.

Dans Lyon, on voit beaucoup de bandeaux blancs, de longs voiles.

Depuis samedi, l'offensive s'est déclanchée dans la Somme par une attaque simultanée des Français et des Anglais. Les premières opérations nous sont favorables.

Mardi 11 *juillet*. J'apprends la mort du capitaine Dutruge, 3ᵉ zouaves. Ce glorieux fils de Lacenas a été frappé à la tête dans sa « cagna » d'un éclat d'obus. Il a survécu trente-six heures dans une ambulance près du front. D'adjudant en 1914, il avait été cité deux fois à l'ordre du jour et avait gagné les galons de capitaine. C'est son régiment qui, les 24 et 25 février, vers la ferme de Thiaumont, barra aux Allemands le chemin de Verdun. Ils tombent pour nous, pour notre liberté et notre bonheur, ces braves défenseurs qui font, sans marchander, les sacrifices suprêmes à leur patrie. Comment ne pas bénir leur nom et leur vaillance jusqu'au soir de notre vie ?

Lundi 31 *juillet*. Depuis hier, le temps est devenu très chaud. Mais jusqu'à samedi, nous avons eu un mois de juillet aux averses continuelles. En dépit de toutes les causes atmosphériques contraires, les vignes sont à peine touchées et dans l'ensemble sont de toute beauté.

Jeudi 3 *août*. Chaleur tropicale. J'ai appris la mort de Louis-Eugène Dégu, infirmier au 102 régiment d'artillerie lourde, âgé de 24 ans. Il a été tué dans son abri d'artilleur à Caix (Somme), le 25 juillet. La famille habite le Carra, sur Denicé.

Dans un article du *Correspondant* du 25 avril 1916, sur l'Impérialisme allemand, je lis cette citation d'Henri Heine écrivant à ses amis de France : « Prenez méfiance ; ce qu'on vous reproche au juste je n'ai jamais pu le savoir. Un jour, à Gœttingue, dans un cabaret à bière, j'ai entendu un jeune doktor dire qu'il fallait venger dans le sang des Français le supplice de Conradin de Hohenstauffen que vous avez décapité à Naples en 1268. Vous avez certainement oublié cela depuis longtemps, mais nous n'oublions rien, nous ».

Mercredi 9 *août*. Toujours beau temps. On dit que Louis Dumontet a été fait prisonnier dans la Somme. M. le curé de Montmelas m'a appris la mort de deux soldats de sa paroisse. « Aucun soleil, jamais, a-t-on dit, ne vit une source aussi inépuisable de douleurs ».

Mercredi 16 *août*. Hier, belle fête de l'Assomption ; environ 125 communions. A la maison de la Ray, il y a, depuis quelques jours, une vingtaine d'Allemands prisonniers employés comme ouvriers agricoles chez M. le comte de Chabannes la Palice. Le garde du château leur porte les vivres. Il y a parmi eux un aviateur, un étudiant. Dix-huit sur vingt sont catholiques ; ils vont à l'église de Montmelas le dimanche.

La pluie est tombée abondante, ce soir ; elle sera bienfaisante à nos vignes.

Dimanche 27 *août*. J'ai assisté à la représentation d'*Andromaque* et j'ai admiré le talent des acteurs qui ont interprété le chef-d'œuvre de Racine. Cette pièce, jouée par les artistes de la Comédie-Française, était le clou de la fête de bienfaisance donnée par le comité de l'hôpital militaire de Mongré. Le premier éloge est pour le poète qui manifeste dans cette tragédie une connaissance profonde du cœur humain, de ses passions violentes ou capricieuses.

La gravité de la voix, le masque du visage encadré par une noire chevelure, le feu qui anime l'allure de son début, tout prête à M. de Max dans le rôle d'Oreste une note puissante de tragédien. Madame Sergines joue le personnage d'Andromaque avec dignité et souplesse. L'artiste qui a tenu le rôle d'Hermione a joué avec une passion intense.

Le grand velum rouge encadré de colonnes grecques ; le fond de verdure formé par les arbres du parc ; les théories de soldats romains, les esclaves de la suite de Pyrrhus ou d'Andromaque, tout donnait à ce théâtre en plein air une allure de beauté antique, tout évoluait avec eurythmie.

Mardi 29 *août*. Grande et bonne nouvelle. La Roumanie marche avec nous contre l'Autriche.

Dans un ouvrage intitulé *Ma pièce*, écrit d'une plume alerte, habile, par un jeune canonier Paul Lintier, tombé au champ d'honneur à 23 ans sur le front de Lorraine, je relève ce passage (page 166) : « Ah ! si j'échappe à l'hécatombe, comme je saurai vivre ! Je ne pensais pas qu'il y eût une joie à respirer, à ouvrir les yeux sur la lumière, à se laisser pénétrer par elle, à avoir chaud, à avoir froid, à souffrir même. Je croyais que certaines heures seulement avaient du prix. Je laissais passer les autres. Si je vois la fin de cette guerre, je saurai les arrêter toutes, sentir passer toutes les secondes de vie, comme une eau délicieuse et fraîche qu'on sent couler entre ses doigts. Il me semble que je m'arrêterai à toute heure, interrompant une phrase ou suspendant un geste, pour me crier à moi-même : « Je vis, je vis ».

Mercredi 13 *septembre*. Je reviens du Jonchy où j'ai donné l'Extrême Onction à François Saunier. J'ai embrassé ce cher soldat à qui j'ai fait faire sa première communion, il y a neuf ans. Lui-même était ému aux larmes, mais il avait dit à son père de venir me chercher et, malgré le mal, éprouvait la satisfaction du devoir accompli. Demain, je lui donnerai la sainte communion, si l'état de son estomac le permet.

Mardi 19 *septembre*. Dans la journée, à trois reprises, bourrasques violentes que nous a amenées le vent d'ouest. Le soir, vers quatre heures, j'ai vu passer une vingtaine d'Allemands prisonniers qui venaient faire les vendanges ici.

Vendredi 22 *septembre*. Hier, dans notre petit train, se trouvaient deux voitures pleines d'Allemands prisonniers qui allaient faire vendange dans la direction du Perréon.

Dimanche 24 *septembre*. Depuis trois jours, le temps est splendide et favorise les vendangeurs. La pièce de vin se vend de 125 à 135 francs, au sortir du pressoir. L'inquiétude augmente sur le sort de Joseph Blanc.

Mardi 26 *septembre*. On apprend la mort d'Auguste Carrichon, employé agricole à Colombier. Il a appartenu au 15e puis au 18e bataillon de chasseurs. Il était caporal. Il a eu diverses citations qui lui avaient valu la croix de guerre avec palme et étoile : « Modèle de courage et d'énergie pour ses camarades ; s'est fait remarquer par son attitude brillante aux attaques des 27 et 29 juillet et du 1er août 1915 ».

Le 15 septembre, il enlevait avec courage son équipe de grenadiers de tête. Il fut tué en organisant un barrage dans la tranchée conquise.

Dimanche 1er *octobre*. Hier, journée pluvieuse. Aujourd'hui, ciel couvert.

Lundi 2 *octobre*. On a appris la mort d'Etienne Rochette dans une ambulance de Cavaillon. Cette mort me fait une vraie peine. Etienne Rochette était un de mes chantres. Il avait une nature sympathique, un caractère modeste, bienveillant. Il a souffert beaucoup, moralement, de l'éloignement du pays natal. C'est en Orient qu'il a contracté le mal qui l'a emporté.

Vendredi 10 *heures matin*. La matinée est chaude, ensoleillée, splendide. Hier ont eu lieu les obsèques d'Etienne Rochette. Assistance nombreuse, recueillie, qui rendait un digne témoignage d'honneur et de regrets au cher défunt et portait pieusement son souvenir devant Dieu.

Mercredi 11 *octobre*. J'ai conduit au cimetière de Blacé le corps de François Saunier. Le temps était beau et contrastait avec le caractère du cortège funèbre. Saunier est mort des suites de la maladie contractée, l'an passé, dans les tranchées de la Champagne. Bon soldat, plein d'ardeur, il se préparait avec ses camarades du 5e colonial à l'attaque de l'ennemi, en septembre 1915, lorsqu'il fut terrassé par la maladie. Lacordaire a dit : « Il est des heures où le soldat devient une hostie ». Pour Saunier, l'offrande de l'hostie a été longue, silencieuse, renouvelée de semaine en semaine dans la salle des hôpitaux ou la chambre de la maison natale, au Jonchy.

Dans le *Bulletin paroissial de Barcelonnette*, j'ai lu une lettre qui rappelle la vaillance du 3e zouaves dans les premières journées de Verdun. Je la transcris. Elle est signée Gabriel Albrand. « Nous étions tranquillement au repos dans un gentil petit village de la Meuse, à 60 kilomètres des lignes, et personne ne s'attendait à un départ. Un matin, l'ordre arrive de se tenir prêts à partir immédiatement. A 10 heures, l'on mettait sac au dos et, après avoir fait environ 4 kilomètres, on trouve un grand nombre d'autos qui nous attendaient sur la route pour nous amener plus vite. A cette vue, un frisson courut sur tous les visages, car on se doutait plus ou moins de la direction que nous allions prendre. Personne ne s'y était trompé, c'était bien Verdun. Dans tous les villages où nous passions, les gens nous regardaient d'un air qui voulait dire : « Ils vont « là-haut ». A 8 heures du soir, les autos nous débarquent à la lisière d'un bois, nous étions couverts de poussière. Nos chefs nous rassemblent et nous disent : Vous pouvez vous reposer tranquilles ». Dans le bois se trouvaient des baraquements en planches et, à 9 heures, la plupart d'entre nous y dormaient déjà, quand une voix se fait entendre : « Tout « le monde debout ! ». Durant toute la nuit il a fallu marcher sous une pluie battante. Pas le moindre bruit ne s'entendait dans cette masse d'hommes. A la pointe du jour, nous arrivons devant une redoute où l'on nous dit que nous pouvons nous reposer toute la journée. Nous étions .

tous entassés les uns sur les autres dans les boyaux, et le froid commençait à nous saisir, mais une fois le soleil arrivé nous pûmes nous réchauffer. Depuis la veille, on n'avait plus rien mangé, à cause du ravitaillement qui ne pouvait pas se faire, et il a fallu de nouveau rester ainsi tout le jour sans rien toucher.

A la tombée de la nuit, les chefs de compagnie passent en nous disant de prendre notre toile de tente avec notre outil ; les sacs, on les laissait. Un guide passe en tête et nous voilà repartis à travers les boyaux toute la nuit. Vers 8 heures du matin, nous arrivons dans un vallon à terrain découvert ; de suite on remet à chacun deux grenades en nous faisant signe de mettre baïonnette au canon. Que de figures pâlirent, une fois tous les ordres exécutés. Un formidable feu de barrage se déclancha de la part des Boches pour empêcher les renforts d'arriver, mais nous étions déjà là. Une fois le bombardement terminé, tout le monde se jette en avant, l'attaque commençait. Au début, tout allait assez bien, une centaine de prisonniers tombent entre nos mains. Ce n'étaient plus des hommes, mais des bêtes, rendues *(sic)* par notre artillerie. Le point que nous devions prendre a été en un clin d'œil à nous. C'était l'ouvrage de Thiaumont dont on parle tant. Ce n'était pas tout de le prendre. Il fallait le garder. Aussi un bombardement effrayant se déclancha qui dura tout le jour. Les camarades tombaient pour ne plus se relever, d'autres gémissaient de leurs blessures, et c'est à grand peine que les brancardiers pouvaient leur porter secours. On se couchait comme l'on pouvait dans des trous d'obus, les tranchées n'existaient plus. Que les heures étaient longues ! Parfois les larmes nous venaient aux yeux en pensant aux parents et à tous ceux que l'on aime. Mais il fallait quand même rester là.

« C'était le devoir.

« La nuit tombée, les Boches attaquent avec des forces considérables, mais, devant notre ténacité, ils durent reculer. Trois fois de suite ils ont renouvelé leurs tentatives. Efforts inutiles ; ils ne nous ont pas délogés. Huit jours consécutifs on est resté dans cette fournaise avec des bombardements dont on ne peut se faire une idée. Il était impossible au ravitaillement de nous parvenir ; aussi l'on fouillait les musettes des camarades morts pour prendre les biscuits de guerre qui leur restaient. La nourriture était maigre, mais on était bien heureux de pouvoir se mettre quelque chose sous la dent. C'est de la soif que nous avons le plus souffert ; on devine comment il a fallu faire pour un peu se désaltérer.

Quelle nouvelle sensationnelle lorsque, le huitième jour, l'on vint nous dire que nous étions relevés à minuit. A l'heure fixée, nous quittions ce triste champ de bataille, et, malgré la joie de partir, une pensée nous montait droit au cœur, celle de laisser tant de camarades, et tous morts bravement, avec lesquels on vivait depuis deux ans et que l'on ne reverrait plus. Une fois arrivés en lieu sûr, on fit l'appel. Que de noms auxquels personne ne répondait : « Présent ! », et ceux qui étaient là répondaient à peine. Nous n'osions même pas nous regarder tellement nous étions défigurés par la fatigue. Nos vêtements étaient remplis de boue et souvent déchirés, mais l'on portait en revanche la gloire d'avoir battu sans relâche cette maudite race boche. Le régiment entier a été cité à l'ordre du jour ».

Jeudi 19 *octobre.* Le ciel s'est chargé de nuages et dans l'après-midi la pluie tombait abondante. On reste sans nouvelle de deux membres de notre chorale, Joseph Blanc et Jean Desgouttes, de Blacé.

20 *octobre.* Notre boucher, M. Ray, et sa seconde fille, Jeanne, sont à Lyon pour suivre le traitement contre la rage. Un chien qu'un mobilisé leur avait confié est devenu enragé et la prudence des médecins leur a conseillé les soins de l'institut Pasteur. « Turc », le vieux chien du boucher, a été tué avec son compagnon de cabane. Turc était un chien légendaire, vigoureux, quelque peu méchant. Il était aussi dans le bourg l'auxiliaire de la police. Sa voix de basse résonnait dans la nuit, donnant l'alarme au moindre bruit suspect, et il a certainement gêné plus d'un vagabond en mal de rapine. Souvent il accompagnait les noctambules jusqu'au pont de la rivière sur la route de Villefranche.

Lloyd George a marqué dans une allocution l'anxiété des heures présentes. « C'est l'avenir de l'humanité qui, en ce moment, tremble dans la balance ». Ma confiance dans l'issue de cette lutte géante reste solide. Nous l'emporterons sur les Allemands et nous briserons leur orgueil criminel.

Aujourd'hui, le vent du nord a soufflé sans interruption sur un ciel chargé de nuages et a donné aux choses le caractère maussade d'une lugubre journée d'automne.

Samedi 21 *octobre.* Un des Boches logés à la Ray, celui qui faisait la cuisine, s'est évadé hier soir.

Journée sombre, froide.

Jeudi 26 *octobre.* Avant-hier, mardi, nos troupes ont remporté un magnifique succès. Elles ont enlevé d'un seul élan le fort de Douaumont, l'ouvrage de Thiaumont, la batterie de Damloup, etc. Les petits-fils des soldats de Sébastopol, de Magenta, n'ont pas dégénéré. Tout Français a dû éprouver une émotion de belle fierté. Les Allemands ont perdu d'un seul coup le résultat de longs et sanglants sacrifices. C'est pour nous une large victoire qui permet les plus belles espérances.

Depuis plusieurs jours, nous avons un temps détestable, de continuelles averses.

J'ai reçu aujourd'hui une petite provision de charbon anglais qui a coûté 16 fr. 50 le quintal.

Jeudi 2 *novembre.* Ce matin, l'air était un peu agité et détachait rapidement les pauvres feuilles du cerisier de mon jardin. J'ai remarqué, de la route de Villefranche, le bois de Colombier dont les nuances d'or, de pourpre, de vert sombre offraient un tableau merveilleux. Un artilleur du 32e d'artillerie m'écrit : « La reprise de Douaumont a été plus facile qu'on ne le pensait. Malgré cela, nos pertes sont élevées. Ah ! combien lugubre est un champ de bataille. Tout était retourné : les tranchées se confondaient avec les trous d'obus, et çà et là, dans diverses positions, reposait le corps d'un de ces braves que la mort vint faucher en pleine victoire. Notre artillerie a fait son œuvre avec une précision remarquable. Les tranchées boches n'existent plus et c'est par centaines que l'on compte les cadavres de nos ennemis. Les Boches se rendaient sans lutte, par centaines ».

J'ai relevé ces deux vers d'une poésie : « Aux morts pour la patrie », signée Marthe Dupuy :

> « Vos cœurs sont dans nos cœurs à jamais confondus
> « Lorsque sourit la joie ou montent les tristesses ».

J'ai noté également ce passage d'une lettre écrite par des citoyens de la République argentine rendant hommage aux fils de France tombés pour l'idéal le plus élevé de la civilisation :

« Plus tard, dans le silence éloquent des champs, convertis en ossuaires, la nature donnera pieusement des fleurs, le soleil sa lumière, les hommes leur vénération. Les générations futures viendront s'agenouiller ; elles apprendront, en lisant les épitaphes, comment l'héroïsme, la ténacité, l'accord du bien imposèrent la morale et la firent triompher.

Les routes sacrées où les morts triomphèrent, où la raison fut victorieuse, demeureront les témoins de cette épopée et comme les inspiratrices des immortelles vertus ».

Les nuages qui couvraient le ciel ont fini par se décharger dans une pluie violente avec accompagnement de tonnerre.

Jeudi 9 novembre. Une note du *Nouvelliste* m'apprend la mort du capitaine Finet, un de mes anciens élèves de vacances, lorsque j'étais à Saint-Cyr-au-Mont-d'Or. Il annonçait déjà par ses belles qualités d'intelligence, d'application à l'étude, de loyauté de caractère, la noblesse de sentiments que sa vaillance admirable a révélée.

« *Mort au champ d'honneur.* — Nous apprenons avec un très vif regret la mort héroïque du capitaine Joseph Finet. Ancien élève de l'Institution des Chartreux, ancien lieutenant du 2e dragons, il avait repris sa place dans ce régiment au premier jour de la mobilisation et pris part à de nombreux combats en Lorraine pendant les premiers mois de la guerre.

« Promu il y a dix mois capitaine au 50e bataillon de chasseurs à pied, c'est au cours de notre glorieuse offensive du 24 octobre, après avoir rempli tous ses devoirs de chrétien, qu'il fut frappé à mort par un obus, pendant qu'il entraînait sa compagnie à l'assaut. Ses chasseurs disent qu'ils n'ont jamais aimé un chef autant que le capitaine Finet. Il était au milieu d'eux le père qui s'intéresse à tout et à tous. Dans les circonstances où nous vivons, à cause des fatigues et des souffrances qui se prolongent, les hommes ont une tendresse, une reconnaissance spéciales pour le chef qui comprend ces souffrances, qui les partage, qui les domine en en prenant une grosse part ».

Mercredi 15 novembre. Depuis deux jours, une bise froide souffle sur le pays qui a l'aspect de l'hiver, moins la neige. Les feuilles d'or des platanes de la Rigodière descendent en vol plané sur la route et sur mon jardin.

On m'a dit que les parents du zouave Jean Desgouttes, du Fond de Blacé avaient reçu le mortuaire de leur fils, soldat au 3e régiment bis de zouaves, tombé glorieusement pour la France devant la Ferme de l'Hôpital (Somme), le 5 septembre 1916, entre Maurepas et Bouchavesnes

Desgouttes faisait partie de notre chorale de Saint-Julien. Sa bonne éducation, son caractère modeste lui valaient toutes les sympathies.

Joseph Plasse m'écrit le 11 novembre : « Je suis descendu des tranchées cette nuit. On s'en est vu de terribles. Je suis plein de boue et très fatigué. On a lutté avec les Boches, comme on ne l'avait pas fait encore, dans la boue jusqu'au ventre. Je vous écris avec du papier boche. J'en ai une vraie provision ».

Mercredi 6 *décembre.* Ce matin, j'ai eu la visite de Charles Vapillon, du 40ᵉ de ligne. Il a déjà supporté dix-huit mois de front, dont deux mois vers Handrécourt près Verdun, sous un marmitage violent.

Lundi 11 *décembre.* L'entrée des Allemands à Bucharest, l'attitude hostile de la Grèce, la perte du cuirassé *le Suffren* sont de nouvelles épreuves pour nous. Elles seront aussi un stimulant. « La guerre, disait Carnot, l'organisateur de la victoire, est un état violent. Il faut la faire avec violence ou bien se retirer à la maison ».

Dans les régions envahies de la Meuse, de la Marne, des Ardennes et de Lille on ne trouve ni huile, ni pétrole. Le beurre coûte 25 francs le kilo, le chocolat 28 francs, la viande 32 francs, le sucre 12 francs. Un œuf coûte 12 sous, un lapin 25 francs.

Vendredi 15 *décembre.* Guillaume II a proposé la paix aux alliés. Mais la presse française répond fièrement en demandant une paix qui soit la réparation du droit outragé et marque l'indépendance de toutes les patries. Nous voulons une paix solide, durable, œuvre de justice.

Samedi 16 *drcembre, 9 heures et demie matin.* Le ciel est très clair ; le soleil brille par-dessus les maisons de Chatenay. Le journal apporte la nouvelle d'un brillant succès au nord de Douaumont, entre la Meuse et Wœvre sur un front de plus de dix kilomètres.

Cette belle victoire est un grand pas qui nous acheminera vers la paix rêvée, celle qui consacrera la suprématie du droit sur la force.

Mardi 19 *décembre.* La nouvelle victoire de Verdun nous a donné 11.387 prisonniers, dont 284 officiers, 115 canons, 107 mitrailleuses.

Mardi 26 *décembre.* Malgré un temps légèrement pluvieux, nos fêtes de Noël se sont passées avec la piété fidèle de chaque année. J'avais invité les paroissiens à prier de tout cœur pour notre chère patrie et j'ai dit la messe pour les soldats de Saint-Julien qui sont au front.

Je relève une poésie : « Noël du Soldat », publiée dans *le Gaulois* du 28 décembre. Elle est d'un modeste ouvrier mineur du Pas-de-Calais :

NOEL DU SOLDAT

Petit soldat, la neige sur la terre
En gros flocons papillonne sans bruit.
Divin manteau qui recouvre l'ornière,
Ta blanche hermine sous la lune reluit.
Ecoute au loin, de nos vieilles églises,
La voix des cloches réclamant le Sauveur.
Il est minuit, descends dans la nuit grise...
Noël ! Noël ! bénis nos défenseurs !

Petit soldat, si le frimas te glace,
Ton âme fière secouant le frisson
Ne s'abandonne, car le Boche est en face,
Aux rêveries de la chère maison.
Pourtant, là-bas, ta mère pour t'attendre,
Sur ton portrait laisse tomber ses pleurs
En le couvrant des baisers les plus tendres...
Noël ! Noël ! apaise sa douleur !

Petit soldat, par les bois et les plaines,
Combien, hélas ! de tes frères couchés
N'entendront plus, dans l'ombre souterraine,
Minuit tinter gaiement dans les clochers ;
Ils sont tombés, défendant la justice !
Du sang versé, nous serons les vengeurs.
Enfant divin, né pour le sacrifice,
Noël ! Noël ! jette sur eux des fleurs !

20 *décembre* 1916   Clovis FOUBERT,
133e d'infanterie, 6e compagnie.

1917

On a appris d'une façon positive la mort de Joseph Blanc, un des membres de notre chorale. Il est tombé le 4 septembre dans la Somme. Pendant deux ans de guerre, il avait traversé, au 5e colonial, bien des dangers. Il a versé son sang généreux pour la sainte cause du devoir. A lui s'appliquent les paroles d'espérance chrétienne : « Sois fidèle jusqu'à la mort, et je te donnerai la couronne de vie ».

La réponse des alliés aux puissances ennemies me paraît ferme : « Nous voulons la paix, mais avec des sanctions, des réparations, des garanties ». Le bon droit triomphera et la justice aura son jour.

Dans les villes, l'argent se gagné facilement et se dépense de même. Malgré les conseils de Ribot, on n'économise pas. Les vivres renchérissent et l'avenir sera difficile.

14 janvier. La *Semaine Religieuse* du 5 janvier publie une belle citation à l'ordre du corps d'armée concernant l'abbé Georges, vicaire à Vaux. Elle est du 11 septembre 1916 : « P. M. Georges remplit les fonctions d'aumônier des unités du génie de la division. S'est constamment trouvé dans les endroits les plus périlleux dans les diverses opérations du cours de la campagne.

« Infatigable, a pris part à tous les combats pendant lesquels, sous le feu des mitrailleuses et de l'artillerie ennemies, il s'est porté au secours des blessés. A été un exemple admirable de bravoure pendant les attaques de juillet et août 1916 où, très crânement, il a risqué sa vie de nombreuses fois, contribuant ainsi, par sa belle attitude, à maintenir le moral de ceux qui étaient auprès de lui. Déjà cité pour sa belle conduite ».

Jeudi 25 janvier. Ce matin, j'ai porté la sainte communion à mademoiselle Marie Dumont, au Tremble. Elle était si faible qu'elle ne pouvait remuer la tête sur l'oreiller. Sur la pente de Chatenay, le chemin était glissant, verglassé.

Dimanche 28 janvier. Mademoiselle Dumont est morte jeudi soir, gardant sa lucidité jusqu'à la fin. Elle m'a souvent édifié par sa piété, sa reconnaissance délicate envers son oncle et sa tante qui l'ont soignée avec un extrême dévouement. Elle avait 27 ans.

Mardi 30 janvier. Nous avons un froid rigoureux et l'air, ce soir, m'a paru plus vif que jamais. Et dire que tant de soldats vivent à ciel ouvert, nuit et jour, sous ce climat de Sibérie! Hier, j'ai fait la levée du corps de mademoiselle Dumont. Sur la pente de la colline de Chatenay nos jeunes filles, portant les glands du drap de mort, enfonçaient leurs pieds dans la neige jusqu'à la cheville. L'inhumation devant avoir lieu à Marchampt, à 25 kilomètres, nous avons accompagné le corps sur la route de Blaceret, jusqu'au point d'où part le petit chemin qui descend vers la rivière. Il y avait là, autrefois, la croix de Bourlaquin.

Mercredi 31 janvier. Le froid s'est accentué hier, et nous sommes allés à 14 degrés au-dessous de zéro. Villefranche aurait enregistré jusqu'à 17° et Lyon 21, au parc de la Tête-d'Or.

Le transport *Amiral-Magon* a été torpillé en Méditerranée, le 25 janvier. Huit cent neuf hommes ont été sauvés par les contre-torpilleurs et chalutiers. Il y aurait une centaine de victimes, la plupart tuées sur le coup par l'explosion. C'est précisément sur ce navire qu'était embarqué Charles Vapillon, de Saint-Julien. Puisse-t-il avoir été au nombre des rescapés !

Dimanche 4 février. Le froid reste intense. A la sacristie le vin, l'encre sont gelés. Ces journées me rappellent l'hiver 1879-80, alors qu'au séminaire d'Alix nous étions pendant le mois de décembre dans des salles d'étude sans feu.

Mardi 6 février. Charles Vapillon a été une des victimes du torpillage de l'*Amiral-Magon*. Je suis allé porter mes condoléances à la famille pour la perte de ce jeune soldat, mort au poste du devoir, pour son pays.

Mercredi 14 février. Journée d'émotion. J'étais à l'entrée de l'église, vers le phare où je groupe les enfants pendant ces journées plus froides, lorsqu'un coup soudain fait tressaillir la façade de l'église. Je sors et déjà chacun est sur le seuil de sa porte. Serait-ce un tremblement de terre ? Je rentre, mais après avoir noté l'heure de la secousse : 11 heures moins dix. Un second coup plus vigoureux retentit au bout de cinq minutes. Je sors, je vois les petits garçons se précipiter hors de la mairie dont le local scolaire occupe la moitié du rez-de-chaussée. J'observe la mine effarée de quelques-uns, dont mon clergeon, Pierre Pulliat. Madame Soleillant est pâle aussi. J'exprime l'opinion qu'un wagon de poudre a dû sauter à Villefranche. Mais rapidement le téléphone apporte la nouvelle : la poudrière de Neuville-sur-Saône a sauté !

Mercredi des Cendres, 21 février. L'explosion de Neuville a causé la mort de plusieurs personnes et produit de gros dégâts matériels.

Le lundi et le jeudi, les journaux ne paraissent plus que sur deux pages. Les restaurants ne peuvent offrir que deux plats par service, les pâtisseries sont fermées deux jours par semaine. On songe à établir des cartes de sucre, des jours sans viande, etc.

Aujourd'hui est mort l'abbé Veyret, curé d'Arnas. Ce digne prêtre avait, au fond du cœur, le désir de mourir dans cette paroisse où il a fait le bien avec une modestie et une patience admirables.

Arnas lui doit son église. Sans son savoir-faire persévérant, la somme d'argent préparée à cette destination eut été inemployée et confisquée par l'Etat en 1906, lors de la loi de séparation.

La voix douce de M. Veyret, son visage bon, son esprit délicat faisaient de lui une image de saint François de Sales.

Samedi 24 *février*. La journée a eu la douceur du premier printemps. Elle faisait contraste avec le caractère de la cérémonie des funérailles de monsieur le curé d'Arnas auxquelles j'assistais avec dix-sept confrères. Mais la mort d'un prêtre laisse un sillage de douceur, des pensées d'espérance et de revoir qui sont en harmonie avec la beauté d'un jour et la clarté du ciel. Tout s'est passé avec ordre et piété. L'église était pleine et la lecture du testament spirituel de M. Veyret a été écoutée avec émotion.

Lundi 26 *février*. A Villefranche, on a taxé le beurre à 2 fr. 45. Il avait déjà atteint le prix de 3 francs et plus. Hier, à Arbuissonnas où j'ai prêché l'Adoration perpétuelle, j'ai remarqué au bas de la chaire la pierre tombale d'un ancien curé de Saint-Julien, M. Bizet, mort curé d'Arbuissonnas. Il avait été enterré dans le cimetière adjacent à l'église ; l'agrandissement de celle-ci fit entrer sa tombe dans l'édifice. Après la cérémonie nous sommes allés, monsieur le curé Millet et moi, visiter le cimetière qui garde la dépouille mortelle de MM. Faure et Janin, anciens curés.

Samedi 31 *mars*. M. Mathieu Montagne, instituteur public à Saint-Julien de 1868 à 1905 est mort lundi matin, 26 mars, âgé de 75 ans.

Vendredi Saint, 6 avril. Une nouvelle qui apporte une immense espérance nous vient d'Amérique. Le Sénat des Etats-Unis, par 82 voix contre 6, a voté la guerre à l'Allemagne. L'entrée en ligne, à nos côtés, de la puissante république, pour la cause du droit et de la liberté, met joie et confiance dans tous les esprits. Une vraie bataille se livre à Saint-Quentin. Les Français pénètrent dans un faubourg de la ville. Les Anglais l'attaquent à l'ouest.

Dimanche 15 avril. On a appris, jeudi passé, la mort de M. l'abbé Claude Muller curé de Saint-Polycarpe, mon prédécesseur à Saint-Julien. Il était âgé de 70 ans. Il est mort à la clinique des sœurs Saint-Charles, rue de l'Annonciade, où il était soigné depuis quelques mois pour diabète compliqué d'albuminurie.

En invitant les fidèles, ce matin, à un service pour le repos de l'âme du prêtre qui fut leur pasteur, pendant quatorze ans, de 1892 à 1906, je leur ai dit : « Chacun de vous trouvera dans sa mémoire et son cœur la prière qui est un devoir envers le pasteur qui a distribué si longtemps ici les richesses de la foi — la grâce des sacrements comme la lumière de l'Evangile — qui s'est intéressé avec l'attention la plus dévouée à l'organisation de l'école chrétienne. » Par son désintéressement, M. Muller montrait que l'inspiration de sa vie était la foi, la vue surnaturelle des choses et non l'intérêt égoïste. Pendant son ministère à Saint-Julien, il fit réparer la toiture de l'église, refaire la voûte du sanctuaire et placer dans l'édifice les statues de l'Immaculée Conception et de saint Antoine de Padoue.

La tristesse qu'il éprouva lorsque ses supérieurs l'appelèrent à un autre poste montra combien il vous était attaché, combien il appréciait au milieu de vous la douceur d'un ministère respecté.

« Vous acquitterez votre dette de reconnaissance paroissiale en portant fidèlement dans vos prières la mémoire de ce prêtre qui fut votre chargé d'âmes pendant quatorze ans, dont la voix s'est élevée si souvent dans cette église pour enseigner le catéchisme aux enfants, prêcher à tous les vérités du salut, et appeler sur tous les bénédictions divines ».

— Les Anglais ont commencé une vigoureuse offensive, le lundi de Pâques, vers Lens et Douai, réalisant des progrès au nord et à l'est d'Arras. Mardi soir, ils comptaient plus de 11.000 prisonniers dont 235 officiers, plus de 100 canons, 60 mortiers de tranchées et 165 mitrailleuses. Les Canadiens ont enlevé la crête de Vimy.

Samedi 14 avril. Aujourd'hui, je suis allé à Arbuissonnas. Le temps était d'une beauté idéale ; sur le ciel clair, pur, se détachaient tous les détails du paysage. Pendant que M. le curé faisait son catéchisme j'ai passé une demi-heure bien douce, dans le jardin, à jouir de cette fête du ciel et du premier printemps.

Lundi 16 *avril.* Hier matin, la pluie a été diluvienne. Il n'y avait guère que cinq à six personnes à la première messe. Vers 8 heures et demie, l'averse se calmait et j'ai pu aller aux Granges d'Espagne faire la levée du corps de François Perraud.

Ce matin, j'ai assisté aux funérailles de M. le curé Muller. Tout s'est passé avec la dignité et la piété qui caractérisent l'esprit religieux de la paroisse Saint-Polycarpe.

Mardi, 17 *avril.* Entre Soissons et Reims, après une préparation d'artillerie qui a duré plusieurs jours, nous avons attaqué hier les lignes allemandes sur une étendue de quarante kilomètres environ. Partout la vaillance de nos troupes a eu raison de la défense énergique de l'ennemi. Le chiffre des prisonniers dénombrés dépasse 10.000. Nous avons aussi capturé un matériel important.

Dimanche 22 *avril.* Jour de la communion solennelle à Saint-Julien. La rénovation des vœux du baptême a été prêchée par le curé de Lacenas, M. Delaye. On a aimé sa parole, d'une piété douce, pénétrante.

Lundi 23 *avril.* Arrivée des hirondelles, les messagères du printemps, par une journée claire, mais que le vent du nord rend froide.

Mardi 24 *avril.* Le vent du nord souffle vivement. Pendant que je bêchais, ce matin, pour ensemencer des pommes de terre dans mon jardin, les hirondelles venaient tournoyer autour du clocher ; quelques-unes se posaient sur le bord du toit du presbytère, heureuses de retrouver l'abri familier, paraissant observer mon travail, satisfaites de leur repos après les grandes randonnées aériennes.

Le vin se vend deux cents francs la pièce.

Dimanche 29 *avril.* Le temps est magnifique. Le rossignol, depuis hier ; le coucou, depuis avant-hier, chantent la venue tardive de ce printemps. On en jouirait mieux si la guerre ne mettait les esprits et les cœurs sous le pressoir.

— Le total de nos prises dans l'offensive de l'Aisne et de Champagne se monte à 20.780 prisonniers, 194 canons, 412 mitrailleuses.

Lundi 30 *avril.* On a distribué aujourd'hui, à la mairie, des carnets de sucre qui donnent droit à 750 grammes par personne et par mois.

Mercredi 2 *mai.* On est inquiet sur le compte de Philippe Aunier dont la dernière lettre est du 15 avril. Il se trouvait alors au plateau de Craonne.

Mardi 8 mai. Aujourd'hui, j'ai assisté à Blacé au service d'anniversaire d'un fils Roche, du Crêt de Champrenard. A la cérémonie assistaient les deux frères du soldat défunt. L'un est aveugle à la suite d'une blessure reçue à Verdun. Je suis allé vers ce pauvre et cher aveugle, lui dire ma pitié reconnaissante, émue. J'ai été consolé de le voir calme, vaillant. « Je sais faire des brosses, m'a-t-il dit, et, grâce à la méthode de Braille, bientôt je saurai lire ». Quelle croix! Aveugle à vingt ans !

Lundi 21 mai. Je suis allé à Ancy et à Saint-Romain-de-Popey, vendredi passé. J'ai prié sur la tombe de l'abbé Bruyère, curé d'Ancy, emporté en dix minutes par une embolie. J'ai fait connaissance du curé de Saint-Romain-de-Popey qui a longtemps enseigné les mathématiques aux Chartreux. C'est une belle physionomie intelligente, qui exprime aussi dignité et bonté.

Dans le train, les soldats parlent de la guerre et de sa longueur sur un ton irrité, à cause surtout des événements de Russie qui permettent aux Allemands de jeter sur notre front de nouvelles armées.

27 mai. Les Italiens ont remporté un beau succès sur le Carso, les jours passés, et fait plus de 10.000 prisonniers.

Samedi 2 juin. Il y a du malaise dans les esprits. Les causes en sont les affaires de Russie, l'échec ou du moins l'arrêt de notre dernière offensive, la cherté de la vie, et même, ici ou là, dans certaines villes, le manque de pain, pendant quelques jours.

Mercredi 20 juin. Les Alliés ont montré que leur main était forte et ont signifié au roi de Grèce et à son fils aîné de quitter le sol hellénique. Le second fils de Constantin a pris le pouvoir.

Mercredi 27 juin. J'ai assisté au service que l'Association des Dames Françaises de Villefranche, que préside madame Antoine Mandy, a fait célébrer pour le repos de l'âme de nos soldats à Notre-Dame des Marais.

Le chanoine Coubé a prononcé un beau discours sur le patriotisme chrétien en France avec les Francs de Clovis, les paladins de Charlemagne, les croisés de Saint-Louis, les grognards de Napoléon et nos soldats de la grande guerre dont il a lu quelques lettres inspirées par l'esprit de sacrifice le plus sublime. Il a fait des citations de Déroulède, de Victor Hugo. Il a fait resplendir le nom de Verdun. J'ai causé un moment avec l'orateur, à la cure. Il est petit, mais il a un bel organe, une voix claire, fraîche. Il venait de Lyon où il a donné à la salle Rameau une conférence sur le versement de l'or.

Samedi 13 *juillet.* De retour d'un voyage à Saint-Rambert-sur-Loire qui m'a donné à nouveau l'image pittoresque de soldats en kaki ou bleu-horizon. A la gare de Perrache, des Espagnols, des Italiens dont quelques-uns ont le visage rude, rébarbatif, qui fait songer à des indigènes de la Calabre. Le chanoine Ehrmann, aumônier du dépôt des Alsaciens-Lorrains à Saint-Rambert déclare nettement que malgré toutes les entreprises de germanisation l'Alsace-Lorraine a gardé sa sympathie à la France.

Mercredi 18 *juillet.* Hier, j'ai administré mon cher confrère et voisin, M. le curé de Blacé. Il avait eu un vomissement de sang inquiétant. Depuis huit jours il garde le lit et l'état général est mauvais.

27 *juillet.* Le temps est beau, chaud, mais il y a toujours un peu d'air. Les Russes, déprimés par les fausses idées d'un pacifisme anarchique, désertent en nombre leurs régiments et l'invasion austro-allemande recommence de plus belle.

6 *août.* Le temps a été beau aujourd'hui. Au retour de l'enterrement de madame Régine de Lauverjat, née Durieux de Lacarelle, à Saint-Etienne-les-Oullières, j'ai passé par le hameau du Chambon, à Blacé, pour voir une malade, Claudia Large, quinze ans, puis j'ai passé au presbytère. Mon pauvre confrère est mourant. Il n'en a plus que pour un jour ou deux.

Dans un discours, Lloyd George a dit : « La guerre est une besogne affreuse, mais pas aussi odieuse qu'une paix boiteuse. Toute guerre terrible a une fin, tandis qu'une mauvaise paix n'en a pas et chancelle d'une guerre à l'autre. Il y a des hauts et des bas sur la voie qui nous reste à parcourir et sans aucun doute l'effondrement de la Russie constitue plutôt une dépression profonde. Je ne suis pas certain même que nous en soyons encore arrivés au passage le plus dangereux et cependant je puis voir au delà de la sombre vallée une montée lumineuse ».

Vendredi 17 *août.* Mon confrère de Blacé est mort le mercredi 8 août. Il était bien attaché à sa paroisse et ne ménageait pas sa pauvre santé au service des malades. La note du Vatican aux puissances présente des propositions de paix qui sont mal accueillies par la presse des Alliés. « Ce programme, dit un journal américain, ne comprend ni le châtiment des criminels de la guerre, ni la sûreté de l'avenir pour les victimes ».

Mercredi 22 août. Beau temps. Une offensive sur les deux rives de la Meuse nous a donné plus de 5.000 prisonniers dont 116 officiers.

Lundi 27 août. La bataille sur les Alpes Juliennes a une grande envergure et s'indique triomphale pour l'armée italienne. Cette bataille de l'Isonzo s'étend sur 60 kilomètres, depuis la mer jusqu'au pied du Monte-Nero.

Mardi 4 septembre. D'une lettre de l'abbé Mathelin, attaché à l'ambulance chirurgicale : « Les événements dont nous sommes témoins donnent pleine et entière confiance ». Les soldats qui ont pris part à l'action dans la région de Verdun disent tous qu'ils sont bien conduits et nos chers blessés gardent un grand courage au milieu de leurs souffrances. Aussi voyons-nous les soldats qui remontent aux lignes s'y rendre en chantant.

La bataille continue au San-Gabriele. Le chiffre des prisonniers autrichiens dépasse 30.000, dont près de 900 officiers.

Dimanche 16 septembre. La situation est grave et compliquée en Russie où le général Korniloff s'est révolté contre Kerenski et le gouvernement provisoire. Les vendangeurs qui se payaient 4 fr. 50 se paient maintenant 6 fr. 50.

Lundi 24 septembre. Le temps reste beau. Les vendanges sont terminées depuis deux jours. Le vin se vend de 235 à 250 francs la pièce.

Sur les progrès de l'aviation depuis la guerre, un journal fait remarquer : « Le vol nocturne, considéré comme un suicide, est devenu chose courante.

« La vitesse est passée de 110 kilomètres à l'heure à 250. Les avions ne dépassaient pas 2.000 mètres ; ils combattent à 6.500 mètres. Ils emportaient 50 kilos de projectiles au maximum, ils lancent jusqu'à 400 kilogrammes. Ils faisaient des randonnées de 2 h. 30, ils peuvent effectuer des voyages de 10 à 12 heures.

« L'armement qui égalait zéro est devenu imposant ; nos aviateurs ont pour se défendre des canons, deux ou trois mitrailleuses. Les vols, uniquement individuels au début, ne se font presque plus qu'en escadre ».

Dans une conférence, Maurice Spronck, député, a dit qu'à l'ouverture de la campagne l'Allemagne avait cinq cents batteries de canons lourds ; la France en avait tout juste... vingt-six... moins d'une contre dix-neuf.

Mardi 3 *octobre*. Le vin est à présent à 280 francs la pièce et va vers 300 francs. Le côté plaine a été peu favorisé, mais dans les coteaux la vendange récompense le travail, car, avec une quantité moyenne, on a une bonne qualité et un prix supérieur à ce qui s'est vu jusqu'ici.

Mercredi 17 *octobre*. Il y a huit jours, sur les fils des poteaux électriques, dans le raidillon qui mène à Blacé, il y avait une centaine d'hirondelles alignées pour le départ. Le lendemain, au même endroit, j'en ai vu une quarantaine.

Madame la comtesse de Fleurieu, âgée de 88 ans, est morte au château de Laye.

Lundi 22 *octobre*. Plusieurs zeppelins, désemparés par des vents contraires, ont été obligés d'atterrir en France. Samedi matin, plusieurs personnes de Saint-Julien ont aperçu l'un d'eux qui allait dans la direction de Lyon. D'après les indications données par les journaux, c'était le zeppelin L-45, qui a atterri sur le territoire de la commune de Mison (Basses-Alpes). Il mesurait 200 mètres de long et était pourvu de trois moteurs. Il était monté par quinze hommes et deux officiers de la marine allemande. L'équipage mit le feu à l'enveloppe à l'aide de pistolets spéciaux chargés de balles incendiaires, puis se constitua prisonnier. L'altimètre, retrouvé dans les débris carbonisés, montra que l'appareil s'était élevé à 6.200 mètres.

Mardi 30 *octobre*. La neige, depuis deux jours, recouvre Montmelas.

Les Italiens ont eu un gros échec sur l'Isonzo, le 24 octobre. Leur front a été enfoncé et tout le gain obtenu depuis deux ans a été perdu en deux jours. Goritz a été repris. Les troupes franco-anglaises partent à la rescousse. Les Italiens auraient eu plus de 100.000 prisonniers et perdu 100 canons. On compte arrêter l'ennemi sur le Tagliamento. Tout cela est conséquence de l'effondrement militaire de la Russie et traduit la mentalité déprimée de certains régiments. Les Soviets, avec leurs parlottes pacifiques, sont cause de la durée de cette guerre et des nouvelles épreuves qu'elle nous inflige.

Samedi 10 *novembre*. Hier, j'ai appris la nomination du nouveau curé de Blacé, M. l'abbé Bruyère, vicaire de Notre-Dame des Anges, à Lyon. Il a 48 ans et vient d'être licencié avec la classe 1889.

Dimanche 9 décembre. La défection lamentable de la Russie entraîne l'isolement et l'abandon de la Roumanie. Notre ciel est bien chargé de nuages noirs. Sur notre front, nous resterons les plus forts. Mais quels événements faudra-t-il pour dénouer la situation ?

Lundi 10 décembre. A Richmond, petite ville voisine d'Halifax, au Canada, une terrible catastrophe s'est produite. Elle a été causée par la collision de deux vapeurs dont un chargé de munitions de guerre. Le bruit de l'explosion a été perçu à plus de 100 kilomètres. On parle de 5.000 morts. Sur 550 enfants qui étaient allés à l'école, 7 seulement restèrent vivants.

Les Italiens, dans leur défaite aux Alpes-Juliennes, ont perdu 250.000 hommes et 2.300 pièces d'artillerie, dans la ruée austro-allemande du 25 octobre au 5 novembre. Les autres combattants, 400.000 hommes, débandés, sans cadre, s'enfuirent vers l'arrière jusqu'à plus de 200 kilomètres de la zone des opérations. On put en voir jusque dans les rues de Rome.

Lundi 17 décembre. La neige est tombée à dix heures du matin. « L'heure présente, dit Lloyd George, n'est pas des plus propices. Elle est tragique même. La Russie nous échappe et l'Amérique n'est encore qu'en train de venir. Elle vient pourtant. Elle vient avec ses riches réserves d'hommes, de vivres, de matériel, avec un enthousiasme plus riche encore pour la cause juste dont elle veut passionnément le triomphe. L'heure critique passera. Viendra l'heure décisive. L'heure est venue pour la nation de planter plus solidement que jamais ses pieds sur le sol et de se faire des épaules carrées pour porter le poids plus lourd que les événements jettent sur elle ».

Dimanche 23 décembre. Le temps est toujours froid et partout le manteau de neige reste aussi épais. On dit que l'accident du chemin de fer de Saint-Jean-de-Maurienne a coûté la vie à plus de 500 soldats qui revenaient d'Italie en permission.

La production française en blé a donné : en 1914, 76.900.000 quintaux ; en 1915, 60.630.000 ; en 1916, 55.800.000 ; en 1917, 39.200.000.

La consommation annuelle s'élève à 85 millions de quintaux.

La ration moyenne dont chacun devra se contenter est de 325 grammes.

Jeudi 27 décembre. Vent du nord et neige ; c'est l'hiver.

Samedi 29 *décembre.* Froid rigoureux ; le thermomètre descend à — 13 degrés.

1918

Mardi 1er *janvier.* La neige tombe à gros flocons et cause une grande perturbation dans les services publics.

J'ai présenté mes vœux de bonne année, c'est-à-dire de fin victorieuse de la guerre à quelque trente paroissiens qui n'avaient pas craint de s'engager sur un chemin de 15 à 20 centimètres de neige.

Mercredi 2 *janvier.* Une vague de froid s'étend au sud-ouest et au midi de la France. Le thermomètre est descendu au-dessous de 20 degrés.

Lundi 7 *janvier.* Aujourd'hui, enterrement de la veuve Monternot, décédée à Bel-Air. Les chemins étant verglassés, les assistants et surtout les porteurs du corps marchaient avec une grande difficulté.

J'entendais avant-hier, vers 11 heures, et avec beaucoup de netteté, les sonneries d'un enterrement à Denicé. Le vent du midi qui en apportait l'écho a commencé le dégel.

Vendredi 25 *janvier.* Depuis hier nous avons un temps doux.

La générale Isnard, bien connue dans la société beaujolaise, est morte le mercredi 16 janvier à la villa Belledonne, la Tronche, près Grenoble. Elle avait fait l'imprudence de se rendre dans ce coin des Alpes dauphinoises au commencement de janvier, alors que le froid était si rigoureux. Elle a pris une congestion qui l'a mise au tombeau. Elle a été inhumée dans le caveau de famille à Saint-Julien, le lundi 21.

Samedi 2 *février.* Depuis une huitaine de jours nous avons un brouillard froid, épais, malsain. Dans la nuit du 30 au 31 janvier les Allemands ont envoyé une vingtaine d'avions sur Paris. Le nombre des victimes s'élève à 252 dont 45 morts.

Jeudi 21 *février.* Lénine et Trotzky ont accepté toutes les conditions de l'Allemagne : l'annexion de la Pologne, de la Lithuanie, de Riga, et le paiement d'une indemnité de vingt milliards.

Samedi 23 *mars.* Les Allemands ont attaqué avec une vigueur extrême sur le front britannique.

Il y a une dizaine de jours, Paris a été bombardé par 60 avions environ..

Charles de Montgolfier, sergent séminariste, a été blessé à la cuisse, il y a une quinzaine de jours, par un éclat d'obus. Il était en Alsace.

Mercredi 27 mars. La bataille de la Somme à l'Oise est acharnée. Les Anglais se sont repliés derrière Nesle et Chaulnes. Nos troupes ont dû évacuer Noyon et se fortifier sur la rive gauche de l'Oise. La bataille prend un caractère grave et le dénouement en est attendu avec émotion.

Paris est bombardé par des canons dont la portée dépasse cent kilomètres.

Mardi 9 avril. Je suis revenu aujourd'hui de Saint-Romain-de-Popey où j'étais allé prêcher la retraite de première communion. En voyage, à l'aller, dans la vallée de l'Azergue, j'ai rencontré un train de soldats anglais rappelés du front d'Italie. Les mitrailleuses étaient à découvert sur ce train. Le dimanche et le lundi de Pâques, de nombreux trains ont passé, chargés de troupes anglaises envoyées au secours de leurs armées en bataille. Heureusement que les régiments américains débarquent de plus en plus nombreux sur le vieux continent.

5 mai. Jour de communion solennelle à Saint-Julien et de confirmation à Denicé où monseigneur Bourchany a donné ce sacrement aux enfants de Denicé, Lacenas, Cogny, Rivolet, Saint-Cyr, Montmelas, Saint-Julien. Le temps était défavorable, pluvieux, et nos fillettes ont dû porter à la main leurs toilettes blanches jusqu'à Denicé.

Jeudi 16 mai. On apprend que Georges, le fils aîné de la famille Menu, à Pravins (Blacé) a été tué à la bataille du mont Kemmel. Il avait commencé la guerre comme sergent et avait été nommé capitaine le 22 avril.

Lundi 3 juin. L'ennemi continue sa pression de l'Oise à la Marne ; il a atteint l'ouest de Château-Thierry.

Mardi 2 juillet. L'exode de nombreux Parisiens, à la suite des incursions des Gothas, se fait sentir dans toute la région. A Villefranche et aux environs, plusieurs de ces fugitifs cherchent un appartement. Les Américains nous ont déjà envoyé plus d'un million d'hommes.

Mercredi 17 juillet. Les Allemands ont attaqué avant-hier, à l'est et à l'ouest de Reims. Ils ont franchi la Marne sur un point entre Château-Thierry et Dormans. Par une vigoureuse contre-attaque, les Américains ont fixé l'ennemi. Des combats acharnés ont eu lieu au sud de la Marne et dans la région de Châtillon.

26 juillet. Une attaque prescrite par Foch sur le flanc de l'ennemi, direction Soissons et Château-Thierry, nous a valu une belle victoire franco-américaine. Nous avons fait plus de 20.000 prisonniers, enlevé plus de 400 canons.

Mercredi 7 août. La contre-offensive de Foch se poursuit heureusement. Mais les combats sont durs et nombre de familles sont dans le deuil ou une vive angoisse. Le fils aîné de M. de Fleurieu, de Saint-Etienne-la-Varenne, âgé de 29 ans, capitaine, a été tué d'un éclat d'obus à la tête. A Saint-Julien, le bruit court de la mort de Claudius Nicolas, du hameau de la Roche. Il appartient à la seule famille janséniste de Saint-Julien. Il a 29 ans et fait partie du 43e chasseurs.

Jeudi 5 septembre. Avant-hier, par un temps superbe, j'ai fait avec ma sœur et ma cousine Anna Duport une visite au château de Montmelas, dont nous avons admiré les belles collections artistiques. Il y a un portrait de Louis XIV enfant qui présente une physionomie douce, fine, charmante. De nombreux portraits de famille enrichissent le salon. Vieux meubles, glaces vénitiennes, potiches japonaises, tapisseries, tout retient le regard. On voudrait passer là une semaine et non une heure.

J'ai salué, devant la porte de l'épicerie Mélinon, mademoiselle Muller, la sœur de mon prédécesseur à Saint-Julien. Le souvenir des années passées auprès de son frère ici, puis à Saint-Polycarpe, remplit son âme de regrets et de mélancolie. — J'ai payé ces jours-ci les pommes de terre 65 francs les 100 kilos ; encore étaient-ce des rouges, des tubercules de qualité inférieure. Le beurre se vend 6 fr. 25 la livre ».

Dimanche 15 septembre. La cueillette des raisins bat son plein. Les vendanges sont assez abondantes et de belle qualité. Les vendangeurs ont sept francs par jour, et la nourriture en plus.

Jeudi matin, les Américains ont attaqué avec plein succès le saillant de Saint-Mihiel. En deux jours, ils ont fait plus de 15.000 prisonniers et ils continuent leur avance victorieuse le long de la Moselle.

Mercredi 18 septembre. J'ai appris la mort de Philippe Campana, fils aîné de l'ancien buraliste de Saint-Julien. Il achevait ses études au collège de Villefranche lorsqu'il fut appelé sous les drapeaux avec la classe 1918. Nommé aspirant, il devint ensuite sous-lieutenant au 141e d'infanterie. Le 26 août, revenant de Rognac (Bouches-du-Rhône), où habite actuellement sa famille, il s'arrêta à Saint-Julien. Son bonheur d'être officier rayonnait sur son visage comme dans ses paroles. Il repartait au front avec une confiance joyeuse. Il est tombé le 8 septembre, au nord de Soissons, à Laffaux (Aisne), frappé d'une balle de mitrailleuse au ventre. Il est mort en beau soldat, dans une de ces journées d'honneur où le soldat libère le territoire et entrevoit la victoire définitive. Je pense avec une sympathie profonde à la famille de ce cher jeune homme, à sa mère frappée de cécité depuis une dizaine d'années, à son frère Victor, vrai type du poilu de la grande guerre, sous-officier au 85e régiment d'infanterie, à son père qui porte le poids bien lourd de tant d'épreuves.

Mercredi 25 septembre. Je suis allé offrir mes condoléances à la mère de Jean Bize, soldat de 22 ans qui a été tué le 16 septembre au moment où son bataillon, le 28e chasseurs alpins, était relevé. Comme Philippe Campana, c'était un de mes anciens élèves de catéchisme. Il se battait depuis plus de deux ans, avait pris part à la prise de Moreuil. Il faisait partie de l'armée de Mangin. Le mardi 3 septembre je l'avais vu dans la cour de l'entrepôt appartenant à madame Billioud, lors de l'incendie de cet immeuble, aux Varennes.

Jean Bize avait été fait prisonnier l'an passé dans un coup de main fait par les Allemands, mais, à la faveur de la nuit, il se dissimula avec un camarade dans un trou d'obus et put regagner les lignes françaises.

Samedi 28 septembre. Le journal apporte d'excellentes nouvelles. Les armées alliées s'avancent victorieuses en Serbie et en Bulgarie. Le gouvernement bulgare demande la paix.

Mercredi 1er octobre. La moitié des habitants du bourg sont atteints de la « grippe espagnole ».

Saint-Quentin est repris par les Anglais. La Bulgarie a signé la paix avec nous.

Mercredi 16 octobre. L'épidémie de grippe est dans toute son intensité à Lyon où un arrêté municipal supprime les convois mortuaires, ordonne le transfert rapide des corps au cimetière et prescrit de rigoureuses mesures d'hygiène et de désinfection.

Dimanche 20 octobre. Lille a été délivrée ; Courtrai, Ostende, Douai sont aux mains des Anglais. Une joie immense, à peine voilée par les épreuves que sème partout l'épidémie de grippe.

Vendredi 8 novembre. Demain on saura si l'armistice, préface de la paix, est signé. C'est probable, tellement les succès des Alliés sont remarquables.

Lundi 11 novembre. Journée brumeuse, mais où le cœur voit ce beau rayon de soleil, l'armistice. On a su la bonne nouvelle vers midi. Vers deux heures, en approchant du presbytère, d'Arnas j'ai rencontré madame de Moli, nièce du général de Castelnau, qui venait transmettre la joyeuse annonce au curé de la paroisse, M. Dupont. A trois heures et demie, les cloches jetaient leur rumeur de fête dans les airs ; des fillettes de douze à treize ans sautillent avec transport devant le café. C'est la fin du cauchemar, c'est le réveil à la vie. Chemin faisant, j'entendais les lointaines et douces sonneries de Saint-Étienne-les-Oullières, Saint-Georges-de-Reneins, Blacé. Et, en arrivant à Saint-Julien, j'étais heureux de savoir que nos cloches avaient vibré aussi et chanté le doux cantique de la paix victorieuse.

LISTE DE NOS SOLDATS MORTS POUR LA FRANCE

(Il s'agit non pas de tous ceux qui sont nés à Saint-Julien, mais de ceux seulement qui avaient un domicile à Saint-Julien, au moment de leur mort glorieuse).

1 Pierre Cinquin (Le Colombier), tombé au col de Sainte-Marie-aux-Mines, le 23 août 1914.

2 Jean-Baptiste Bidon (Espagne), 28 ans.

8 Jean Boccard (le Déau), sergent au 23ᵉ d'infanterie, tombé aux Roches-d'Ormont, le 23 septembre 1914, 25 ans.

4 Claude Dubost, 35 ans.

5 Claude Couprie, avocat à la cour de Paris, sergent au 252ᵉ d'infanterie, tombé le 28 novembre 1914 à Saint-Boussant (Meurthe-et-Moselle).

6 Antoine Lafond (le Creux), 27 ans, tombé le 24 février 1915 à Saint-Boussant.

7 François Chazot (le Mondar), 25 ans, soldat au 57ᵉ bataillon de chasseurs à pied, tombé devant Carency, le 9 mai 1915.

8 Pierre Moniotti (la Roche), 21 ans, étudiant en droit, 97ᵉ d'infanterie alpine, tombé le 25 mai 1915 à l'attaque de Souchez, lieu dit Cabaret-Rouge (Pas-de-Calais).

9 Antoine Rochette (le Bourg), 23 ans, décédé à Toulon.

10 Claude Berthinier (le Mondar), 19 ans, soldat au 2ᵉ zouaves, tombé le 25 septembre 1915 à Saint-Hilaire-le-Grand.

11 Jean-Claude Matillat (la Ray), 34 ans, tombé le 25 septembre 1915 près Carency.

12 Louis Boccard (le Déau), 25 ans, sergent au 14ᵉ alpins, blessé à Montpatelize le 14 septembre 1914, décédé des suites de ses blessures le 8 février 1916, à l'âge de 25 ans, décoré de la médaille militaire et de la croix de guerre.

13 Auguste Carrichon (le Colombier), caporal au 18ᵉ bataillon de chasseurs, mort le 15 septembre 1916 à Berny.

14 Etienne Rochette (le Bourg), 40 ans, mort le 2 octobre 1916 à Cavaillon (Vaucluse), des suites de la fièvre contractée dans la région de Salonique.

15 Joseph Blanc (le Creux), 5ᵉ colonial, tombé le 4 septembre 1916 à Barleu (Somme).

16 François Saunier (le Jonchy), 5ᵉ colonial, 21 ans, mort le 8 octobre 1916 à Saint-Julien, de maladie contractée sur le front de Champagne.

17 Charles Vapillon (le Bourg), 23 ans, soldat au 40ᵉ d'infanterie, mort dans le torpillage de l'*Amiral Magon*, en Méditerranée, le 25 janvier 1917.

18 Jean Thomas (le Déau), 33 ans, 358ᵉ d'infanterie, mort d'un éclat d'obus le 30 mars 1917, vers la ferme Beauséjour, en Champagne.

19 Philippe Aunier (le Colombier), 20 ans, 208ᵉ d'infanterie, tombé à Beaumarcy, près de Craonne (Aisne), le 16 avril 1917.

20 François Morin, 42 ans, décédé des suites de maladie dans un hôpital de Lyon, le 30 juillet 1917.

21 Claude Chagny, 22 ans, caporal au 3ᵉ génie, blessé et disparu le 27 mai 1918, vers Craonne (Aisne).

22 Claudius Nicolas (la Roche), 28 ans.

23 Jean Bize (la Cime-des-Prés), 22 ans, soldat au 28ᵉ alpins, tombé à Vauxaillon (Aisne), le 16 septembre 1918.

24 Claude Desmolle (le Déau), 32 ans, soldat au 15ᵉ bataillon de chasseurs à pied, tombé le 8 octobre 1918 devant Issigny-le-Petit (Aisne). Trois blessures, deux citations.

25 Philibert Revol (Longsard), 30 ans, 3ᵉ zouaves, puis 47ᵉ d'infanterie territoriale, décédé à Rouen, le 11 octobre 1918, des suites de maladie.

26 Paul Perrayon (Espagne), 32 ans, 47ᵉ d'infanterie, tombé le 17 juillet

1918 à Igny-le-Jard, à 4 kilomètres au nord de Saint-Philibert-Chapelle (Marne). Une citation.

27 Jean-Pierre Morin, 43 ans, du train des équipages, mort le 20 octobre 1918 à Saint-Julien.

28 Camille Charrion, le 8 novembre 1918 mort à Epernay des suites d'intoxication de gaz.

Une plaque commémorative en marbre blanc portant le nom de nos glorieux morts fut inaugurée le dimanche 27 avril 1919. M. le chanoine Chamoton, supérieur des missionnaires d'Ars, fit le discours de circonstance, rappelant ce que nos soldats ont fait, ce qu'ils nous enseignent, ce qu'ils attendent de nous.

TABLE DES MATIÈRES

NOTES

1° Les additions annoncées n'ont pu trouver place dans cette édition
de l'ouvrage.

2° Le dessin représentant la vieille église de Saint-Julien est exact,
sauf le fronton du portail qui est une addition artistique.

ERRATA

Page 60, lire : Il y avait 235 *confirmands*, au lieu de *confirmants*.

Page 90, lire : Château de *Pougelon*, au lieu de *Pougolon*.

Page 119, note, lire : La *crise* de Vionville, au lieu de la *prise* de
Vionville.

Page 205, lire : de *Glavenad*, au lieu de *Glavenard*.

TIRÉ

PAR AUDIN ET CIE

DE LYON

A TROIS CENTS EXEMPLAIRES

VINGT DEUX DE CES DERNIERS

CONTIENNENT UNE SUITE SUR CHINE

DES IMAGES, TIRÉES EN COULEUR

ET HUIT UNE DOUBLE SUITE

EN TONS DIFFÉRENTS

TIRÉE SUR VIEUX CHINE DE LA

MONNAIE DE LYON